難民該当性の実証的研究

オーストラリアを中心に

ASAKAWA Akihiro
浅川晃広

Empirical Study of Refugee Status
Cases in Australia

日本評論社

はじめに

問題意識

　本書は、難民該当性について、オーストラリアの行政および司法における決定事例をもとに考察するものである。

　難民該当性とは、端的にいって、難民認定申請者が、難民の地位に関する条約（以下「難民条約」という。）に定義された難民の定義に該当することを意味する。条約上の難民の定義は以下のとおりである。

　　人種、宗教、国籍若しくは特定の社会的集団の構成員であること又は政治的意見を理由に迫害を受けるおそれがあるという十分に理由のある恐怖を有するために、国籍国の外にいる者であって、その国籍国の保護を受けることができないもの又はそのような恐怖を有するためにその国籍国の保護を受けることを望まないもの（難民条約第１条Ａ(2)）

　難民条約においては、上記の定義についての詳細な解釈にはなんら触れられておらず、基本的には各加盟国における司法解釈や立法に委ねられている。本書は、オーストラリアの事例に立脚して、難民該当性の詳細な解釈について明らかにするものである。

　なお、難民条約において、上記のようなきわめて解釈の幅の広い定義のみが示されていることとも関連して、往々にして、日本における難民認定の基

準、すなわち、難民該当性の解釈が、「国際基準」よりも厳しい、といった主張がなされることがある。たとえば、以下のような指摘がある。

> 〔引用者注：日本における難民〕認定数が少ない第1の理由は、法務省の「難民」の定義が狭く、かつ難民性を判断する基準が厳しいことだ。難民として認められるには、人種・国籍・宗教・特定の社会集団・政治的意見を理由として、個人または集団として狙われて通常人では我慢できないほどの強さの迫害を受ける恐れがあり、政府当局が危害防止手段をとらず（とれず）、生命または身体の自由への重大で深刻な侵害・抑圧があるために外国に逃げている、ということが全て確認されなければならない。いうまでもなくこれら基準の全てを満たすのは困難で、難民認定のハードルは極めて高い[1]。

こうした主張は、一部メディアでも繰り返されており、「先進国のなかで際立って厳しいと指摘されてきた難民認定の基準がさらに厳格になったといえる」[2]、「迫害のおそれの解釈が厳しすぎるのが問題だ。UNHCRなどの意見も取り入れて、国際基準にそろえる必要がある」[3]といった主張がある。

まず、上記指摘は、単に条約難民の定義を別の言葉で表現したものにすぎないといえる。

次に、決定的に問題なのが、「基準が厳しい」という際に、どの点が、そして、何と比較して「厳しい」のかについてのなんらの具体的指摘がないことである。前述のように、条約難民の定義は、各加盟国において解釈されているとともに、国連難民高等弁務官事務所（以下「UNHCR」という。）も「難民認定基準ハンドブック」（以下「UNHCRハンドブック」という。）[4]を発行し、一定の解釈を行っている。日本の基準が厳しいという場合においては、いっ

1　滝澤三郎「日本の難民政策の問題点」滝澤三郎・山田満編著『難民を知るための基礎知識――政治と人権の葛藤を越えて』（明石書店、2017年）311-312頁。
2　「法相は難民に冷たくないか」『日本経済新聞』2014年5月17日付社説。
3　「難民受け入れ　拡大こそ国際貢献の道」『朝日新聞』2015年4月7日付社説。

たいどこの基準と比較して厳しいのかを指摘しなければ、有効な主張とはなりえない。

さらに、本書において詳細に指摘するように、難民該当性をめぐっては、さまざまな論点が存在しており、一律に「厳しい」ということは到底不可能である。こうした点を欠き、ただ単に印象論で「日本の基準は厳しい」と指摘することは、難民該当性の理解に対してなんらの貢献をするものとはいえない。

少なくとも、本書においては、オーストラリアにおける難民該当性の解釈を詳細に明らかにすることを試みる。こうした問題意識から、本書の各所において、必要に応じて日本の判例で示された基準などを引用し、オーストラリアのものと比較することを行っている。

資料

本書においては、難民該当性を実証的に明らかにするという立場から、オーストラリアの行政上の決定や判例に依拠して考察を行った。このため、研究者の主張(いわゆる学説)についてはほとんど取り上げていない。これは、実際の申請者の案件についての条約難民の定義に当てはめを行ったものに依拠しようとするためであり、具体的な事案の詳細な検討を欠く学説的な議論は、あまり貢献度が高くないと考えたためである。

具体的な資料としては、保護ビザ申請(日本の難民認定制度に相当)が拒否されたうえで、行政不服審判所移民難民部門(前身の難民再審査審判所を含む、以下「審判所」という。)に再審査請求を行った結果の、公開されている決定記録に依拠した。この決定記録においては、申請者の具体的主張内容や審判所の難民該当性に関する判断が、通常A4で10頁程度で詳細に記されている。また、難民該当性をめぐる判例も参照した。

基本的には、2016年および2017年に公開された決定記録の、それぞれ

---

4 国連難民高等弁務官(UNHCR)駐日事務所『難民認定基準ハンドブック——難民の地位の認定の基準及び手続に関する手引き(改訂版)』(日本語版、2015年7月)。

626件および689件の合計1315件のうち、難民該当性があると判断されたものはすべて、それ以外のものは重要な論点が含まれると思われるものを収集した。また、各論点別の考察に資するため、2016年および2017年以外の審判所決定も一部収集した。その結果、難民該当性があるとされた事案177件、保護ビザ拒否の原決定を支持した事案188件、保護ビザの拒否をめぐる事案48件の合計413件を収集し、本書における考察の基礎的資料とした。また、難民該当性をめぐる判例26件も収集した（本書巻末の事件一覧および判例一覧を参照）。

審判所においては、難民該当性がある場合には、移民当局にその旨の再考を求める差戻し決定を行い、難民該当性がない場合や、移民法の規定によって保護ビザが拒否されるべき場合においては、保護ビザ拒否の原決定支持の決定を行っている（審判所における再審査の詳細については、拙著『オーストラリア移民法解説』日本評論社、2016年、第5章を参照）。

オーストラリアの難民認定制度

オーストラリアにおいては、日本のように別途の「難民認定制度」は存在しておらず、ビザのひとつである「保護ビザ」に申請し、それが付与されることで、自動的に在留が可能となる制度となっている。その「保護ビザ」の付与の要件が「難民該当性があること」となっている。

2014年12月の移民法改正[5]までは、「オーストラリアが難民議定書により改正された難民条約のもとでの保護義務（protection obligations）を負うと大臣が認める限りの者」（第36条第2項、当時）と規定されており、直接に難民条約が引用されていたため、それまでの行政上および司法上の決定では、条約における難民の定義とその解釈に立脚して判断がなされていた。

しかし、2014年12月の移民法改正で、移民法上で難民条約に言及することが削除され、別途オーストラリア移民法上での「難民」に該当することが

---

[5] Migration and Maritime Powers Legislation Amendment (Resolving the Asylum Legacy Caseload) Act 2014, No. 135 of 2014.

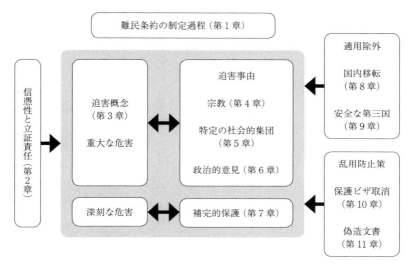

図　本書の構造

必要となった。この詳細については、拙著『オーストラリア移民法解説』（日本評論社、2016年）第7章に譲るものの、本書のなかにおいて適宜指摘していく。本書では、便宜上、法改正前の状態を「旧法」、法改正後の状態を「新法」と呼ぶ。

本書の構造

こうしたことを念頭に置いたうえで、本書の構造は次のとおりである（図参照）。

まず第1章では、1951年の難民条約制定の際の全権会議議事録を資料として、全権会議における主要な論点を明らかにし、現代の難民該当性の解釈において参考となる点を明らかにする。結論を先取りすれば、条約第1条A(2)の難民の定義そのものについての詳細な議論は行われていなかったものの、送還禁止義務や入国形態、さらに難民受入国の間の確執といった、現代に通じる論点が設定されていた。

第2章では、難民該当性判断における最初の判断のポイントである、申請

者の供述の信憑性評価と、申請者の立証責任について考察する。オーストラリアでは移民法上で明確に、立証責任は申請者にあり、意思決定者には存在しないと規定されている。

　第3章では、難民条約上の迫害概念について考察する。たとえ、条約事由に該当していたとしても、申請者に対する危害のおそれが、迫害とまでに至らなければ難民該当性が認められないことからも、重要な論点である。

　第4章から第6章の各章では、それぞれの条約事由について考察する。難民条約上の迫害事由としては、人種、宗教、国籍、特定の社会的集団の構成員であること、政治的意見の五つがあるが、実際の事案の収集の結果、人種と国籍に関する事案は皆無に近かったため、宗教（第4章）、特定の社会的集団（第5章）、政治的意見（第6章）の三つに限定した。とりわけ「特定の社会的集団」については、定義が非常に曖昧であることからも、解釈の幅が広いものとなっている。

　第7章では、拷問等禁止条約などの、難民条約以外の国際条約における送還禁止義務を法制化した、補完的保護について考察する。オーストラリアでは、補完的保護の該当性がある場合においても保護ビザ付与の対象とする法改正が2011年に行われ、補完的保護の法制化が行われた。しかし実際には、補完的保護を純粋に適用した事案は非常に少なくなっている。

　第8章と第9章では、難民該当の適用除外として、国内移転（第8章）、安全な第三国条項（第9章）について考察する。国内移転とは、主に非国家主体による迫害の場合、当該非国家主体の支配地域以外の国内他地域へ移転することができるのであれば、難民該当性が確認されないというものである。これは難民条約における難民の定義のなかの「国籍国の保護を受けることができないもの」から導き出されるものである。旧法下では、判例基準によって、移転の「合理性」が求められたが、新法下では求められなくなった。

　安全な第三国条項とは、本国とオーストラリア以外に、在留することのできる第三国がある場合には、本国における迫害の有無の検討すらせずに、オーストラリアは保護義務を負わない、とするものである。これは難民条約においては、加盟国は難民を在留させる義務はないものの、迫害を受ける地域への送還禁止義務（条約第33条）が存在しているために、迫害を受けない第

三国への送還が可能であるという解釈と密接に関係するものである。

　第 10 章と第 11 章では、難民認定制度の濫用防止策として、保護ビザの事後的な取消し（第 10 章）、偽造文書の提出による保護ビザの拒否（第 11 章）について考察する。難民該当性の判断については、そのほとんどが申請者の供述に依拠せざるをえないため、往々にして意思決定者を欺くことがあるところ、それが判明した場合には事後的に保護ビザを取り消すことで、濫用を抑制しようとするものである。

　偽造文書の提出による保護ビザの拒否は、自らの身分事項や国籍の証明について、偽造文書を提出したという、その事実のみによって保護ビザを拒否できるというものである。ここでは、本国における迫害の可能性の検討は求められておらず、相当に毅然とした濫用防止策であるといえる。

　なお、本書の記載のすべては著者の学術的見地からの個人的見解であり、なんらオーストラリア政府、その他の公的機関の解釈ではない。

[目次]　難民該当性の実証的研究：オーストラリアを中心に

はじめに　i

問題意識　i
資料　iii
オーストラリアの難民認定制度　iv
本書の構造　v

第1章　難民条約の制定過程：全権会議議事録から　1

はじめに　1
第1節　全権会議に至る経緯……………1
第2節　難民の定義をめぐる論争……………2
　(1) 「特定の社会的集団」の挿入　2
　(2) 「欧州において」をめぐる論争：地理的状況による相違の鮮明化　4
第3節　無差別条項をめぐる論争：庇護国と移民国の対立……………9
　(1) 庇護国と移民国の立場の違い　10
　(2) 「難民であること」による差別をめぐって　12
　(3) 「その領域内にいる」をめぐって　15
第4節　難民条約第31条をめぐる論争：二次的移動について……………18
第5節　ノンルフルマンの原則をめぐる論争……………22
　(1) 第三国への送還について　22
　(2) 安全保障面について　24
第6節　難民条約第1条Eについて：事実上の市民権……………26
第7節　「庇護の付与」……………27
第8節　難民と雇用問題……………29
　おわりに　31

第 2 章　立証責任と信憑性評価　　　　　　　　　　35

　　　　　　はじめに　35
第 1 節　立証責任について…………36
第 2 節　信憑性評価について…………40
　　　　　　おわりに　42

第 3 章　迫害概念　　　　　　　　　　　　　　　　　45

　　　　　　はじめに　45
第 1 節　オーストラリア移民法上の規定…………45
第 2 節　判例解釈…………47
第 3 節　「生存能力」についての事案…………48
　　　(1)　該当性が認められた事案　　48
　　　(2)　該当性が否定された事案　　49
第 4 節　差別と迫害…………50
　　　　　　おわりに　52

第 4 章　迫害事由：宗教　　　　　　　　　　　　　　53

　　　　　　はじめに　53
第 1 節　宗教上の少数派…………54
　　　(1)　エジプト　　54
　　　　　　㋐コプト教徒事案／55　　㋑コプト教徒以外の事案／58
　　　(2)　パキスタン　　59
　　　(3)　レバノン　　63
　　　(4)　その他　　64
　　　(5)　小括　　65
第 2 節　改宗…………65
　　　(1)　本国での改宗事案　　66
　　　(2)　オーストラリアにおける改宗事案　　68
　　　(3)　小括　　70
第 3 節　国家が認めない非合法宗教の信仰…………70
　　　(1)　該当性を認めた事案　　71
　　　(2)　信仰の公然性　　72

　　　　　　(3)　該当性が否定された事案　74
第4節　その他……………76
　　　　おわりに：累積性と公然性　77

第5章　迫害事由：特定の社会的集団　79

　　　　はじめに　79
第1節　特定の社会的集団の解釈……………79
　　　　(1)　最高裁判決　79
　　　　(2)　立法化　81
第2節　性的少数派に関する事案……………83
　　　　(1)　ゲイ事案　83
　　　　(2)　レズビアン事案　87
　　　　(3)　トランスジェンダー事案　89
　　　　(4)　バイセクシュアル事案　90
　　　　(5)　公然性・迫害回避のための合理的な行動　91
第3節　国内少数派事案……………95
　　　　(1)　アフガニスタン事案　95
　　　　(2)　パキスタン事案　96
　　　　(3)　無国籍者事案　97
　　　　(4)　ミャンマー事案　99
　　　　(5)　その他の事案　100
　　　　　　(ア)該当性が認められた事案／100　　(イ)該当性が否定された事案／102
第4節　女性事案……………104
　　　　(1)　該当性が認められた事案　104
　　　　(2)　国家による意図的な危害の放置による「特定の社会的集団」の構成　107
　　　　(3)　該当性が否定された事案　110
第5節　婚姻関連事案……………113
　　　　(1)　該当性が認められた事案　113
　　　　(2)　該当性が否定された事案　115
第6節　障害事案……………117
第7節　その他の事案……………118
　　　　おわりに　119

第6章　迫害事由：政治的意見　　121

はじめに　121

第1節　ネパール事案…………122
- (1) 該当性が認められた事案　122
- (2) 該当性が否定された事案　124

第2節　スリランカ事案…………127
- (1) タミル人事案　127
- (2) 政党間対立事案、その他の事案　130

第3節　バングラデシュ事案…………131
- (1) 政権与党からの迫害　132
- (2) その他の事案　134

第4節　パキスタン事案…………135
- (1) 該当性が認められた事案　135
- (2) 該当性が否定された事案　137

第5節　その他の国の事案…………138
- (1) 該当性が認められた事案　138
  - ㈦本国政府による迫害／138　　㈣非国家主体による迫害／141
- (2) 該当性が否定された事案　143

第6節　兵役忌避事案…………145

おわりに　148

第7章　補完的保護　　149

はじめに　149

第1節　補完的保護関連条文…………149
- (1) 定義　149
- (2) 「意図的」の解釈　153
- (3) 適用除外　153

第2節　補完的保護による保護ビザ再申請について……………154

第3節　補完的保護事案…………156
- (1) 件数　156
- (2) 再申請ではない事案　156
- (3) 再申請事案　159

おわりに　161

第8章　国内移転　163

はじめに　163
第1節　「合理性」の基準……………164
第2節　国内移転の合理性に関する事案……………165
　(1)　パキスタン事案　165
　(2)　アフガニスタン事案　168
　(3)　その他の事案　171
第3節　国内移転と新法……………175
第4節　補完的保護と国内移転……………177
　おわりに　178

第9章　「安全な第三国」条項　181

はじめに　181
第1節　難民条約と「安全な第三国」……………182
第2節　「難民認定以上、国民以下」としての難民条約第1条Eの適用………183
第3節　「すべての権利及び義務」としての難民条約第1条E……………187
第4節　難民条約第1条Eから第33条へ……………189
第5節　「安全な第三国」条項の挿入……………193
第6節　第三国での在留可能期間について……………197
第7節　「安全な第三国」条項の適用（ネパール）……………199
第8節　「安全な第三国」条項の適用（その他）……………205
　おわりに　208

第10章　保護ビザの取消し　211

はじめに　211
第1節　取消規定……………212
第2節　なりすましによる取消し……………213
　(1)　取消しが支持された事案　213
　(2)　取消しが破棄された事案　216
第3節　一時帰国による取消し……………219
　(1)　取消しが支持された事案　219

　　　　　(2)　取消しが破棄された事案　220
第4節　同性愛者をめぐる取消し……………226
　　　　　(1)　取消しが支持された事案　226
　　　　　(2)　取消しが破棄された事案　227
第5節　その他の虚偽情報の提供による取消し……………228
　　　　　(1)　取消しが支持された事案　228
　　　　　(2)　取消しが破棄された事案　229
第6節　人定事項に関する疑義……………230
　　　　おわりに　231

第11章　偽造文書の提出による保護ビザ拒否　　233

　　　　はじめに　233
第1節　移民法第91WA条の挿入……………233
第2節　移民法第91WA条の適用事例……………235
　　　　おわりに　239

資 料　　241

　　　　資料1　差戻し事案（難民該当性を認めた事案）　241
　　　　資料2　保護ビザ拒否の原決定を支持した事案　246
　　　　資料3　保護ビザの取消しをめぐる事案　251
　　　　資料4　判例一覧　253

あとがき　255

第1章

難民条約の制定過程
全権会議議事録から

はじめに

　本章では、1951年7月の難民条約制定の全権会議における審議過程を通じて、難民条約の趣旨や位置づけ、さらには、難民該当性の解釈について考察する。

第1節　全権会議に至る経緯

　難民条約第37条では、それまでの10の難民に関する国際的条約・合意について言及しており、難民条約がこれらの条約等を代替するものであるとしている。これらのなかには「難民の国際的地位に関する条約」（1933年10月28日）、「ドイツからの難民の地位に関する条約」（1938年2月10日）がある。これら両条約においては「難民（refugee）」という用語が用いられていたが、その内実の定義に関する条文は存在していなかった。
　1946年12月15日の「国際難民機関憲章」においては、同機関が支援の対象とする難民について、ナチス政権・ファシスト政権の犠牲者などに加えて、以下のように定義されていた。

> 　第二次世界大戦の勃発前において、人種、宗教、国籍、または政治的意見を理由として、難民とされるもの（国際難民機関憲章附属1第1部第A条）

国連が成立した後、難民の問題が無国籍者との関連で考察されるなかで、経済社会理事会は 1949 年 8 月 8 日の決議[1]で、難民および無国籍者の国際的地位に関する条約の策定に関して検討を行い、またその策定が望ましいのであれば案文を検討するためのアドホック委員会の設置を決定している。

このアドホック委員会は、条約の案文を起草し、1950 年 8 月 25 日に報告書を提出している[2]。この報告書は経済社会理事会を経て、国連総会で審議され、1950 年 12 月 14 日の総会決議[3]について、ジュネーブにおいて、難民の地位に関する条約の確定および署名のための全権会議を開催することを決定している。このうえで、1951 年 7 月 2 日から 25 日までの間に全権会議が開催され、現在の難民条約が採択された。

第 2 節　難民の定義をめぐる論争

(1)　「特定の社会的集団」の挿入

全権会議に付された難民条約の当初案では、一般的な難民の定義を定めた第 1 条 A (2) において、国際難民機関憲章を引き継ぐかたちで、次のように定義されていた。

> 1951 年 1 月 1 日前に生じた事件の結果として、かつ、人種、宗教、国籍又は政治的意見を理由に迫害を受けるおそれがあるという十分に理由のある恐怖を有するために……

現行の難民条約の「特定の社会的集団」が含まれていないが、これは全権会議中、スウェーデン代表からの修正案により挿入されたものが可決されたためであった。スウェーデン代表は、7 月 3 日の冒頭の一般演説のなかで、「こ

1　E/Res/248 (IX) B.
2　E/1850.
3　A/Res/429 (V).

れまでの経験によれば、特定の社会的集団に所属するために迫害された難民がいる。条約案のなかには、そのような場合への言及がなく、そうした状況に対応するための措置が挿入されるべきである」[4]と述べ、「特定の社会的集団」を挿入するための修正案[5]を提出している。このスウェーデンの修正案について、「特定の社会的集団」自体の内容についての議論はとくに行われることはなく、賛成14、反対0、棄権8で採択されている[6]。

現行においては、「特定の社会的集団」については、さまざまな解釈が可能となる重要な条約上の迫害事由のひとつとなっているが（第5章参照）、全権会議の段階では、ほとんど議論されることはなかった。

また、「人種」、「宗教」、「国籍」、「政治的意見」の意味内容について、さらには「国籍国の保護を受けることができない」などといった点についても、なんら議論が行われることはなかった。

第1条A(2)については、スウェーデン代表の提案により、「特定の社会的集団」が追加された以外については、後述する「欧州において」をめぐる論争を除いては、代表間での対立はみられなかった。すでに「国際難民機関憲章」からの定義を引き継いでいることや、第二次大戦終了後の1951年の段階においては、ナチスドイツの事例のように、国家による迫害が当然ながらに念頭にあり、現在のような非国家主体による迫害については、ほとんどといってよいほど念頭になかったと考えられる。

また、第1条A(2)における「迫害」の概念そのものについても、全権会議ではとくに目立った議論はなかった。これも第二次大戦時における国家による迫害が念頭に置かれており、当時としては自明のものであったためと考えられる。ただし、条約第33条の送還禁止規定のなかに「その生命又は自由が脅威にさらされる」とあることからも、生命や自由への侵害が念頭に置かれていると考えられる。

このように全権会議における議論のなかでは、第1条A(2)で定義されている難民の概念そのものについての詳細な議論は行われることはなかった。

---

[4] A/CONF.2/SR.3, p. 14.
[5] A/CONF.2/9.
[6] A/CONF.2/SR.23, p. 8.

(2) 「欧州において」をめぐる論争：地理的状況による相違の鮮明化

　一方、条約第1条A(2)の難民の定義をめぐっては、「欧州において」を挿入し、地理的な限定を付すかどうかで、大きな論争があった。この論争が、全権会議における最大の対立点であった。

　フランス代表は、フランス政府からの正式な指示により、経済社会理事会の段階での案には存在していた「欧州において」を再び挿入する修正案を提示した[7]。そして、難民条約上の難民の定義は広いものが望ましいとする意見について、「数十万人の難民に責任があるフランス政府としては、その考えを共有することはできない」[8] とした。

　そして、「島国の状況は、難民の出身地と直接の物理的接触がある大陸の国々と比較することはできない……さらには、難民の総数や出身国の分布は未知である。『欧州において』という文言がないことによって、数多くの問題が発生する。フランス政府は、この問題が解決されるまで、条約に同意することはできない」[9] と述べている。

　さらに、「事実、どの国が条約の利益を、パレスチナのアラブ難民に拡大することを考えるのだろうか。移民国家だろうか？　彼らの法律にはヨーロッパ以外の国からの難民を受け入れる規定がない。ヨーロッパ諸国だろうか？　彼らはすでに多数の難民の重圧のもとにある……すべての難民問題を同じ条約で取り扱うことはできない」[10] と述べた。

　スウェーデン代表は「スウェーデンは庇護の国であり、難民が流出する地域の近くにある。寛容な政策を遂行してきたし、またそれを継続していきたいが、事実、多くの難民を受け入れる能力は限定されていることが考慮に入れられなければならず、とくに世界情勢の深刻な現状からすると、国家の安全が一定の役割を果たさなければならない」と述べ、フランス代表の意見に理解を示した[11]。

7　A/CONF.2/SR.19, p. 8.
8　A/CONF.2/SR.19, p. 8.
9　A/CONF.2/SR.19, p. 11.
10　A/CONF.2/SR.19, p. 12.

そのうえで、庇護国のひとつとして、次のように懸念を表明している。「そのような事件の結果、どれだけの数の者が逃げ、また逃げるであろうことを見積もることはできない。全体主義国家において、そのような事件の結果として逃げようとしているものの、そうできていない数十万という人々がいる。入国のドアを大きく広げ、事実、出身国に戻ることができるであろう人々を、諸国が難民として取り扱うことを義務づけられるのは望ましくない」[12]と述べた。

イタリア代表もフランス代表に同調し、「イタリアにとって、余剰人口と高い失業率のために、難民の問題がとくに深刻である国としては、条約が世界のすべての難民に適用されるかもしれないということについて、大きな不安をもっている……しかし、もし、条約に署名することで特定の義務が発生するであろう唯一の存在である西欧諸国が、インドや中東で最近発生したような国家運動の犠牲者の入国を義務づけられるとしたならば、深刻な問題に直面するだろう。そして、条約の適用が現在のかたちで必要とするような義務に見合うことは不可能であろう」[13]と述べ、フランスの修正案への支持を表明した。

またイタリア代表は、「イタリア経済の重圧になっている数十万の不法に入国した難民に加えて、国際難民機関との付属協定によって、たった1年以内において9000人の難民についての責任を引き受けた。国際難民機関の活動の中止は財政的負担を意味しており、そして、それによってもしイタリアの立場が世界中のすべての国からの難民に対して義務づけられることとなるのであれば、非常に負担となるであろう」[14]とも述べている。

これに対してイギリス代表は、「欧州において」を含めない定義を支持し、「国連の賛助のもとで交渉されている条約が、多くの非ヨーロッパ諸国が参加し、どこからでも来たすべての難民に最小の保証を与えるものであることが非常に重要である」[15]と述べ、フランスの案に反対した。

11　A/CONF.2/SR.19, p. 13.
12　A/CONF.2/SR.19, p. 14.
13　A/CONF.2/SR.19, p. 15.
14　A/CONF.2/SR.21, p. 4.

ベルギー代表は、「条約の規定からどれだけの数の難民が利益を受けるかを知ることは重要ではない。なぜなら、どれだけの数の難民を受け入れるかどうかの義務を締約国に課していないからだ」[16]と述べ、難民条約によって締約国が難民を受け入れる義務を負うことはないので、難民の範囲を限定する意義は乏しいとした。エジプト代表[17]、イラク代表[18]も、地理的限定がない定義を支持した。

イスラエル代表は、「『普遍論者』はヨーロッパ以外の世界のどの地域から難民の地位への候補者が来るのか特定できていない……ヨーロッパの外の世界の地域において、中国のみが、1951年1月1日以前に政権交代があり、難民の移動に結びついている……それゆえ、数か国にいる少数の中国人について言及しているため、『普遍論者』と『欧州論者』の立場の違いは、重要なものではないことは明白である。それゆえ、条約の目的のためには、ヨーロッパから来る以外には、実際には難民はいないのである」として、このため「欧州において」を挿入する必要性がないことを述べ、フランスの修正案を支持しないとした[19]。

ヨーロッパ以外の国は、難民の直接流入の懸念がなく、フランスやイタリアの危機感を共有してはいないものの、別の理由からフランスの修正案を支持している。

コロンビア代表は、「ラテンアメリカにおいては、『難民』という用語は、ヨーロッパの難民のみを意味する。コロンビア政府がこの会議に全権代表を送ることを決定したのは、ヨーロッパの難民のために、国連によって行われている仕事に貢献する意図をもっているからである。そして、この会議がラテンアメリカの難民問題──実際にはそれは存在しないのだが──を解決しようとするとは想像していなかった」[20]と述べ、地理的制限に支持を表明した。

アメリカ代表は、「もし会議の結果がなにかしら真の実際の効果をもつの

---

15 A/CONF.2/SR.19, p. 19.
16 A/CONF.2/SR.20, p. 8.
17 A/CONF.2/SR.20, p. 9.
18 A/CONF.2/SR.20, p. 11.
19 A/CONF.2/SR.22, pp. 6-8.
20 A/CONF.2/SR.21, p. 13.

であれば、締結上の義務が可能なかぎり明確かつ正確であり、そして、難民に関しては、どの難民を対象とするのかを厳密に知る必要がある」[21]と述べ、フランスの修正案を支持した。

そのうえで、「極東の難民の状況に関しては依然曖昧であり、とくに大陸中国については少しも判明していない。それゆえ、全体として、この会議が極東の難民について規定しようとするのは非現実的である……条約は主にヨーロッパにいる難民に満足のいく生活を可能にするために起草されたものであり、ほとんどの条約の文言はヨーロッパの法律と条件に適応している」[22]と述べ、地理的制限を支持した。

アメリカ代表が「極東」にあえて言及したのは、1950年6月に朝鮮戦争が勃発しており、アメリカも大規模に介入している状況と関係があると思われる。このため、条約に仮に地理的制限がなければ、極東でも条約上の難民が発生しかねず、そしてその難民をアメリカが受け入れる国際的な圧力を負うことについての懸念があったと考えられる。

なお、カナダ代表は「カナダ政府としては、カナダに入国した難民が永住する意図をもち、自らを条約の意味における難民であると認識するべきではないことを望む」[23]と述べ、移民国として当初から難民条約そのものに距離を置く立場を表明している。

こうした対立を受け、スイス代表は、締約国に対し、条約第1条に留保を認める案を提唱した。議長も、問題解決に資するものであるとして同調している[24]。ベルギー、デンマーク、オランダ、ノルウェー、スウェーデンの各国代表は、フランスの修正案を支持できないものの、スイス代表の妥協案には支持する用意があるとした[25]。

このように、フランス、イタリアといった実際に数多くの難民を受け入れ

21　A/CONF.2/SR.19, pp. 21-22.
22　A/CONF.2/SR.21, p. 15.
23　A/CONF.2/SR.19, p. 6.
24　A/CONF.2/SR.20, p. 11.
25　A/CONF.2/SR.22, p. 12.

ているヨーロッパの大国は、「欧州において」に限定する主張をした。これは両国が、北アフリカ地域と地中海を隔てて接しており、限定しなければ、北アフリカから難民が流入しかねないという懸念を有していたからであると考えられる。実際にフランス代表からは「パレスチナのアラブ難民」の存在に対しての懸念が表明されている。

またアメリカも、難民が直接流入する地理的状況にはないものの、おそらくは朝鮮戦争という状況のなかで、地理的制限が解除されることに懸念を表明した。加えてラテンアメリカ諸国も、当初から難民問題とは無関係であるとの立場を表明している。

一方、ベルギーや北欧諸国は、東欧の共産主義政権諸国からの難民の流入の懸念はあるものの、ヨーロッパ以外の地域と直接に国境を接していないという意味で、フランスとイタリアと同様の危機感はもっていなかったと考えられる。またイギリスも、ヨーロッパとの陸上国境がないという状況だったために、地理的制限のない定義に賛成したものと思われる。

このように難民の流入をめぐる地理的な状況によって、明確に立場が分かれたのだった。

こうした状況のなかで、バチカン代表は、条約第1条A(2)の難民の定義について、「締約国が署名、加入または批准の際の声明によって決定されるべき、ヨーロッパ、またはヨーロッパおよびその他の諸国」という文言を挿入し、どちらかを締約国が選択できるようにする案を提示した[26]。これに対して広範な国が支持を表明し、フランスは修正案を取り下げ、バチカンの修正案は、賛成22、反対0、棄権1で採択された[27]。

その後、条約案審議の最終段階においても、フランス代表は、欧州という地理的制限を付さない案についての批判を展開した。「もし普遍主義が、難民がいない国が難民がいる国を支援する義務を含まないのであれば、いったい何を意味するのか? 普遍主義はすべての国が、肌の色、出身国、年齢や

26　A/CONF.2/80.
27　A/CONF.2/SR.23, p. 7.

健康状態にかかわりなく、難民をその領域に受け入れることを引き受けることを意味するはずだ。しかしこれはきわめて非現実的な目標だ」[28] と述べている。このように、「難民が直接流入する国」としての危機感を繰り返し表明した。

これを受けて議長は、ベルギー、カナダ、バチカン、イギリスによる、条約第１条の起草部会を設けることを提案し、承認されている[29]。この起草部会が、現行条約第１条Ｂとなる条文案を提出し[30]、これが賛成16、反対0、棄権1で最終的に採択された[31]。これは、第１条Ａ(2)の「1951年１月１日前に生じた事件」の部分の解釈について、締約国が「1951年１月１日前に欧州において生じた事件」または「1951年１月１日前に欧州または他の地域において生じた事件」のどちらかを選択できるようにするものである。

このように、難民の定義に「欧州において」という限定を付すかどうかをめぐる論争において、①フランスのようなヨーロッパ以外の地域から直接に難民の流入の可能性がある国々、②直接に流入の可能性が少ない北欧などのヨーロッパ諸国、③アメリカ、カナダといった第三国定住で他の外国人と同様に移民政策の枠内で難民を受け入れる移民国家、の間での立場の違いが鮮明に表れたのだった。

第３節　無差別条項をめぐる論争
庇護国と移民国の対立

こうした地理的な状況の相違による主張の相違は、難民条約の別の部分の審議においてもみられた。現行条約第３条の無差別条項をめぐっては、難民が陸上国境から直接流入する庇護国（country of asylum）と、そうした庇護国から第三国定住として難民を受け入れる移民国（country of immigration）との間の立場の相違が鮮明となった。

---

[28] A/CONF.2/SR.33, p. 18.
[29] A/CONF.2/SR.33, p. 21.
[30] A/CONF.2/105.
[31] A/CONF.2/SR.34, p. 11.

現行条約第3条の無差別条項は、「締約国は、難民に対し、人種、宗教又は出身国による差別なしにこの条約を適用する」となっている。全権会議の当初案では、「締約国は、その領域内にいる難民に対し、人種、宗教、出身国又は難民であることを理由に差別してはならない」となっており、会議中に「その領域内にいる」と「難民であること」が削除されるに至っている。

　また当初案では「締約国は……差別してはならない（No Contracting State shall discriminate）」という文言であったものが、最終的には「差別なしにこの条約を適用する（apply the provisions of this Convention……without discrimination）」とも修正されている。

　これらの修正は、庇護国と移民国の立場の違いから生じた妥協ないしは調整の産物であった。

(1) 庇護国と移民国の立場の違い

　庇護国と移民国の立場の違いは、会議冒頭の一般演説から鮮明となった。イタリア代表は、「その地理的立場のために、イタリアは二つの違った種類の難民を取り扱うという問題に直面している。第一に、第二次世界大戦の結果として難民となった者である。第二に、東欧諸国から庇護を求める人々が増加している……条約案が効果的かつ受け入れられるものであるならば、第一に保護を提供しているヨーロッパ諸国と、第二に最後の定住先として難民を受け入れている国との間での明確な違いが示されなければならない」[32]と述べている。

　さらに、「もし条約案が再定住のために難民を受け入れている国の多数によって受け入れられる場合のみ、イタリア政府は条約案を支持することができる。このためには、イタリアに入国した難民が、条約上の地位に従って、しかるべきかつ相当の期間内に出国するという確証があることが必要である」[33]と述べた。

32　A/CONF.2/SR.3, p. 5.
33　A/CONF.2/SR.3, p. 6.

スイス代表も、「スイス代表としては、締約国は相互に支援することを確認しなければならないと考える。そして、その地理的状況のために大量の難民が流入した国を、その国から一定数の難民の負担を軽減することによって支援しなければならないと考える。小さい国は、その存在そのものを危機に晒すことなく、無制限の数の難民を受け入れることができないことは明白である」[34]と述べている。

デンマーク代表も、「オーストラリアでは移住した難民が国に定住できるように特別の制度が導入されているが、デンマークのように、定められた枠もなく、また、難民が事前の審査を経ずに入国する他の多くの国々とは立場を異にしている」[35]と述べ、移民国との立場の違いについて言及した。

このように、陸上国境を有し、紛争などの発生により直接に難民が流入する可能性のあるヨーロッパ諸国は、そうした難民を長期間にわたって保護することはできず、移民国が引き取ることの重要性を強調したといえる。難民の流入に対して出入国管理の権限が行使できないことへの危機感が表明されているといえる。

一方、第三国定住のかたちで難民を受け入れている、アメリカ、カナダ、オーストラリアは、ヨーロッパ諸国との立場の違いを明確に述べている。

アメリカ代表は、「しかしながら、アメリカは条約の署名および批准を行わないであろう。それは国内法にそぐわないからだ……アメリカ合衆国憲法、連邦および州の法律下で、外国人も含めてすべての住民は条約で規定されているような、実質的に同様の権利と特権を享受している。多くの側面において、難民の立場は国民と同様である。しかしながら、特定の職業からは排除されており、また投票権もない。事実、難民と他の外国人居住者との間は区別されていない」[36]。

カナダ代表は、「カナダは、難民問題と近接している国から、広大な海によって隔てられている。それゆえ、この問題について、慎重かつ謙虚にすら接してきた。カナダ政府にとって重大な難民問題は存在していないが、妥協

34 　A/CONF.2/SR.3, pp. 9-10.
35 　A/CONF.2/SR.4, p. 4.
36 　A/CONF.2/SR.3, pp. 16-17.

を生み出すため、かつ、条約案を向上させるための支援はしたい」[37]と述べた。

　オーストラリア代表は、「条約案に関して、オーストラリアとしては直接の関心はない。それは、すでにオーストラリアの法律によって移民に提供されていない、いかなる利益も存在しないからだ。オーストラリアにいる難民は、他の外国人と同様に、イギリス市民とほぼ同様の権利と特権を享受している」[38]と述べた。

　このように、全権会議の冒頭から、直接に難民が流入し、出入国管理ができないヨーロッパ諸国と、そうした国から難民を選別的に受け入れることのできるアメリカなどの移民国との立場の違いが鮮明になっている。移民国の立場からすれば、難民条約の有無にかかわらず、移民政策の一環として、選別する権限を行使して難民を受け入れることが可能であり、実際に第二次世界大戦直後から、そのようなかたちで難民を受け入れている。如実にも、カナダ代表は「カナダは、難民問題と近接している国から、広大な海によって隔てられている」と述べている。

　一方、庇護国の立場からすると、難民の大量流入は大きな負担であり、移民国も負担を分担すべきという問題意識があるといえる。

(2)　「難民であること」による差別をめぐって

　こうした庇護国と移民国の根本的な立場の相違は、具体的には、条約第3条の文言をめぐって明確なものになった。

　まず当初案では、「難民であること」が存在していることによって、移民政策の一環として難民を受け入れる移民国からの反対意見が噴出した。

　オーストラリア代表は、1947年から開始された避難民受入れについて言及し、移住の当初の2年間は政府が指定する職業に従事することが求められていることを指摘している。

　そのうえで、「（発展の）目的のための人的資源は移民のみによって得るこ

---

[37]　A/CONF.2/SR.3, pp. 16-17.
[38]　A/CONF.2/SR.3, p. 18.

とができる。しかし、得られた追加的な人的資源が適切に雇用されることを確保する措置が存在していないかぎり、その目的を達成することはできない。オーストラリア政府は、移民を選別するために多くの費用をかけており、彼らのオーストラリアまでの旅費を支払い、受入れを調整し、社会における新しい場所に適用するように一般的な支援を行っている。移民が、彼らの新しい国への自らの義務を認識し、限定された期間、彼らが最も必要とされている仕事を継続することは、妥当であると考えられている」[39]と述べたうえで、「条約案の第3条、第12条、第13条、第14条、そして第21条は、オーストラリアの2年間の雇用契約義務と衝突すると考えられる」[40]と指摘した。

すなわち、難民がオーストラリアに移住する前提として、他の移民と同様に、政府との契約を交わし、移住後の一定期間は指定された職業に就くことなどの義務を課しているところ、条約上「難民であること」を理由に差別が認められないことになれば、そうした一般外国人と同様の国民とは違った取扱いが認められなくなるという懸念であった。

カナダ代表も、「カナダはオーストラリアと同様の立場である。同様に、難民、避難民や移民であろうと移住者の利益のために、自分の面倒を見ることができる十分な資産がないかぎり、彼らに同じ種類の職業に少なくとも1年は就くことを求めることが必要である」[41]と述べた。

こうした主張を受けて、ヨーロッパ諸国代表からは、一定の理解を示す発言がみられた。

スイス代表は、「差別」の解釈について、辱めるという意味ではなく、他の外国人と違った取扱いをすることまでを禁止するのであれば問題であるとした。「しかしながら、時に応じて、国に進入する難民に対して特別の制限を課し、ほかに住居がなければキャンプに収容し、または、雇用を確保することが不可能であるのならば特定の職業を課す必要性がある」[42]と述べ、「事実、この条項によって、各国が、たとえその目的が受入国にいる難民の利益

39　A/CONF.2/SR.3, pp. 19-20.
40　A/CONF.2/SR.3, p. 21.
41　A/CONF.2/SR.3, p. 23.
42　A/CONF.2/SR.4, p. 15.

を守ることであったとして、他の外国人に適用されない措置をとることを妨げてしまうだろう」[43]と述べている。

ベルギー代表も、「差別」の解釈について言及し、「たとえば、もし難民と不法入国した外国人が、両者ともに不法に国境を越えたという理由により追放されるのであれば、同様の措置が、その外国人と、その難民に適用されるのであり、単に難民であるからという理由のみで特別の罰を課されるのではないということであろう」[44]と述べている。

フランス代表は、「すべての曖昧さを排除するためには、人種、宗教、出身国による差別と、問題になっているその者が難民であるからという事実のみによる差別を区別することだ」と述べた[45]。

これを受けてイスラエル代表は、当初案から「難民であること」を削除することを提案した[46]。しかしフランス代表は、「もし、受け入れられたすべての難民が同様に悪い待遇を受けたとしても、その加盟国は条約第3条の規定を遵守していると主張するであろう」[47]と懸念を表明した。

議長は、アドホック委員会で、「難民であること」が挿入された背景として「その文言は、たとえば戦争の際のように、国境を越えた大量の人口移動に対応するために挿入されている。そうした危機から逃れてくるすべての人々のなかには、条約で定義された難民もいるだろう。庇護の国によって、彼らが難民であることを理由として差別的措置がとられるべきではない」と述べた[48]。

一方、ギリシャ代表は、「受入国のものとは異なった政治的イデオロギーをもつ隣国からの難民が、ある国に庇護を求めた際、その国が、国境地帯に居住することを禁止するというような、適切な安全上の措置をとるのは当然のことである」[49]として、難民への違った取扱いの正当性を主張している。

43　A/CONF.2/SR.4, p. 16.
44　A/CONF.2/SR.4, pp. 16-17.
45　A/CONF.2/SR.4, p. 17.
46　A/CONF.2/SR.4, p. 17.
47　A/CONF.2/SR.4, p. 18.
48　A/CONF.2/SR.4, p. 18.
49　A/CONF.2/SR.4, p. 18.

結局、「難民であること」を削除するイスラエル代表の提案は、賛成18、反対0、棄権3で採択されている[50]。

これは移民国において、難民であったとしても外国人でもあることから、一般的な意味での外国人としての国民とは異なる待遇を課すことについて念頭に置かれていたものであると考えられる。

このように、庇護国と移民国の対立がみられたものの、少なくとも、「難民であること」の削除をめぐっては、庇護国においても、とくに不法入国との関連から支持がみられた結果、実現するに至っている。

(3) 「その領域内にいる」をめぐって

条約の当初案にあった第3条の「その領域内にいる」も最終的に削除されるに至ったところ、以下のような論争があった。

議長の許可を得て発言した世界ユダヤ人協会代表は「アドホック委員会では、この規定が移民政策に適用されないものとするために、第3条に『その領域において』が挿入された。しかしながら、目的を達成するための最も満足のいく方法は、第3条から『その領域において』を削除し、最終案において第3条は移民政策に適用されるものではないと表明することだ」と述べている[51]。

議長はデンマーク代表の資格で「移民を大量に受け入れる海外諸国の政策と法律だけではなく、入国する人々を徐々に受け入れる制度を適用しているヨーロッパの国についても考慮することが重要である」として、「その領域に入国した」を「その領域に入国し、又は在留が認められた」とする修正案を提示した[52]。

フランス代表は、この修正案を支持し、「事前の選別を経て特定の海外諸国に入国した難民が、正式な手続を踏まずにヨーロッパ諸国に入国する難民よりも取扱いが悪くなるというのは非論理的である」と述べた[53]。

50　A/CONF.2/SR.4, p. 19.
51　A/CONF.2/SR.4, p. 13.
52　A/CONF.2/SR.4, p. 14.

フランス代表は、「その領域内にいる」と規定されているために、「締約国は、その領域内にいる難民に対して、人種、宗教、出身国を理由として差別してはならないという文言であると、締約国はその領域に進入することを<u>希望する者</u>を差別することが、完全に認められてしまうことを意味するのではないか」（下線原文）[54]と述べ、「その領域内にいる」の削除を提案した。

　議長は、アドホック委員会において、「その領域内にいる」という文言は、「難民であること」が存在しているために、移民国から表明された懸念に対応するためのものであったことを述べたうえで、「難民でない移民が、新たな国において満足に定住することに失敗した場合には、出身国に帰国できるものの、難民は帰国できない。それゆえ、初期の段階において彼らを支援するために契約を与えることによって、彼らに新しい国に定住するための一定の支援を提供することが望ましいと考えられていた」と述べた。そのうえで、すでに「難民であること」が削除されたので、「その領域内において」も不要であるとの見解を示した[55]。

　しかしながら、カナダ代表は「その領域内において」が削除されることに難色を示し、もしそれが削除されれば、移民国は条約を受け入れることが困難になると述べた[56]。

　アメリカ代表も、「第3条の起草の経緯としては、もし『その領域内において』が削除されたとすれば、移民政策全体に影響が出るためだ。難民の受入れは、たとえ難民の特殊事情に合わせようとしても、国の移民政策と法に密接している。ほとんどの国は選別の原則に立脚する移民政策をもっている。たとえばメキシコは、他の国よりもより前向きにスペイン難民を受け入れたが、これは難民自身の利益のためであった。移民政策の決定ほど、政策の構築に関して、政府が敏感かつ油断のないものはない。そうした政策は議会において活発に議論されている。もし提案どおり削除されたのであれば、特定の政府は選別の政策が条約によって影響を受けたと考えて、それゆえ、同意

53　A/CONF.2/SR.4, p. 14.
54　A/CONF.2/SR.4, pp. 18-19.
55　A/CONF.2/SR.5, p. 4.
56　A/CONF.2/SR.5, p. 4.

することにより躊躇するであろう」と述べた[57]。

すなわち、「その領域内において」が存在していれば、入国の前においては差別が禁止されることがないので、移民として受け入れる難民に対して、入国の前から雇用契約を課すなどの取扱いが認められる。しかし「その領域内において」が存在していなければ、入国の前も含めて差別的取扱いが認められないため、事前の雇用契約などの取扱いができなくなるといった懸念があったといえる。

フランス代表は、カナダ、アメリカの立場を理解し、修正案を撤回すると申し出ている[58]。

結局、議長は、オーストラリア、ベルギー、フランス、イスラエル、アメリカ代表による、第3条起草のための作業部会を提案した[59]。この作業部会は1951年7月17日の第24回会合において、検討結果の報告[60]を提出した。

この報告書では、「人種または宗教を理由とする無差別に関してはなんら困難な点はないが、出身国を理由とする無差別については、特定の国に対する数量割当てを基礎とする選別的な移民制度を禁止するものとして解釈されかねないという懸念が表明された」と述べている。またさらに、「議論の際、第26条〔著者注：原案、現行第31条〕の範囲がなんであれ、条約は難民の入国（第一または第二の庇護の国において）または難民の再定住（移民国において）を取り扱うものではないことが確認された」と述べている。

このことは、とくに移民国の側で、難民条約により、移民政策の実施が妨げられることがないという強い要望が反映されたものといえる。

そのうえで、当初案に「現在の条項は、外国人——それが難民であろうとなかろうと——に対する出入国管理や居住許可の条件に影響を与えない」を付加する案、現行条約に近い「締約国は、第1条で定義される者に対し、人種、宗教又は出身国による差別なしにこの条約を適用する」などを提案した。

結局、「締約国は、第1条で定義される者に対し、人種、宗教又は出身国

57　A/CONF.2/SR.5, p. 5.
58　A/CONF.2/SR.5, p. 5.
59　A/CONF.2/SR.5, p. 8.
60　A/CONF.2/72.

による差別なしにこの条約を適用する」とする案が、賛成21、反対0、棄権3で採択された[61]。その後、作業部会において条約の文言についての形式的な修正が行われたところ、最終案として、現行条約の「締約国は、難民に対し、人種、宗教又は出身国による差別なしにこの条約を適用する」が提案され、採択されている[62]。

　この趣旨としては、「締約国は、その領域内にいる難民に対し、人種、宗教、出身国を理由に差別してはならない」という文言であると、出入国管理、移民政策も含めたすべての国の政策領域での無差別が要求されると解釈される可能性があるが、「差別なしにこの条約を適用する」であれば、難民条約の適用においてのみの無差別（国内における社会保障など）が求められ、移民政策における、特定の国の出身者に対する数量割当てといった違った取扱いは容認されると解釈できるからだと考えられる。

　この第3条の全権会議での改正経緯が示すことは、難民条約によって出入国管理の権限に影響が与えられることに対する強い懸念であった。このため、アメリカなどの移民国家の支持を得るためにも、出入国管理の権限に影響が出ることが予想される条文は修正せざるをえなかった。

　現行条約第31条は難民の不法入国についても、後述するとおり、この全権会議において「その生命又は自由が第1条の意味において脅威にさらされていた領域から直接来た」場合にのみ刑罰を科さないとする修正案が採択されている。このことからしても、全権会議においては、難民条約による出入国管理に対する制限を可能なかぎり最小なものにしようとする明確な意図があったといえる。

第4節　難民条約第31条をめぐる論争
二次的移動について

　現行条約第31条第1項においては、「締約国は、その生命又は自由が第1

---

[61]　A/CONF.2/SR.24, p. 21.
[62]　A/CONF.2/SR.33, p. 7.

条の意味において脅威にさらされていた領域から直接来た難民であって許可なく当該締約国の領域に入国し又は許可なく当該締約国の領域内にいるものに対し、不法に入国し又は不法にいることを理由として刑罰を科してはならない」（強調著者）と規定されている。

これは迫害から逃れるために、やむなく近隣国に不法に入国した場合においても、刑罰を科すことを認めないことによって、迫害から逃れる行動そのものを抑制しないという趣旨であると考えられる。

じつのところ、全権会議での当初案においては「その生命又は自由が第1条の意味において脅威にさらされていた領域から直接来た」という部分が存在せず、会議中にこの部分を追加する修正案が可決されたために挿入されている。この点では激しい論争があり、この論争から、当時における難民保護の考え方の一端をみることができる。

条約第26条案（現行第31条）の審議に入った際、フランス代表は「出身国から直接来た」という部分を挿入する修正案[63]を提出した。フランス代表は、この修正案の趣旨について「出身国から直接入国する、隣国の難民が不法に入国したことについて刑罰を科さないのは正しいという認識ではあるが、さらに次の移動について同様の免除を与えることについて、正当性を見出すことはできない」[64]と述べている。さらに、フランスで保護を与えられた難民が、ベルギーに不法入国しようとする例について言及し、「ベルギー政府が、その不法入国を認めるということは明らかに不可能である。なぜなら、そのときにおいて、その難民の生命と自由が、決して危険ではないからだ」[65]と述べた。

すなわち、迫害から直接に逃れるために、隣国にやむなく不法に入国することは、難民保護の観点からは認められるべきであるが、その隣国に逃れた後、さらに別の国に二次的に移動することは認められるべきではないという趣旨である。仮に難民該当性のある者について、その不法入国それ自体を罰しないとすれば、単に直接に隣国に逃れるのみならず、自らが選択する加盟

---

[63]　A/CONF.2/62.
[64]　A/CONF.2/SR.13, p. 13.
[65]　A/CONF.2/SR.13, p. 15.

国に自由に入国することが事実上可能になりうる。フランス代表の問題意識は、難民であるからといって、自由に自分が保護を求める国を選ぶことはできず、あくまでも、迫害を直接に逃れるために、やむなく隣国に避難し、そこで保護を求めるべきであるというものであろう。

さらにフランス代表は、「受入国に一時的に定住した難民に対して、他国に入国する自由をなんの制限もなく与えることによって、単なる個人的な都合を理由として行使する移住の権利を与えてしまうことになるであろう。そのような場合、通常であれば、その国の当局にビザを申請するべきであろう。第26条は出入国管理についてではなく、単に庇護について言及しているというのは正しくない」[66]と述べている。すなわち、難民条約によって、国家の出入国管理の権限が制限されることに対して強い危機感をもっており、その制限は迫害を逃れるために、直接隣国に入国する場合にのみに適用すべきであるという問題意識といえる。

イタリア代表はフランスの修正案に賛同し、「不法入国に関する（刑罰の）免除は最初の受入国の場合にのみ適用されるべきである」[67]と述べている。ただし、国連難民高等弁務官は反対した[68]。

その後、フランス代表は「出身国から直接来た」という文言に問題があるという他国の代表の指摘を受けたうえで、それを「生命と自由が脅威にさらされる国以外の国において一時的な庇護ですら得ることができない」と修正を行った[69]。

この案が投票に付され、賛成15、反対0、棄権8で採択された[70]。

この修正を加えたうえでの条文が、最終審議の段階で再び議論になった。この段階で、国連難民高等弁務官は、「生命と自由が脅威にさらされる国以外の国において一時的な庇護ですら得ることができない」という部分を削除した修正案を提案した[71]。

66　A/CONF.2/SR.14, p. 10.
67　A/CONF.2/SR.13, p. 13.
68　A/CONF.2/SR.14, pp. 4-5.
69　A/CONF.2/SR.14, p. 13.
70　A/CONF.2/SR.14, p. 13.
71　A/CONF.2/SR.35, p. 11.

当然ながらフランス代表はこれに反対した。「フランスと国境を接する国に大量の難民が居住していることを懸念している。彼らの生命が危険ではないなかで、フランス国境を越えた場合、フランス政府は刑罰を科し、彼らを国境まで送還する権利を有している」[72] と述べており、すでに隣国で保護を得られている難民が、在留目的のためにフランスに流入してくるのではないかという強い懸念を表明した。このようにフランスの強固な反対は、その地理的状況と密接に関係していたといえる。

最終的には、現行第31条の「その生命又は自由が第1条の意味において脅威にさらされていた領域から直接来た」とする修正案が投票に付され、賛成19、反対0、棄権4で採択された[73]。

なお、あくまでも第31条の規定が「刑罰」に関するものとなっていることから、この規定をもって不法入国者を送還できるという国家の行政上の出入国管理の権限が認められないものではないという見解もみられた。ベルギー代表は「第26条〔著者注：当初案〕第1項について、ベルギー領域に不法に入国した難民を送還する権利を制限するものとしては解釈していない……それにもかかわらず、関係の政府は領域に不法に侵入した外国人を送還する権利を有している」[74] と述べた。

このように条約第31条をめぐる論争における論点は、ひとつに難民保護と出入国管理に関するものであったといえる。フランスの修正案が結果的に採択されたことの背景としては、難民の二次的移動に関してまでも、国家の出入国管理の権限を弱体化させる意図はないという合意が存在していたからであろう。あくまでも、直接に迫害から逃れるために、直接に隣国に入国した場合のみを認めるという趣旨である。

次に、現代的状況とも密接に関連するが、難民の二次的移動に関する論点である。全権会議全体での合意は、難民の二次的移動を認めないというものであるといえる。フランスの修正案が認められ、現行第31条のものとなったという事実は、各国が難民の二次的な移動により、すでに他国で庇護を得

72　A/CONF.2/SR.35, p. 15.
73　A/CONF.2/SR.35, p. 19.
74　A/CONF.2/SR.13, p. 14.

られている難民が、在留目的で自国に入国するかもしれないという懸念を有していたことの反映といえる。大陸ヨーロッパの国が多く代表として参加しているという背景も、おおいに影響したと考えられる。

このことからすると、近年において、多くのシリア難民がいったんは隣国のトルコ等に避難し、その後ドイツを目指したが、難民条約制定時の問題意識からすると、このような移動形態をとる者についての保護は想定されていないといえるだろう。条約第31条をめぐる論争からは、難民条約においては、すでに迫害を逃れた難民の二次的移動までを認めるかたちでの難民保護は念頭に置かれていないことが示されている。

第5節　ノンルフルマンの原則をめぐる論争

(1)　第三国への送還について

現行条約第33条は、迫害を受ける地域への送還を禁止する、いわゆる「ノンルフルマンの原則」を規定するものであり、難民条約上の中核的条文のひとつとなっている。

まず第33条第1項の当初案には、迫害事由のひとつである「特定の社会的集団」が存在していなかった。第1条A(2)の難民の定義における迫害事由のひとつとして、「特定の社会的集団」がスウェーデン代表の修正案により挿入されたため、第33条第1項においても、「特定の社会的集団」を挿入する修正案が全会一致で可決されている[75]。これは難民の定義と連動する技術的な修正といえる。

スウェーデン代表は、これに加えて「生命又は自由が危険にさらされる領域に移送される危険にさらされる場所」へも送還を禁止する旨の修正案を提出していた[76]。すなわち、送還された国に直接に生命や自由の危険がなくとも、

---

[75]　A/CONF.2/SR.35, p. 22.
[76]　A/CONF.2/70.

その送還された国から、さらに生命や自由が危険にさらされる地域に送還される危険がある場合にも、送還を禁止するという趣旨である。つまり、迫害を受ける領域へ難民を送還する可能性のある第三国への送還も禁止するものである。

このスウェーデンの修正案について、反対がなされた。

フランス代表は、「実際に起こりうることであろうが、締約国に隣接する国が条約加盟国ではなく、そうした国々が、すべての難民の居住の権利を拒否することを決定した場合には、スウェーデンの修正案では難民をまったく追放できないため、締約国は困難な状況におかれるだろう」[77]と述べた。

すなわち、ある国の周辺国が難民条約締結国ではない場合、第33条の送還禁止義務の適用がないため、当該国は、その事実をもって、たとえそれら周辺国において迫害を受けることがないことが確実であっても、送還することが不可能になるということである。スウェーデンの修正案によれば、仮にそこで迫害を受けることはなくとも、とくに難民条約非加盟国への送還が困難になる可能性がある。

フランスの反対論に対しては、イギリスも同調している[78]。また議長も、「ある政府が難民を他の国の領域に追放する際に、その国がどのように行動するかを予測することはできない……しかし、さまざまな考慮が含まれることの比較的重要性については、当該政府によって決定されるべきことであろう」[79]と述べている。

結局、スウェーデン代表は、この部分の修正案を取り下げている。

ここから読み取れるのは、難民条約制定時においては、送還が禁止されているのは、あくまでも難民が迫害を受ける国・地域であり、迫害を受けることのない第三国への送還を禁止するものではないということである。難民として認められることが、直接にある加盟国での在留に直結するものではなく、通常送還できるのが母国であり、母国では迫害を受けるからこそ難民であるから、その結果として、当該加盟国で在留を認めざるをえないということで

77　A/CONF.2/SR.16, p. 4.
78　A/CONF.2/SR.16, p. 5.
79　A/CONF.2/SR.16, pp. 9-10.

ある。仮に、第三国において、迫害を受けないのであれば、そうした第三国への送還は禁止されないというのが、難民条約制定時の認識であろう。そしてそうであるがゆえに、スウェーデンの修正案は支持を得ることができなかったといえる。

このことと関連して、オーストラリア政府は、2001年から現在に至るまで、船舶で不法入国し、難民申請をしようとする者を、第三国であるナウルおよびパプアニューギニアへ移送し、そこで難民該当性を審査する政策を行った。難民条約制定時の趣旨からすれば、こうした迫害を受けない第三国への移送はそもそも想定されていることであり、また禁止もされていないことであり、それゆえ、なんら難民条約の趣旨に反するものではないといえる。

さらにこのことは、安全な第三国条項とも密接に関係することである（第9章参照）。

(2) **安全保障面について**

また、現行第33条第2項の「締約国にいる難民であって、当該締約国の安全にとって危険であると認めるに足りる相当な理由があるもの又は特に重大な犯罪について有罪の判決が確定し当該締約国の社会にとって危険な存在となったものは、1の規定による利益の享受を要求することができない」は当初案には存在せず、英仏の共同修正案[80]によって挿入されたものであった。

当初フランス代表は、難民の義務を定めた一般条項である第2条において、「国家の安全にかかわる行為をした者は、難民の地位を放棄したものとみなす」という趣旨の修正案を提出していた[81]。その際、「フランスにおいて、組織された集団によってもたらされる騒乱が増加するのであれば、最終的には外国人嫌い（xenophobia）が巻き起こり、国民の世論はフランスの提案のような措置を要求するだけでなく、罪もない数多くの難民を追放することも要求するだろう」[82]と述べている。

80　A/CONF.2/69.
81　A/CONF.2/18.
82　A/CONF.2/SR.4, p. 11.

結局、フランス、イスラエル、イギリス、ベルギーの各国代表で構成される作業部会に検討が委ねられた結果[83]、第33条第2項に挿入する修正案が提出された。

フランス代表はこの修正案の趣旨について、「庇護の権利は、受入国が自由に認める道徳的、人道的考慮に立脚するものであるが、一定の重要な制限がある。ある国は、どのような制限をなすことも困難であるような者、または望ましくない側面がある集団が潜入することについて、無条件の義務を負うことはできない」[84]と述べ、送還禁止義務に一定の制限を付すことの必要性を述べた。

バチカン代表もこれに同調し、「国家は庇護の権利のあり得る濫用から自らを守る必要があることを十分に認識している」[85]と述べている。

イギリス代表は「第28条〔著者注:当初案、現行第33条〕が起草されてから認識が変化してきたことを理解しなければならない。そして、各国政府は国家安全保障に対する現在の危険をより強く認識している。大量の難民のなかには、庇護の国に対して外国政府の代表としての活動を行おうとする者もいることは避けようがない。そして、庇護の国がそうした偶発事態から自らを守ろうとしないことを期待することは不合理である」[86]と述べている。

おそらくは、東西冷戦が深まるなかで東側諸国から大量に難民が流入した場合、そのなかに、その政府の命令のもとに国内で破壊活動を行う者が紛れてくるかもしれないという危機感があったと思われる。

このように、国境で審査をすることができない難民申請者の大量流入の可能性については、他国の代表からも危機感が表明されている。オランダ代表は、「そうした状況に対応するために、十分に国際的協力がなされないかぎり、難民の大量流入に関する無条件の義務を認めることについて違った見解をもっている」[87]と述べている。またベルギー代表も、「第28条における国境へ

---

[83] A/CONF.2/SR.4, pp. 12-13.
[84] A/CONF.2/SR.16, p. 7.
[85] A/CONF.2/SR.16, p. 7.
[86] A/CONF.2/SR.16, p. 8.
[87] A/CONF.2/SR.16, p. 11.

の送還の禁止は個人に適用されるもので、大きな集団についてのものではないという事実に注目されたい。これがベルギー政府の解釈である」[88]と述べている。

結局、英仏の修正案は、賛成19、反対0、棄権3で採択されている。

このように、現行第33条第2項における、送還禁止義務の適用除外条項の挿入は、国の安全保障上の懸念が表明されたものであった。またとくに、難民の大量流入について懸念が表明されていた点も指摘できる。

この部分についても、現代的状況との関連がある。2016年12月のドイツのベルリンにおけるテロ事件は、チュニジア人の難民申請者によるものであった。また、ヨーロッパ各国でもテロが頻発している。難民申請者の大量流入のために、結果として安全保障が損なわれる危険性は、難民条約制定時にも表明されていたが、現在でも存続している。少なくとも、難民条約制定時において、各国代表は、国の安全保障を犠牲にしてまで難民申請者の大量流入を積極的に認めようとしていたわけではないことは重要であろう。

第6節　難民条約第1条Eについて
事実上の市民権

現行条約第1条Eでは、難民からの適用除外者について、「この条約は、居住国の権限のある機関によりその国の国籍を保持することに伴う権利及び義務と同等の権利を有し及び同等の義務を負うと認められる者については、適用しない」と規定されている。

この部分は、文言の修正以外は当初案どおりに採択されている。

この部分の審議の際、オランダ代表は、「これは、投票権、公職に就く権利または兵役に服する義務を意味するのではなく、単に経済的、社会的権利を意味するものと理解している」[89]と述べている。アメリカ代表は、この部分は難民の定義から「欧州において」が削除されたために挿入されたもので

---

[88]　A/CONF.2/SR.16, p. 12.
[89]　A/CONF.2/SR.23, pp. 25-26.

あり、「事実上の国籍（de fact citizenship）」を意図していると述べている[90]。イギリス代表は、「D項〔著者注：当初案〕の目的において、居住の権利を得るということは、永住権を得ることと同様だと理解している」[91]としている。

全権会議では、現行第1条Eに関連して、オーストリアにおけるドイツ系住民の例について言及されており、ドイツに入国したそうした住民が、ドイツにおいては事実上の国籍が与えられ、国民に準じた待遇を与えられていることが指摘された。それゆえ、そうした難民は事実上のドイツ人であり、条約上の難民とはいえないと指摘された[92]。

こうした事例が念頭にあり、母国を逃れた難民であり、他国の国籍を取得していなくとも、他国で国民に準じた待遇を受けている者については、難民としての保護の対象とはしないという趣旨であろう。難民が「事実上の無国籍者」であるとの認識のもと、逆に「事実上の国籍者」となった場合には、他の国では保護の対象とはならないということを意味する。

このように、ある国において保護の対象となる難民とは、母国も含めて他のいかなる国にも在留することができない者であり、永住権といった第三国における在留の権利がある者については保護の対象とはならないことを意味する。すなわち、第三国に在留することができるにもかかわらず、母国へ帰還した場合に難民該当性があるからといって、任意に保護を求める国を選ぶことはできないということである。

この点も、安全な第三国条項と密接に関係するところであり、第9章で詳述する。

第7節　「庇護の付与」

また会議の議論を通じて、難民条約は国家の側の権利や義務を規定したものであり、「庇護の権利」といった個人の側の権利を規定したものではない

---

[90]　A/CONF.2/SR.23, p. 26.
[91]　A/CONF.2/SR.23, p. 26.
[92]　A/CONF.2/SR.23, p. 11-15.

という主張がみられた。このことは、前文の修正に如実に表れている。

　前文4段目において「難民に対する庇護の付与が特定の国にとって不当に重い負担となる可能性のあること」とあるが、「庇護の付与（grant of asylum）」は、当初案では「庇護の権利の行使（the exercise of the right of asylum）」となっていた。これについての審議の際、オランダ代表は、世界人権宣言第14条第1項と同様に「他国に避難することを求め、かつ、避難する権利（right to seek and to enjoy asylum in other countries）」に修正する提案をした[93]。それを受けてイギリス代表は「庇護の付与（grant of asylum）」に修正する提案をし[94]、結局これが最終的な前文として採択されている。

　このことは、イギリス代表の次の見解が反映されたものであった。「イギリス代表の見解では、庇護の権利は、庇護を与えるか拒否するかという、国家にのみ属する権利であり、個人に属する権利でもなく、それが個人にも拡張されるべきであると主張することを認めるものでもない」[95]。このように、難民条約上、難民申請者側の庇護を求める権利については何も規定されず、あくまでも加盟国が難民としての地位を認め、認められた者に対して送還禁止義務を負い、国内における条約上の各種の権利を認めるという、国家の側の権利であることが示されている。

　ベルギー代表も、「条約案はいわゆる庇護権についてなんの言及もしていない。締約国にすべての難民を受け入れることを義務づけるものでもなく、また、現在の出入国管理に関する原則をなんら変更したものでもない」[96]と述べている。

　エジプト代表は如実にも、「会議の責務は多くの国々による義務を拡大することではなく、すでに締約国の領域にいる難民の法的地位を与えることである」[97]と述べ、難民条約の目的が、すでに領域内にいる難民の待遇に関するものであり、今後、締約国に入国するであろう難民については、そもそも

93　A/CONF.2/SR.31, p. 28.
94　A/CONF.2/SR.31, p. 28.
95　A/CONF.2/SR.13, p. 14.
96　A/CONF.2/SR.20, p. 7.
97　A/CONF.2/SR.20, p. 9.

対象とするものではないとしている。

第8節　難民と雇用問題

　難民条約の条文の多くは、条約上の難民に対する待遇に関するものとなっている。事項によって締約国の自国民と同様の待遇であるのか、または、外国人と同様の待遇とするのかという違いがある。国民と同様の待遇は、配給（第20条）、初等教育（第22条第1項）、公的扶助（第23条）、労働法制および社会保障（第24条）となっている。外国人と同様の待遇は、賃金が支払われる職業（第17条）、自営業（第18条）、自由業（第19条）、住居（第21条）、初等教育以外の教育（第22条第2項）となっている。

　配給や公的扶助といった基礎的な社会保障については、自国民と同様の待遇であるが、職業関連においては、主に外国人と同様の待遇となっている。このことは、自国民の雇用の確保の観点から、難民であったとしても、雇用関係において自国民と同様の取扱いまでは認めないものであることを示すものであると考えられる。

　このことが、第17条の「賃金が支払われる職業」の審議の経過に如実に表れている。現行の第17条第1項は「締約国は、合法的にその領域内に滞在する難民に対し、賃金が支払われる職業に従事する権利に関し、同一の事情の下で外国の国民に与える待遇のうち最も有利な待遇を与える」（下線著者）と規定されている。この規定は、微細な文言の修正以外は、当初案が採択されている。

　じつは、この審議の際、ユーゴスラビア代表は、自国民と同一待遇とする修正案[98]を提出した。その趣旨としては、賃金が支払われる職業も含めて、一般的に難民には自国民と同一待遇を与えられるべきというものであった[99]。

98　A/CONF.2/31.
99　A/CONF.2/SR.9, p. 4.

このユーゴスラビア代表の修正案に対して、各国代表から異論が噴出した。

スウェーデン代表[100]、デンマーク代表[101]、ベルギー代表[102]は、第17条の留保の可能性を示唆している。スイス代表は、「非常に多くのスイス国民が仕事を見つけるために自国を離れざるをえないことが忘れられてはならない」[103]と述べ、懸念を表明した。ノルウェー代表も、賃金が支払われる職業に関して自国民と同様の取扱いはできないとして、修正案に反対した[104]。

オーストリア代表は、「1950年12月現在、オーストリアには40万人の難民がおり、失業者数は20万人である……このような小国が第12条〔著者注：当初案〕の義務を受け入れることは非常に困難である。1945年から1951年までの間に、5億8000万オーストリア・シリングが難民のために使われた。この額で、7000の住居が建設された。1951年2月28日までに、16万2000人の外国人が帰化しているが、そのうちの12万人が難民である。もし難民の家族が含まれるのであれば、その数はほぼ17万7000人になる」[105]と述べ、難民の受入れにおける経済的負担を強調した。

イタリア代表は、「余剰人口が多く、それゆえに深刻な失業があり、かつその国境とアドリア海岸が無尽蔵の難民の発生源と接しているイタリアのような国は、難民の雇用や帰化に関して取り組むことを検討することは決してできない。そしてそれはイタリア経済が直面する困難を増すのみである。毎年、約30万人の学業を終えたイタリア人が雇用を求める。なかには土曜日、日曜日も働く意思のあるこれらの若い人々が、仕事の機会を否定されるべきではない」[106]と述べ、自国の雇用問題、さらには地理的な危機感を強調した。

フランス代表も、「ユーゴスラビアの修正案が、受入国において、労働組合からの敵意の波が起こることなく、また国境を閉鎖すれば収束するであろう外国人嫌い（xenophobia）の暴発が発生することなく実施されるかは疑わ

100　A/CONF.2/SR.9, p. 6.
101　A/CONF.2/SR.9, p. 7.
102　A/CONF.2/SR.9, p. 8.
103　A/CONF.2/SR.9, p. 6.
104　A/CONF.2/SR.9, p. 13.
105　A/CONF.2/SR.9, p. 7.
106　A/CONF.2/SR.9, p. 9.

しい。まさに、そうした気前よさによって、まさに、その気前よさが守ろうとしている人々の頭に跳ね返ってくるだろう。わが国の難民政策は非常に寛大だが、その政策は難民を徐々に制限されない就労の権利へと導くものだ。政策の寛大さは庇護の権利に立脚している。ユーゴスラビアの修正案は、まさにその権利の存在そのものを脅かすものであり、それゆえ、まず現実的な態度を反映したものとはいえない」[107]と述べ、ユーゴスラビアの修正案を厳しく批判した。

このように各国代表からの反対を受けた結果、ユーゴスラビアの修正案は賛成1、反対16、棄権4で否決されている[108]。ユーゴスラビア以外に賛成はなかったと推測される。

ここには、難民の受入れによって自国民の雇用に対して悪影響が与えられることについて、各国の大きな懸念があることが反映されている。また、経済面において、自国民を犠牲にしてまでの難民の受入れは念頭に置かれていないことも示されている。ここからも、各国においては、やはり難民の受入れは大きな負担であると認識されており、そうであるがゆえに、全権会議中、庇護国であるフランスやイタリアなどが、アメリカなどの移民国が負担を分担すべきであるという主張を繰り返したといえるだろう。

おわりに

以上、本章では、難民条約制定全権会議の議論を分析した。ここから読み取れることは、①地理的状況による立場・主張の明確な違い、②出入国管理の権限への影響の最小化、③難民の受入れは負担であるという共通理解、④難民そのものの定義は自明の前提であり、現在における解釈に示唆となる議論は存在しなかった、ことだといえる。

①については、難民が直接流入する庇護の国であるヨーロッパ諸国と、難民の直接流入がなく、移民として選別可能なかたちで受け入れているアメリカなどの移民国との立場の違いが明確になっている。事実、カナダの条約加

---

[107] A/CONF.2/SR.9, p. 10.
[108] A/CONF.2/SR.9, p. 16.

盟は1969年、アメリカは1968年に議定書のみに加盟しており、全権会議を通じてすら、庇護国と移民国の立場の違いを埋めることはできなかったといえる。

また、歴史的に、実際に数多くの難民を第三国定住で受け入れている両国が、約20年間、条約に加盟していなかったという事実は、難民条約自体は、事前の選別や数量制限を前提とする第三国定住のかたちでの難民の保護についてはそもそも対象とするものではないことを示しているのではなかろうか。その意味でも、条約そのものに内在する限界性を指摘せざるをえない。

加えて、ヨーロッパ諸国のなかでも、中東や北アフリカと姜するフランス、イタリアと、そうではない北欧諸国などの立場の違いも、「欧州において」をめぐる論争において明確になった。こうした難民流入をめぐる地理に根差した立場の決定的な違いは、現在においても同様のものであり、それゆえに、各国をより強く拘束するかたちでの難民の保護を実行することは、現在、そして今後においてもきわめて困難であることが示されている。

②については、全権会議中、各国代表は、条約によって、国家の出入国管理の権限に影響が出ることを可能なかぎり最小化しようと腐心してきた経緯に示されている。具体的には、アメリカやカナダが、自国の移民政策への影響に対する懸念から、無差別条項に反対し、その懸念に対応するための修正が行われたこと、第31条の審議の経緯からも難民の二次的移動を認めるものではないこと、第33条第1項の審議の経緯からも、難民の第三国への送還を禁止するものではないこと、そして第33条第2項が挿入され、安全保障上の理由から、送還禁止義務が絶対のものではないことに示されているといえる。このことは、第1条Eの、永住権といった「事実上の市民権」がある場合には難民とはならないという規定にみられるように、あくまでもいかなる国にも在留できない場合においてのみ保護の対象とすること、そして「庇護の権利」があえて盛り込まれなかったことからも補強されるといえるだろう。

条約上の難民であることが、二次的移動も含めて、なんら出入国管理上、特権的な地位を付与されるものではなく、第33条の送還禁止義務との関連から、ある締約国での在留が、反射的利益として、結果的に認められるにす

ぎないということであろう。このことは、第三国送還の禁止規定があえて採択されなかったことにも示されている。

　この意味からも、難民条約そのものが、国家の出入国管理の権限を積極的に縮小する趣旨のものであるとは理解されてはならないことが示されている。

　③については、第17条をめぐる審議の際に示されているように、難民の受入れはやはり負担であり、それゆえに、国際的に適正な負担分担がなされる必要性を示唆している。全権会議中でも、庇護国が移民国に対して負担を求める主張もみられた。現在の文脈でいえば、こうした負担分担は、単に難民そのものの受入れというだけではなく、帰還、現地定住、再定住という機能面、また、資金面を含めた幅広い文脈での負担分担の必要性といえるだろう。

　④については、残念ながら、全権会議中では現在における条約上の難民の理解に資する議論はみられなかった。あえて挿入された「特定の社会的集団」についても、議論がなされることはなかった。このことは、第二次世界大戦直後という時代背景において、ナチスドイツによるユダヤ人迫害のような、明らかに国家による迫害が当然の前提として共有されていたためと考えられる。このため、難民該当性は、そのときの時代状況に則して検討されなければならないことが示されている。

第2章

立証責任と信憑性評価

はじめに

本章は、難民該当性判断における難民申請者の信憑性の評価と、主張の立証責任について考察する。これらは該当性判断における重要な論点のひとつである。

これは、通常、迫害に関する物的な証拠が存在することが少ないために、主に申請者の供述に依拠して該当性判断をしなくてはならないことと密接な関係がある。このため、難民該当性の判断においては、まずもって主張に信憑性があるといえるかどうかの判断が重要となる。

一部においては、迫害を受けた可能性のある難民申請者という特殊な事情から、立証責任を一部緩和し、申立内容について強く否定することができない場合は、いわゆる「灰色の利益（benefit of the doubt）」が与えられるべきであるとする主張がある。

こうした考え方は、「UNHCRハンドブック」に示されている。

> 申請を提出する者に立証責任があるのが一般の法原則である。しかしながら、申請者は書類やその他の証拠によって自らの供述を裏付けることができないことも少なくなく、むしろ、その供述のすべてについて証拠を提出できる場合のほうが例外に属するであろう。ほとんどの場合、迫害から逃れる者はごく最少の必需品のみを所持して到着するものであって身分に関する書類すら所持しない例も多い。<u>こうして、立証責任は原則として申</u>

請者の側にあるけれども、関連するすべての事実を確認し評価する義務は申請者と審査官の間で分担される。実際に一定の事案においては審査官が利用し得るすべての手段により申請を裏づけるのに必要な証拠を収集することもある。しかしながら、このような審査官による調査が必ずしも実を結ぶとは限らず、証拠によって裏付けられない供述も存在する。このような場合において、申請者の供述が信憑性を有すると思われるときは、当該事実が存在しないとする十分な理由がない限り、申請者が供述する事実は存在するものとして扱われるべきである。(「疑わしきは申請者の利益に」(灰色の利益))[1]

このように、申請者の信憑性評価における立証責任の緩和や、審査をする側も一部立証責任をもつべきであること、さらには、信憑性の否定については反証が必要であるといった趣旨が述べられている。

以下、難民該当性判断における立証責任と信憑性評価について考察する。

第1節　立証責任について

オーストラリア移民法では、明示的に保護申請者の立証責任についての条文が存在しており、それは申請者の責任であると明記している。

> **第5AAA条　保護申請に係る外国人の責任**
> 第1項　本条は、その者が、オーストラリアが保護義務（どのようにそれが生じようとも）を有する者であると主張する外国人に関して適用する。
> 第2項　本法の目的のために、そのような者であるという主張のすべての詳細を明示すること、およびその主張を確証する十分な証拠を提供する

---

[1]　国連難民高等弁務官駐日事務所『難民認定基準ハンドブック——難民の地位の認定の基準及び手続に関する手引き（改訂版）』（日本語版．2015年7月）パラグラフ196（下線引用者）。

> ことは、当該外国人の責任である。
> 第3項　本法の目的には、以下を含む。
>   (a)　本法の下の規則や他の指令の目的
>   (b)　以下に関連する、いかなる行政過程の目的
>   (ⅰ)　本法
>   (ⅱ)　本法の下の規則や指令
> 第4項　疑義を避けるために、大臣は次のようないかなる責任や義務を負わない。
>   (a)　当該外国人の主張の詳細を明示し、または明示することを支援すること
>   (b)　その主張を確証すること、または確証することを支援すること

　このように、立証責任については保護申請をする外国人の責任であるとし、第4項においても、大臣の側においていかなる立証責任も負わないことも明示されている。この意味では、UNHCRハンドブックの立場よりも、「厳しい」ものとなっている。
　この第5AAA条は、2015年の移民法改正によって挿入された。移民大臣（当時）の議会での提案趣旨説明では、以下のように述べられている。

　　本法案の附則1〔著者注：本条などの部分〕は、保護地位決定過程における一貫性を向上させるものであり、まずは、保護のための主張を確証することおよび、そうした主張を支持する十分な証拠を提供することの究極の責任は庇護申請者にあるという、明白なメッセージを発している。本法案は、庇護申請者になりかわって保護のための主張をすることは、移民省や難民再審査審判所〔著者注：いずれも当時〕の責任ではないことを明確にするものである。この変更によって、オーストラリアは、アメリカ、ニュージーランド、イギリスといった同様の考えをもつ国々と同様となるであろう[2]。

このように、第5AAA条の挿入は、保護を求める申請についての立証責任はすべて庇護申請者の側にあり、その立証責任の一部を審査する側がもつことはないことを明確にするものであったことは、明らかである。また、本書では踏み込まないが、こうした立証責任をすべて庇護申請者側に課すことは、アメリカ、ニュージーランド、イギリスにおいても行われていることも述べられている。

　同様に、日本の判例においても、難民認定申請者の立証責任の緩和や、行政庁の側が立証責任の一部を負うべきであるという考え方は否定されている。

①平成28年8月23日東京地方裁判所判決

　難民該当性に係る各要件の立証責任については、入管法61条の2第1項の規定及び入管法施行規則55条1項の規定が難民の認定を申請しようとする外国人に対して難民に該当することを証する資料の提出を求めている趣旨に照らし、申請者たる原告が負うものと解するのが相当である。

　これに対し、原告は、難民ハンドブックの記載等から、難民該当性については、行政庁においても一部主張立証責任を負うかのような主張をするが、難民ハンドブックは、各国政府に指針を与えることを目的とするものであって、それ自体に法的拘束力が認められないこと、難民条約及び難民議定書には、難民認定に関する立証責任に関する規定はなく、これをどのように定めるかは各締約国の立法政策に委ねられていると解されること、そして、我が国の法令上、難民該当性についての立証責任について定めた規定は存在しないことからすると、難民該当性について行政庁においても一部主張立証責任を負うかのような原告の上記主張は採用することができない[3]。

②平成29年9月21日東京地方裁判所判決

(2)　立証責任等

2　*Hansard*, House of Representative, 25 June 2014, p. 7279.

3　難民不認定処分取消等請求事件、東京地方裁判所平成27年（行ウ）第384号、平成28年8月23日民事第2部判決（下線引用者）。

ア　難民該当性の立証責任については、難民条約及び難民議定書に規定されておらず、これをどのように定めるかは各締約国の立法政策に委ねられていると解されるところ、我が国の法令上、難民該当性についての立証責任について定めた規定は存在しない。そして、入管法61条の2第1項の規定及び入管法施行規則55条1項の規定が難民の認定を申請しようとする外国人に対して難民に該当することを証する資料の提出を求めていることなどからすると、難民該当性を基礎付ける客観的な事情については、申請者たる原告が立証責任を負うものと解するのが相当であり、難民の認定をしない旨の処分の取消訴訟においては、原告が難民に該当する旨の立証がされた場合に、当該処分は取り消されることになる。

　イ　次に、難民該当性の立証の程度については、行政事件訴訟においては、行政事件訴訟法に定めがない事項については民事訴訟の例によるものとされているところ（同法7条）、行政事件訴訟法には立証の程度に関する特段の規定はなく、民事訴訟では、事実の存否について高度の蓋然性があるものでなければならず、通常人が疑いを差し挟まない程度に真実性の確信を持ち得るものであることを必要とし、かつ、それで足りると解されている。そして、難民条約及び難民議定書には、難民認定に関する立証の程度についての規定は設けられておらず、これをどのように定めるかは、締約国の立法政策に委ねられていると解されるところ、我が国の法令には、難民認定手続やその後の訴訟手続について、立証責任を緩和する規定は存しない。したがって、難民と認定されるための立証の程度は、通常の民事訴訟におけるのと同様、合理的な疑いをいれない程度の証明が必要であると解するのが相当である[4]。

　仮に移民大臣が述べるように、立証責任の解釈について、アメリカ、ニュージーランド、イギリスもオーストラリアと同様であるとすれば、これらの国と日本の基準は同様であるということができる。この意味で、立証責任に

---

[4] 難民不認定処分取消請求事件（以下、事件番号により「219号事件」等という）、東京地方裁判所平成28年（行ウ）第219号、平成28年（行ウ）第220号、平成29年9月21日民事第2部判決（下線引用者）。

ついて緩和的な姿勢を見せているのは、UNHCRであり、日本を含めた主要国は、厳格な姿勢を見せている。仮にUNHCRの基準が「国際基準」であるとするならば、これらの国々が「厳しい」ということになり、主要国の基準が「国際基準」であるとするならば、UNHCRが「緩い」ということになるであろう。

第 2 節　信憑性評価について

　難民申請者の信憑性をどのように評価するかも、難民該当性の決定において重要な点である。これは、仮に申請者の主張の信憑性が欠如していると判断されれば、その段階で、申請者の主張内容をさらに検討することなく、難民該当性が否定されることになる。この意味で信憑性の判断は、難民該当性判断の入口における重要なものとなっている。

　先に引用したUNHCRハンドブックでは、「申請者の供述が信憑性を有すると思われるときは、当該事実が存在しないとする十分な理由がない限り、申請者が供述する事実は存在するものとして扱われるべきである。(『疑わしきは申請者の利益に』(灰色の利益))」としており、いわゆる「灰色の利益」を認めるべきであるという立場をとっている。

　難民申請者の信憑性に関して、オーストラリアでは複数の司法判断があり、たとえば2016年4月30日の審判所決定では、そうした司法判断に依拠するかたちで、信憑性に関して以下のようにとりまとめている[5]。

　10　審判所は難民の地位および補完的保護の申請者が直面する立証の困難さを認める。

　Beaumont判事は、1994年8月11日の連邦裁判所大法廷判決[6]におい

5　1512705 (Refugee) [2016] AATA 3788 (30 April 2016), [10]-[13]. 判例の引用に関する記載については適宜改めた。

6　Harjit Singh Randhawa v the Minister of Immigration, Local Government and Ethnic Affairs [1994] FCA 1253 (11 August 1994).

て「難民性の証明においては、意思決定者の側において、リベラルな態度が求められるべきである」としている。

11　国連難民高等弁務官事務所の「UNHCR ハンドブック」の 196 から 197 段落、および 203 から 204 段落では、難民の地位の申請者が直面する立証の特別な問題を認め、さもなければ信頼がおけ、もっともらしい申請者については、他の合理的な理由がないのであれば、灰色の利益（the benefit of the doubt）が与えられるべきであるとしている。

12　しかしながら、意思決定者は、申請者の主張のいずれかまたはすべてについて、無批判で受け入れることが必要とはされていない。さらには、審判所は、特定の事実上の主張について、これが申請者によって立証されていないということを判断するために、利用可能な反証を有することは求められていない。さらに、審判所は、申請者の国籍国の状況に係る独立した証拠と一致しない主張を受け入れる義務も有していない（1994 年 8 月 11 日の連邦裁判所大法廷判決[7] の Beaumont 判事の主張、1994 年 5 月 20 日の連邦裁判所判決[8] の Heerey 判事の主張、1998 年 9 月 11 日の連邦裁判所判決[9] を参照）。

13　もし審判所が、主張する出来事が発生していないということの「真の疑いがない」とするのであれば、審判所は、その認定が誤りであるかもしれないことの可能性を検討する必要性はない（1999 年 6 月 3 日の連邦裁判所大法廷判決[10] の Sackville 判事の主張〔North 判事も同意〕を参照）。さらには、連邦裁判所大法廷（O'Connor、Branson、Marshall の各判事）が 1998

---

[7]　Harjit Singh Randhawa v the Minister of Immigration, Local Government and Ethnic Affairs [1994] FCA 1253 (11 August 1994).

[8]　Velauther Selvadurai v the Minister of Immigration and Ethnic Affairs and J Good (Member of the Refugee Review Tribunal) [1994] FCA 1105 (20 May 1994).

[9]　Sutharsan Kopalapillai v Minister for Immigration & Multicultural Affairs (includes corrigendum dated 14 September 1998) [1998] FCA 1126 (11 September 1998).

[10]　Minister for Immigration & Multicultural Affairs v Rajalingam [1999] FCA 719 (3 June 1999).

年9月11日の連邦裁判所判決[11]について述べたように、オーストラリアにおいて難民であると主張する者の証言を評価する意思決定者が、主張をすることの遅延に関する、または証拠の不首尾に関する可能な説明をもたなければ、申請者の証言を信憑性に依拠して否定してはならないという法則はない。同様に、意思決定が、難民事案における否定的な信憑性評価をする際において「不信の肯定的状態」をもたなければならないという法則もない。

　以上を要約すれば、申請者の主張の信憑性を否定する際に、意思決定者が、その信憑性を否定する証拠を有して反証しなければならないこと、また、信憑性の否定についての説明責任を、意思決定者が負わなければならないという法的な義務はないということだといえる。このことからすると、いみじくもこの決定では、UNHCR ハンドブックを引用していることからも、これまでの複数の司法判断に依拠したうえで、「灰色の利益」に関する UNHCR の基準を採用していないということができる。

　もっとも、意思決定者の自由裁量で、信憑性に疑義がある主張について、「灰色の利益」を与えることそのものについてはなんら妨げられているわけではないが、少なくとも、その「法的な義務」は存在していないことは、オーストラリアの司法判断からも導かれるといえる。

おわりに

　オーストラリアの立法および司法判断においては、難民申請者の立証責任の緩和、意思決定者による立証責任の分担、信憑性評価における「法的義務としての灰色の利益の認定」は、いずれも否定されている。とくに立証責任については立法化されており、立証責任の緩和を明確に否定している。このことは、立証責任に関する日本の判例とも一致するところである。

　事実、オーストラリア移民法第5AAA条においては、明示的に「主張の

11　Sutharsan Kopalapillai v Minister for Immigration & Multicultural Affairs (includes corrigendum dated 14 September 1998)〔1998〕FCA 1126 (11 September 1998).

明示の支援」や「確証の支援」についても、意思決定者側の責任や義務ではないと規定されている。

　しかしながら、難民申請者という特殊な状況に鑑みて、意思決定者の裁量のなかでの一定の「配慮」（たとえば通訳の確保や、申請者に関する秘密性の保持など）を払うことは、行政手続上の一般的な申請者に対する配慮という文脈において必要といえるものの、法的な意味で、立証責任や信憑性評価に関して、他の行政手続と違った基準を設定しなければならないという根拠を見つけることはできない。

第3章

迫害概念

はじめに

難民該当性の判断において、条約事由該当性の判断と同様に重要なのが、それが条約上の迫害に該当するかどうかという点である。仮に条約事由が成立したとしても、そもそも迫害に該当しなければ、難民該当性が成立しないこととなる。ただし、条約においては、特段詳細な迫害概念は規定されておらず、また第1章でみたように、全権会議においても迫害概念についての目立った議論はなかった。

このため、迫害の概念についてもさまざまな解釈が存在することとなっている。本章では、迫害概念について考察する。

第1節　オーストラリア移民法上の規定

第5J条
第4項　第1項(a)号のひとつまたはそれ以上の理由により迫害を受けるおそれがある恐怖を有する者は、以下のすべてを満たさなければならない。
　(a)　その迫害にとって、その理由は本質的かつ重大な理由であるか、それらの理由は本質的かつ重大な理由でなければならない

> (b) その迫害はその者にとって重大な危害を含むものでなければならない
> (c) その迫害は制度的かつ差別的行為を含むものでなければならない
>
> 第5項　第4項(b)号における重大な危害の意味を制限することなく、同号にとっての重大な危害の例は以下のとおりである。
> (a) その者の生命や自由に対する脅威
> (b) その者の重大な身体的嫌がらせ
> (c) その者の重大な身体的虐待
> (d) その者の生存能力の脅威となる重大な経済的困難
> (e) その者の生存能力の否定となるような、基礎的サービスの享受の否定
> (f) その者の生存能力の否定となるような、いかなる種類の生計を維持する能力の否定

　このように、オーストラリア移民法では、申請者が「迫害を受けるおそれがあるという十分に理由のある恐怖」を有するとするためには、その迫害が「重大な危害」を含むものでなければならないと規定されている（第5J条第4項(b)号）。

　そのうえで、第5J条第5項において、「重大な危害」の列示が規定されている。(a)(b)(c)の各号については、生命や身体への危害、身柄の拘束といった自由に対する脅威が念頭に置かれている。

　さらに、(d)(e)(f)の各号については、いずれも「生存能力（capacity to subsist）」の脅威や否定となっており、「経済的困難」にみられるように、身体的な危害が前提とされていない点が特徴的である。

　日本の判例における迫害の概念は、「通常人において受忍し得ない苦痛をもたらす攻撃ないし圧迫であって、生命又は身体の自由の侵害又は抑圧を意味するものと解するのが相当」[1]という解釈が定着しており、生命や身体に対する危害が念頭に置かれていることからすると、オーストラリアにおいて「生存能力の否定」が条文上含まれていることからすると、迫害概念につい

ては、オーストラリアのほうが日本よりも広いということができる。

第2節　判例解釈

とくに「生存能力」の解釈に関連して、以下の判例がある。

2005年2月28日の連邦裁判所判決[2]は、中国の一人っ子政策に反して、二人目の子どもをもうけたという中国人夫婦およびその子どもの事案で、その結果として、子どもが登録されないため、学校教育や社会保障サービスが受けられないこと、親が罰金を支払わなければならないこと、教育や医療の費用を支払わなければならないこと、公務から追放されることのため、迫害に該当すると主張したものである。

審判所は、そうした事態が「生存能力の否定」につながるものではなく、迫害には至らないとして該当性を否定していた。この判決では、「生存」の意味について「存在することや人間としてありつづけることを継続する能力」[3]であるという基準を示し、審判所の決定に違法性はなかったとして、訴えを棄却した。

2007年11月8日の連邦裁判所判決[4]は、家族に対して行政の給付金支給が否定されたために自らの生存能力が否定されたと主張する中国人の事案で、審判所は、仮にそうであったとしても生存能力は否定されないとしていた。この判決では、2005年2月28日の連邦裁判所判決が示した基準に加えて「脅威の水準が個人が存在することや人間としてありつづけることを継続する能力に対する挑戦でなければならない」[5]という解釈を示したうえで、審判所

1　難民の認定をしない処分取消請求事件、東京地方裁判所平成24年（行ウ）第873号、平成27年7月10日民事第3部判決など。
2　SZBQJ v Minister for Immigration and Multicultural and Indigenous Affairs [2005] FCA 143 (28 February 2005).
3　Ibid., [11].
4　SZIGC v Minister for Immigration & Citizenship [2007] FCA 1725 (8 November 2007).
5　Ibid., [23].

の決定に違法性はなかったとして、訴えを棄却した。

2012年3月30日の連邦治安判事裁判所判決[6]は、ハザラ族のアフガニスタン人の事案で、タクシー運転手であり、タリバンからの迫害を避けるためにはタリバンの支配地域を回避しなければならず、業務が妨げられ、生存能力が否定されると主張した事案である。原告は、単に生存能力への脅威を立証すればよく、生存能力の実際の減少について立証する必要はないと主張していた。

この判決では、実際の生存能力の否定となるような経済的困難を立証しなければならないという判断を示し[7]、訴えを棄却した。

これらの判決からいえることは、「生存能力の否定」が迫害であると認められるためには、実際の生存そのものが否定され、事実上の身体的危害につながることに類似するようなものでなければならないということであろう。この意味で、経済面における迫害が念頭に置かれている点で、たしかにオーストラリアの迫害概念は日本よりも広いといえるが、著しく広いとまではいえない。

第3節　「生存能力」についての事案

次に、迫害概念、とりわけ「生存能力」が該当性判断において重要な意味を占めた審判所決定をみてみる。

(1) 該当性が認められた事案

2016年8月19日の審判所決定[8]は、シングルマザーであり、車いすが必要な障害をもっているために地域社会で迫害されると主張するインドネシア

---

[6] MZYPB v Minister for Immigration & Anor [2012] FMCA 226 (30 March 2012).
[7] Ibid., [13].
[8] 1419893 (Refugee) [2016] AATA 4338 (19 August 2016).

人の事案で、審判所は、現行第5J条第4項(d)号の「生存能力の脅威となる重大な経済的困難」を受けると認め[9]、迫害に至るとして、該当性を認めている。

2016年11月4日の審判所決定[10]は、身体・知的障害があるため社会から差別・迫害されると主張するレバノン人の事案で、審判所は、障害者として差別を受け、それが重度、反復的、永続的な差別[11]であることから、迫害に至るとして該当性を認めている。ここでは直接に「生存能力」に関する言及はない。

2017年6月7日の審判所決定[12]は、レバノン人の母親から生まれるも父親が不明なために無国籍者となったと主張する者の事案で、審判所は、申請者がレバノンにおいて医療および就労を否定されることは、生存能力の脅威であり、重大な危害を構成するとして[13]、該当性を認めている。

2017年8月9日の審判所決定[14]は、娘が障害をもっており、本国ではその治療ができず、車いすでの生活となり、差別・迫害されると主張するジンバブエ人の事案で、審判所は、その娘に関して、本国では身体障害者の女性に対する暴行があること、母親が地方部に居住しているため、教育の機会がきわめて限定されていること、学校の多くが障害者を排除していること、障害者に対する差別があるため雇用の機会が相当に制限されていることから、生存能力の否定につながるとして[15]、該当性を認めた。

(2) 該当性が否定された事案

2017年8月21日の審判所決定[16]は、シングルマザーのため迫害されると

---

[9] Ibid., [46].
[10] 1608337 (Refugee) [2016] AATA 4660 (4 November 2016).
[11] Ibid., [39].
[12] 1617142 (Refugee) [2017] AATA 990 (7 June 2017).
[13] Ibid., [66].
[14] 1613506 (Refugee) [2017] AATA 1801 (9 August 2017).
[15] Ibid., [54].
[16] 1508203 (Refugee) [2017] AATA 1501 (21 August 2017).

主張するフィリピン人女性の事案で、この女性はオーストラリア人男性と事実婚で子どもをもうけるも、現夫とは離婚未成立であった。審判所は、2008年、フィリピンでは37％の子どもが未婚の母から出生していること、申請者には親族がおり支援が受けられること、失業率が低いために雇用が得られないとはいえないことから、生存能力の否定にはつながらないとして[17]、該当性を否定した。

2017年3月2日の審判所決定[18]は、夫がイスラエルのスパイとしてヒズボラに殺害され、帰国すればヒズボラから迫害されると主張するレバノン人女性の事案で、審判所は、ヒズボラはすでに標的とはしておらず、そのうえで、申請者が帰国すれば、金銭的な困難には直面するものの生存能力までが否定されることはないとして[19]、該当性を否定した。

「生存能力」に関連して、該当性が認められた事案は、障害をもつ者が目立っており、本国における障害者に対する社会保障の欠如や、家族・親族からの支援の有無が重要な判断要素となっていると考えられる。

第4節　差別と迫害

条約事由が構成されたとしても、差別の範疇にとどまる不利な取扱いを受ける程度であるのか、それとも迫害に至るかどうかということも、該当性判断における重要な論点である。

この点についての詳細は各事由における解説に譲るが、いくつかの事案を取り上げる。

2016年8月30日の審判所決定[20]は、コプト教徒（キリスト教の一派）であ

17　Ibid., [38].
18　1506832 (Refugee) [2017] AATA 500 (2 March 2017).
19　Ibid., [40].
20　1416127 (Refugee) [2016] AATA 4369 (30 August 2016).

るために、イスラム教徒から迫害されると主張するエジプト人の事案で、審判所は、専門職であり、海外に居住する家族がおり、富裕層として標的にされる可能性があり、そうした本人の状況を累積的に考慮すれば迫害に至るとして、該当性を認めている。

2016年5月20日の審判所決定[21]は、ロヒンギャ族として危害を加えられる、雇用が得られないと主張するミャンマー人の事案で、審判所は、当局から注視されており、不法出国したため、他国民よりも重い罰を受ける可能性があるとし、重大な危害を受けるとして該当性を認めている。

2017年7月14日の審判所決定[22]は、同性愛者のために訴追され、懲役刑を加えられると主張するマレーシア人男性の事案で、審判所は、申請者が逮捕、訴追され、有罪となることはなく、ゲイクラブ、LGBTI支援団体の存在などからすると、一般国民から迫害を受けるとはいえないこと、一定の差別はあるかもしれないが迫害とはいえないことから、該当性を否定している。

2017年10月5日の審判所決定[23]は、ゲイのため迫害されると主張する中国人の事案で、審判所は、法的に同性愛は禁止されていないことからも、迫害を受けることはないこと、差別はあるが重大な危害には至らないとして、該当性を否定している。

2017年11月22日の審判所決定[24]は、レズビアンのため迫害されると主張するボツワナ人の事案で、審判所は、同性愛に関して刑罰は適用されないこと、公然と活動しているレズビアン団体があることから、差別がある可能性もあるが迫害には至らないとして、該当性を否定している。

このように、特定の集団に対して一般的な差別的状況があるなかで、迫害にまで至るという場合においては、当該集団のなかでも、さらに迫害主体から注目される要素があるという、累積性の有無が重要な点となっている。また出身国情報の評価から、差別の可能性はあるが、迫害にまでは至らないと

---

[21] 1419893 (Refugee) [2016] AATA 4338 (19 August 2016).
[22] 1604178 (Refugee) [2017] AATA 1173 (14 July 2017).
[23] 1601459 (Refugee) [2017] AATA 2005 (5 October 2017).
[24] 1514908 (Refugee) [2017] AATA 2962 (22 November 2017).

いう事案も存在していた。

おわりに

オーストラリアにおける迫害概念は、基本的には身体的危害、自由への脅威が念頭に置かれているが、「生存能力」の否定といった経済的要素についても、重大な危害であるとして明文化されている。とはいえ、「生存能力」に関する判例における解釈では、人間としての存在そのものが否定されかねないような、身体的危害に類似するものであった。この意味で、日本の迫害概念よりは少しは広いかもしれないが、大幅に広いとまでにいえない。

また、差別と迫害という重要な論点については、累積性の有無が重要な判断要素となっているといえる。この点については、各迫害事由の解説（第4章〜第6章）において考察していく。

第4章

迫害事由：宗教

はじめに

本章では、難民条約上の迫害事由のひとつである宗教について考察する。

ナチスドイツによるユダヤ教徒の迫害にみられたように、難民条約制定時においても、また現代においても、宗教に基づく迫害は存在していることからも、条約事由のひとつとして、宗教は重要な位置を占めている。

収集した審判所決定のうち、迫害事由が宗教となっていたのは78件であり、そのうち差戻し（該当性あり）が43件、原決定支持（該当性なし）が35件であった。

これらのなかでの、さらに詳細な迫害の原因については、主に以下のように分類された。

①宗教上の少数派（本国において宗教上の少数派であるために迫害される）：44件
②改宗（改宗が禁止されているために迫害される、または改宗の結果、本国において宗教的少数者となった場合など）：16件
③国家が認めない非合法宗教の信仰：14件
④婚姻関係（異教徒との婚姻、宗教上の慣習に則った婚姻の拒否など）：3件
⑤宗教上の禁忌（宗教上のタブーを破ったために迫害される）：1件

ナチスドイツによるユダヤ教徒の迫害も、その国における宗教的少数派の

迫害の典型的事例であったことから、宗教上の少数派の迫害が最も多くなっている。この場合、③にみられるような国家による直接の迫害というよりは、多数派の教徒・一般国民による迫害の事案が多数となっている。

次に、イスラム教のように、改宗そのものが背教とされ、刑法上の犯罪とされている国もあることから、改宗案件も多くなっている。③については、宗教を理由とした、国家による直接の迫害といえる。なお、申請者の国籍はすべて中国となっている。

以下、それぞれの原因別について分析する。

第1節　宗教上の少数派

宗教上の少数派であるために迫害されると主張する44件の事案のうち、差戻し（該当性あり）が27件、原決定支持（該当性なし）が17件であった。国籍別については、以下のとおりである。

　　①エジプト　　　　15件（差戻し10件、原決定支持5件、以下同じ）
　　②パキスタン　　　10件（7件、3件）
　　③レバノン　　　　7件（5件、2件）
　　④ナイジェリア　　4件（0件、4件）
　　⑤バングラデシュ　3件（2件、1件）
　　⑥ヨルダン　　　　1件（1件、0件）
　　⑦リトアニア　　　1件（0件、1件）
　　⑧ネパール　　　　1件（1件、0件）
　　⑨タジキスタン　　1件（0件、1件）
　　⑩ベトナム　　　　1件（1件、0件）

(1) エジプト

宗教上の少数派として迫害されると主張する事案で最も多いのがエジプト

となっており、このうち、コプト教徒（キリスト教の一宗派）であるとする事案が12件（差戻し7件、原決定支持5件）、エホバの証人であるとする事案が2件（いずれも差戻し）、Quranism（イスラム教の一宗派）であるとする事案が1件（差戻し）となっている。

(ア) コプト教徒事案

オーストラリアの外務貿易省による、エジプトに関する出身国情報のキリスト教徒に係る部分を要約すると、以下のとおりである。

エジプトのキリスト教徒は人口の8～9％であり、その大半がコプト正教会（Coptic Orthodox Church）の教徒とされている。キリスト教徒は、エジプト南部とアレクサンドリア、カイロといった都市部に集中している。差別禁止法が存在しているものの、そうした法律が公平に適用されるとは限らず、キリスト教徒はとくに地方部において差別を経験することがある。外務貿易省としては、キリスト教徒が経験する差別は、公的なものではなく社会的なものであり、地理的状況によって大きな違いがある。キリスト教徒はイスラム教徒と比較して、公務員や軍人として高い役職に就きにくい[1]。

このように、エジプトのキリスト教徒のほとんどがコプト教徒であり、社会的な差別は経験しているものと考えられる。そのうえで、審判所の決定では、迫害にまで至ると判断された事案が存在している一方で、迫害までには至らないとされた事案も存在している。

2016年1月22日の審判所決定[2]は、申請者が過去にキリスト教徒であることを理由として危害を受けたことがあること、信仰心が高く、仮に帰国す

---

[1] Australian Government, Department of Foreign Affairs and Trade, *DFAT Country Information Report Egypt*, 19 May 2017, pp. 4, 13 and 14 〈http://dfat.gov.au/about-us/publications/Documents/country-information-report-egypt.pdf〉 (accessed 7 December 2018).

[2] 1412441 (Refugee)［2016］AATA 3214（22 January 2016）.

れば布教活動を行うであろうことから、危害の可能性があるとし、エジプト政府が効果的な保護を与えることができないとして、該当性を認めている。

2016年8月30日の審判所決定[3]は、エジプトのキリスト教徒が差別を経験するも、一般的にはキリスト教徒というだけでは迫害を経験することはないとしながらも、申請者に関して、専門職に就いており、裕福であること、また、海外経験も長く、さらに両親も海外に居住していること、申請者の家族は出身地でよく知られていることなどが累積的（cumulative）となり、個別に迫害の対象となる危険性があるとして、該当性を認めている。

2016年12月8日の審判所決定[4]は、申請者の夫が、裕福な事業主であるために十分に身代金を払うことができる者として、誘拐の対象になりうること、それに対する効果的な保護をエジプト政府が与えることができないとして、該当性を認めている。

2017年4月26日の審判所決定[5]は、申請者が教会での活動をしており、地域社会で知られている人物であることから、「通常のコプト教徒よりも、より注視される人物」であるとして、申請者の地域社会のみならず、エジプトの他の地域においても危害の危険性があるとして、該当性を認めている。

2017年6月6日の審判所決定[6]は、イスラム教徒を改宗させるための会合をアパートの一室で行ったことが露見したために、その部屋の所有者から退去を迫られたこと、この事件のために警察に逮捕されたことから、申請者が退去要請に対して裁判で争う姿勢を見せていることなどを累積的に考慮した結果、迫害に至るまでの危害を受けるとして、該当性を認めている。

2017年7月17日の審判所決定[7]についても、イスラム教徒を改宗させようとしたこと、これがために背教罪で逮捕されたことを検討し、申請者が迫害に至るまでの危害を受けるとして、該当性を認めている。

2017年8月17日の審判所決定[8]は、コプト教徒のために、イスラム過激

---

[3] 1416127 (Refugee) [2016] AATA 4369 (30 August 2016).
[4] 1505496 (Refugee) [2016] AATA 4775 (8 December 2016).
[5] 1504740 (Refugee) [2017] AATA 868 (26 April 2017).
[6] 1601121 (Refugee) [2017] AATA 1028 (6 June 2017).
[7] 1420729 (Refugee) [2017] AATA 1175 (17 July 2017).
[8] 1509417 (Refugee) [2017] AATA 1485 (17 August 2017).

派に迫害されると主張する事案であり、原審では、国内移転が可能であるとして該当性を否定したが、国内他地域でも効果的な保護がないため危害を受ける可能性があるとして、該当性を認めている。これまでの他の事案と違って、他の累積的要素については言及されていない。

　次に、同じコプト教徒の事案で、該当性を否定した事案を検討する。
　2016 年 1 月 21 日の審判所決定[9]は、申請者が受けた危害は、キリスト教徒への暴行が蔓延していた 2013 年におけるものであり、状況が大幅に変化した決定時において、同様の危害を受ける可能性は低いとして、該当性を否定した。
　2016 年 2 月 9 日の審判所決定[10]は、サラフィー教徒の隣人から婚姻を迫られ、性的嫌がらせをされると主張する事案で、審判所は、この隣人がサラフィー教徒であることを否定し、かつ、申請者に対して婚姻を迫ったこともなく、嫌がらせをしたこともないとして、申請者の主張の信憑性を否定した。このうえで、申請者が高等教育を受けることができていることからも、差別はあるも迫害にまで至るものではないとして、該当性を否定した。
　2016 年 12 月 9 日の審判所決定[11]は、コプト教徒で布教活動をしたため迫害されると主張する事案であり、審判所は、申請者の供述の信憑性を否定し、提出された文書についても偽造であると判断している。このため迫害を受けることはないとして、該当性を否定した。
　2017 年 3 月 24 日の審判所決定[12]は、申請者がオーストラリアに入国する前の 20 年間、専門的知識を活かした責任ある役職に就いていたことや、供述の信憑性に疑義があることから、迫害を受けることはないとして該当性を否定した。
　2017 年 11 月 15 日の審判所決定[13]は、コプト教徒で、息子の交際相手で

---

[9]　1417727 (Refugee) [2016] AATA 3207 (21 January 2016).
[10]　1504882 (Refugee) [2016] AATA 3297 (9 February 2016).
[11]　1418568 (Refugee) [2016] AATA 4803 (9 December 2016).
[12]　1517860 (Refugee) [2017] AATA 677 (24 March 2017).
[13]　1606516 (Refugee) [2017] AATA 2936 (15 November 2017).

あるイスラム教徒の女性がキリスト教に改宗したため、その家族から危害を加えられると主張する事案で、審判所は、息子がイスラム教徒の女性と交際していたという主張を否定し、さらに、すでにその息子は死亡していることを指摘した。このため信憑性欠如という観点から、該当性を否定した。

　以上、コプト教徒のために、イスラム教徒から迫害を受けると主張する事案において該当性が認められたもののほとんどが、単にコプト教徒であるというだけではなく、富裕層であること、教会活動をしていたこと、改宗活動をしていたことなどといった、追加的な要素があるために、単なる差別を超えて迫害にまで至るというものであった。一方、該当性が否定されたものは、信憑性そのものに疑義が呈されたものが多いが、単にコプト教徒であるという以上の要素は存在せず、このため、迫害にまでは至らないという判断がなされている。
　この点は、差別と迫害の違い、個別注視といった、これも難民該当性判断における他の重要な論点と密接に結びつくものであるといえる。こうしたことからも、宗教的なものを含む、国内の少数者集団についての難民該当性判断においては、単にある集団に属しているから、または、ある教徒であるからというだけでは、直ちに該当性を構成するものではなく、個別に差別を超えて迫害にまで至る可能性がある事情が検討されなければならないことを示している。
　またこのことは、当該集団の当該国における一般的状況とも密接に関連するところで、コプト教徒を中心とするキリスト教徒が、全人口の約8％を占めている、十分な人口のある集団であるのであれば、こうした比較的大きな集団が単にキリスト教徒であるというだけで、そのすべてが迫害を受けているとは考えにくく、やはり個別の事情の検討が不可欠といえるであろう。

　(イ)　コプト教徒以外の事案
　次にコプト教徒以外の事案をみてみる。
　2017 年 10 月 6 日[14]、同年 10 月 16 日[15]の審判所決定は両者とも、エホバの証人の信者であるために迫害されると主張する事案である。審判所は、大

統領令により、1960年以降、エホバの証人が禁止されていること、そして、エホバの証人の信仰では布教活動が必須のものとされており、これまでは、あくまでも個人的な布教活動であったために危害を回避できたが、公然と布教活動をすれば、イスラム過激派による危害の対象となりうることから、該当性を認めた。

これは宗教活動の公然性という論点である。信仰心自体は内心にとどまるところであるものの、信仰のうえでの行動、すなわち、信者どうしとの会合への参加や布教活動について、迫害を回避するために、それを抑制しなければならないのであれば、それ自体が迫害を構成するという考え方である。なんらかの行動を伴うかたちで、迫害のおそれがなく「公然と」信仰することができなければ、難民該当性が高まる要素となるといえる。またこのことは、「迫害回避のための合理的行動」の適用除外とも関連する論点である。

この点は、「国家が認めない非合法宗教の信仰」(第3節)において詳述する。

2016年9月9日の審判所決定[16]は、Quranismというイスラム教の宗派に改宗し、その信仰者であるため迫害されると主張する事案で、親類が背教者として警察に報告したことから、冒瀆罪で起訴され、有罪とされ、懲役に科されるという重大な危害の可能性があるとして、該当性を認めている。

(2) パキスタン

宗教的少数派に関する事案として、パキスタンでは、エジプトに次いで10件存在している。このうち5件が、アフマディア教徒であるために迫害されるというもので、いずれも差戻し、Turi族かつシーア派のためタリバンから迫害されるというものが2件で、いずれも差戻し、シーア派のために迫害されるというものが2件で原決定支持、無神論者になったため迫害されるというものが1件で原決定支持となっている。

14　1513665 (Refugee) [2017] AATA 1967 (6 October 2017).
15　1513818 (Refugee) [2017] AATA 2006 (16 October 2017).
16　1413440 (Refugee) [2016] AATA 4496 (9 September 2016).

まず、オーストラリアの外務貿易省によるパキスタンに関する出身国情報のアフマディア教徒に係る部分を要約すると、以下のとおりである。

　パキスタンにおけるアフマディア教徒の数は、推定で200万人から400万人とされており、主にパンジャブ州に居住している。パキスタンの他の少数派集団と違い、外見、言語や氏名で判別することはできない。一般のアフマディア教徒は差別を避けるために、目立たないようにしている。アフマディア教徒は比較的高い教育を受けており、裕福である。
　アフマディア教徒自身はイスラム教徒であると位置づけているが、パキスタン政府は1974年に憲法を改正し、アフマディア教徒をイスラム教徒ではないと規定した。1984年にパキスタン政府は、公然と信仰することや、アフマディア教徒用以外のモスクや祈禱室の使用などを禁止した。
　アフマディア教徒は、パキスタンで厳しい公的な差別を受けている。またアフマディア教徒は、自由に信仰できない。
　外務貿易省は、パキスタンのアフマディア教徒が厳しい公的な差別を受けており、自由な信仰に影響を与え、また、政治活動を制限していると評価する。また、アフマディア教徒は、背教も含めて、中程度の社会的差別を受けている。
　軍事的集団によるアフマディア教徒への暴力は、近年においては比較的稀である。外務貿易省は、パキスタンのアフマディア教徒の現在における暴力の一般的危険性は少ないと評価する[17]。

このように、アフマディア教徒は、政府による制度的な差別を受けているとしているが、イスラム教徒による暴力の可能性は低いと評価している。
　2016年2月12日[18]、2016年3月4日[19]、2016年4月14日[20]、2016年8

17　Australian Government, Department of Foreign Affairs and Trade, *DFAT Country Information Report Pakistan*, 1 September 2017, pp. 22-24〈http://dfat.gov.au/about-us/publications/Documents/country-information-report-pakistan.pdf〉(accessed 8 December 2018).

18　1419940 (Refugee) [2016] AATA 3378 (12 February 2016).

19　1414627 (Refugee) [2016] AATA 3535 (4 March 2016).

月16日[21]、2016年10月18日[22]の審判所決定はいずれも、アフマディア教徒であるために迫害されると主張する事案であるところ、審判所は、アフマディア教徒に対する公的・私的な差別の存在から危害を受ける可能性があるとして、該当性を認めている。

　ここにおいては、エジプトのコプト教徒のように、通常のコプト教徒とは違った追加的な要素や属性を累積的に考慮したうえで危害の可能性があるとしたこととは違って、ほぼ「アフマディア教徒である」という事実認定に基づいて、該当性を認めている。このことは、コプト教徒の場合と違い、アフマディア教徒に対するパキスタン政府による公的な差別の存在が、審判所において、該当性判断における重要な点であると考慮されているためと考えられる。

　次に、Turi族かつシーア派のためタリバンから迫害されると主張する事案について、外務貿易省の出身国情報によると、Turi族は、推定約50万人の集団で、主にパキスタン北部の「連邦直轄部族地域」に居住しており、パキスタン政府による公的な差別は存在しないものの、軍事集団からの中程度の暴力の危険性が存在しているとされている[23]。

　2016年2月3日[24]および2016年7月29日[25]の審判所決定は、いずれも出身地域では危害の可能性があるとしたうえで、国内他地域への移転が不合理であるとして、該当性を認めている（国内移転に関しては、第8章を参照）。

　シーア派のために迫害されると主張する事案に関して、外務貿易省の出身国情報では、シーア派は、低い程度の差別の可能性はあるものの、宗派間の暴力の危険は低いとしている[26]。このことを反映するように、2016年2月18日の審判所決定[27]は、申請者が特段タリバンなどから注視される存在で

20　1501782（Refugee）［2016］AATA 3784（14 April 2016）.
21　1507350（Refugee）［2016］AATA 4285（16 August 2016）.
22　1513929（Refugee）［2016］AATA 4560（18 October 2016）.
23　Australian Government, Department of Foreign Affairs and Trade, *DFAT Country Information Report Pakistan*, 1 September 2017, pp. 14-15〈http://dfat.gov.au/about-us/publications/Documents/country-information-report-pakistan.pdf〉（accessed 8 December 2018）.
24　1512208（Refugee）［2016］AATA 3242（3 February 2016）.
25　1410882（Refugee）［2016］AATA 4267（29 July 2016）.

はないとして、該当性を否定している。また、2015年12月16日の審判所決定[28]では、そもそも偽変造旅券を提出したため、移民法第91WA条が適用されたことから（偽造文書の提出による保護ビザの拒否については第11章参照）、迫害の可能性を検討することなく、保護ビザ拒否の原決定を支持している。

　無神論者になったため迫害されると主張する事案について、2017年5月12日の審判所決定[29]は、無神論者であるという認識が、自らの内心にとどまるものであり、このことを外部に表明したことがなく、また表明しないことも強制されなかったために、背教者として危害の対象となることはないとして、該当性を否定した。

　なお、後述するように、宗教における「公然性」は重要な論点であるが、自らの意思で公然と信仰を表明しない場合においては、公然でない場合に迫害がないのであれば、該当性は構成しないといえよう。一方、公然と信仰したいにもかかわらず、それを公然と行えば迫害を受けるというのであれば、難民条約上の迫害事由を構成するということである。

　以上、パキスタンの事案では、その半数をアフマディア教徒に関するものが占め、パキスタン政府が厳しい差別を制度的に行っていることもあり、特段累積性を考慮することなく、該当性が認められている。一方、シーア派のように、単に低い程度の差別がありうる集団については、特段、個別に注視される要素がないとして、該当性を否定している。この意味ではやはり、当該集団の当該国における差別の程度や暴力の可能性について個別に検討されなければならず、出身国情報の重要性が再確認できるであろう。

26　Australian Government, Department of Foreign Affairs and Trade, *DFAT Country Information Report Pakistan*, 1 September 2017. pp. 16-19〈http://dfat.gov.au/about-us/publications/Documents/country-information-report-pakistan.pdf〉(accessed 8 December 2018).
27　1405829 (Refugee) [2016] AATA 3431 (18 February 2016).
28　1417964 (Refugee) [2015] AATA 3959 (16 December 2015).
29　1504086 (Refugee) [2017] AATA 1008 (12 May 2017).

(3) レバノン

　レバノンの宗教案件では、5件が差戻しし、2件が原決定支持となっている。差戻しの5件のうち、3件がエホバの証人を信仰しており、イスラム教徒から迫害されるというもので、いずれも該当性を認めている。いずれも、エジプトにおけるエホバの証人の事案と同様に、布教活動がその信仰の中核となっているために、危害の可能性があるとして、該当性を認めている[30]。これも宗教活動における公然性の問題といえる。

　ほかに該当性を認めたものとして、2016年6月23日の審判所決定[31]は、公的にはスンニ派だが、実際はユダヤ系のため、公にユダヤ教を信仰しようとすると、シーア派、スンニ派双方から攻撃されると主張する事案で、審判所は、真のユダヤ教徒であることから、シーア派、スンニ派、一般国民から危害を受ける可能性があるとして、該当性を認めている。

　2016年3月15日の審判所決定[32]は、アラウィー派教徒のため迫害されると主張する事案で、審判所は出身地では危害の可能性があるとしたうえで、費用、雇用、健康状態等の面から国内移転は不合理であるため、該当性を認めている。

　一方、2016年1月22日の審判所決定[33]は、マロン典礼カトリック教会の教徒であるため迫害されると主張する事案で、審判所は供述が首尾一貫せず信憑性に疑義があるとして、該当性を否定している。

　2016年1月6日の審判所決定[34]は、スンニ派であり、スンニ派の武装集団への加入を断ったことから、同集団に迫害されると主張する事案で、審判所は、信憑性に疑義があり、かつ、迫害者に関する情報が曖昧であり、過去に脅迫を受けたことはないとして、該当性を否定している。

---

[30] 1504203（Refugee）[2016] AATA 4821 (14 December 2016), 1514520（Refugee）[2016] AATA 4822 (23 December 2016), 1601961（Refugee）[2017] AATA 280 (13 February 2017).

[31] 1418945（Refugee）[2016] AATA 4027 (23 June 2016).

[32] 1417248（Refugee）[2016] AATA 3539 (15 March 2016).

[33] 1416470（Refugee）[2016] AATA 3107 (22 January 2016).

[34] 1411634（Refugee）[2016] AATA 3014 (6 January 2016).

レバノン事案においても、信仰の公然性が該当性判断の重要な着目点になっている。

(4) その他

その他の国の事案12件については、差戻しが5件、原決定支持が7件となっている。

差戻し案件についてみると、バングラデシュの2件につき、2016年4月4日の審判所決定[35] は、ヒンズー教徒のため迫害されると主張する事案で、審判所は、故郷の村に戻れば迫害を受ける、国家は保護を与えられないとしたうえで、ヒンズー教徒としての活動をするため、国内他地域でも迫害の対象となりうるとして該当性を認めた。

2017年2月10日の審判所決定[36] は、無神論者であり、オンラインのイスラム原理主義に反対する運動に加担したためにイスラム過激派から迫害されると主張する事案で、審判所は、オンライン活動の証拠があり、当局の保護がなく、全地域で危害の可能性があるとして、該当性を認めた。

ヨルダンの1件は、エホバの証人の事案で、2016年8月3日の審判所決定[37] は、これもエジプトやレバノンの事案と同様に、布教活動が信仰の中核的位置を占めており、公然と布教活動をすれば危害の可能性があるとして、該当性を認めている。

ネパールの1件は、キリスト教徒であるため、ヒンズー教徒・当局から迫害されると主張する事案で、2005年9月13日の審判所決定[38] は、出身国情報によるとキリスト教徒への迫害が確認できること、国内移転は不合理であるとし、さらに、安全な第三国条項を適用せず、該当性を認めている（安全な第三国条項については第9章を参照）。

ベトナムの1件は、キリスト教を自由に信仰できず、中絶反対の運動をし

---

[35] 1419878 (Refugee) [2016] AATA 3661 (4 April 2016).
[36] 1503204 (Refugee) [2017] AATA 277 (10 February 2017).
[37] 1502215 (Refugee) [2016] AATA 4274 (3 August 2016).
[38] N05/51625 [2005] RRTA 230 (13 September 2005).

たところ身柄を拘束されたため迫害されると主張する事案で、2017年2月15日の審判所決定[39]は、キリスト教徒が迫害されているという出身国情報があり、当局が個別に注視する人物であるとして、該当性を認めている。

(5) 小括

国内の宗教的少数派に関する該当性判断においては、①当該集団への全般的な差別・迫害がどの程度であるか、②それをふまえて、全般的な差別にとどまる場合には、迫害にまで至る可能性のある累積的な要素が存在しているか、③または迫害の可能性にまで至る、公然とした宗教活動を行うかどうか、ということが重要な論点であった。

エジプトのコプト教徒の事案では、単にコプト教徒というだけでは迫害には至らないが、富裕であることなどの他の累積的要素のために、迫害にまで至る可能性を認めている。また、各国におけるエホバの証人の事案では、その信仰の中核に布教活動があるため、公然と布教活動を行えば迫害の対象となりうる、というものであった。これは宗教活動の公然性という点と、迫害回避のために、「公然性」を抑制することが、「迫害回避のための合理的行動」の適用除外となるという論点も含まれている。

また、出身国情報において、公的・制度的な差別が確認されているパキスタンのアフマディア教徒の事案では、特段累積性や公然性を考慮せずとも、該当性が確認されていた。

第2節 改宗

改宗の結果、迫害されると主張する事案は16件となっており、差戻し7件、原決定支持は9件となっている。国籍別には、次のとおりである。

---

[39] 1614123 (Refugee) [2017] AATA 305 (15 February 2017).

①アフガニスタン　3件（差戻し2件、原決定支持1件、以下同じ）
②インド　　　　　2件（0件、2件）
③イラク　　　　　2件（1件、1件）
④パキスタン　　　2件（0件、2件）
⑤アルバニア　　　1件（0件、1件）
⑥中国　　　　　　1件（1件、0件）
⑦エジプト　　　　1件（1件、0件）
⑧レバノン　　　　1件（0件、1件）
⑨マレーシア　　　1件（1件、0件）
⑩ネパール　　　　1件（0件、1件）
⑪ベトナム　　　　1件（1件、0件）

(1) **本国での改宗事案**

まず、本国における改宗によって迫害を受けると主張する事案をみてみる。当該事案は9件であり、そのうち差戻しは3件、原決定支持が6件であった。

2016年11月15日の審判所決定[40]は、アフガニスタン人がキリスト教に改宗したために迫害されると主張する事案で、審判所は、キリスト教を公然と信仰することができず、迫害の可能性があるとして、該当性を認めた。

2016年12月5日の審判所決定[41]は、父親がシーア派に改宗したために、故郷の部族から迫害されると主張する事案で、審判所は、故郷に戻れば重大な危害を受けるとしたうえで、家族の支援がなく、妻子もいるため、首都などへの国内移転は不合理として、該当性を認めている。

2016年2月5日の審判所決定[42]は、中華系マレーシア人のキリスト教徒の事案で、イスラム教徒の夫との婚姻に伴いイスラム教に改宗し、その後離婚し、再びキリスト教に改宗したところ、オーストラリア入国後、その娘も教会活動に従事しており、娘は公式にはイスラム教徒となっているため、帰

---

[40] 1610190 (Refugee) [2016] AATA 4742 (15 November 2016).
[41] 1416996 (Refugee) [2016] AATA 4772 (5 December 2016).
[42] 1417464 (Refugee) [2016] AATA 3298 (5 February 2016).

国すれば改宗者として迫害されると主張するものである。審判所は、母子ともに改宗者として再教育施設に収容され、自由が奪われるなどの重大な危害を受ける真の可能性があるとして、該当性を認めている。

2016年4月20日の審判所決定[43]は、イスラム教からキリスト教に改宗したため、さらに同性愛者であるため迫害されると主張するアルバニア人の事案で、審判所は、身分事項に係る偽造文書提示の事実があったとし、移民法第91WA条を適用し、該当性判断をせず、保護ビザを拒否した原決定を支持した。

2017年2月14日の審判所決定[44]は、キリスト教徒の夫と婚姻し、イスラム教から改宗したために迫害されると主張するインド人の事案で、審判所は、親族から危害を加えられる可能性があるとしたものの、国内移転によってその危害を回避できるとして、該当性を否定した。

2017年2月27日の審判所決定[45]は、ヒンズー教からキリスト教に改宗し、牧師になったために迫害されると主張するインド人の事案で、審判所は、出身地域では危害を受けるものの、国内他地域への移転は合理的であり、キリスト教会の活動で危害を受けることはないとして、該当性を否定した。

2016年1月18日の審判所決定[46]は、シーア派に改宗したところ、シーア派を標的とするギャング集団に迫害される、ギャング集団に誘拐されイスラム国と戦うことを強要されると主張するイラク人の事案で、審判所は、信憑性に疑義があり、また父親がシーア派に改宗したことが疑わしく、主張内容が出身国情報と一致しないとして、該当性を否定した。

2016年1月5日の審判所決定[47]は、スンニ派からシーア派に改宗したため、スンニ派の過激派から標的にされると主張するパキスタン人の事案で、審判所は、信憑性に疑義があり、他の外国に渡航しながら保護を求めていないこと、FIR（First Incident Report）は偽造であるとしたうえで、該当性を否定

---

[43]　1514881（Refugee）[2016] AATA 3790（20 April 2016）.
[44]　1615365（Refugee）[2017] AATA 370（14 February 2017）.
[45]　1615173（Refugee）[2017] AATA 340（27 February 2017）.
[46]　1514032（Refugee）[2016] AATA 3238（18 January 2016）.
[47]　1416635（Refugee）[2016] AATA 3066（5 January 2016）.

した。

　2016年1月27日の審判所決定[48]は、同様に、スンニ派からシーア派に改宗したため、スンニ派の過激派から標的にされると主張するパキスタン人の事案で、審判所は、真正な改宗者ではなく、シーア派の活動への参加は難民性を高める目的のものであるとして、該当性を否定した。

(2) オーストラリアにおける改宗事案

　オーストラリアにおいて改宗したために、帰国すれば迫害を受けると主張する事案は7件であり、差戻しは4件、原決定支持は3件であった。
　オーストラリア国内での改宗については、移民法第5J条第6項との関連で、難民性を高めるために意図的に行ったかどうかの検討が必要になる。

> **第5J条**
> 第6項　ある者が第1項(a)号のひとつまたはそれ以上の理由により迫害を受けるおそれがあるという十分に理由のある恐怖を有するかどうかを決定するに際しては、その者が難民としての主張を強化する目的以外の行動を行ったことを、その者が大臣に対して確信させないかぎり、その者がオーストラリアで行ったいかなる行動も考慮しないものとする。

　この条項は、2001年の移民法改正[49]で挿入された（当時は第91R条第3項）もので、いわゆる「自招難民」を認めないとする趣旨のものである。難民申請者は往々にして、難民性を高めるために、申請した国の国内で、意図的に自国政府への反政府運動や改宗といった行動をとることがみられることから、そうしたオーストラリア国内での行動を考慮しないという条文となっている。しかし、オーストラリア国内でのすべての行動を考慮しないというわけでは

---

[48]　1402705（Refugee）[2016] AATA 3208（27 January 2016）.
[49]　Migration Legislation Amendment Act（No. 6）2001, No. 131 of 2001.

なく、「難民としての主張を強化する目的以外」であると意思決定者が判断すれば、考慮されることになっている。

2017年3月1日の審判所決定[50]は、オーストラリアでキリスト教に改宗し、帰国すれば布教活動をするため迫害されると主張する中国人の事案で、審判所は、洗礼の後18か月後に申請しており、改宗は真正なものであり、中国政府が非合法宗教組織へ弾圧を加えているという出身国情報が存在することから、該当性を認めている。

2017年5月22日の審判所決定[51]は、オーストラリアでキリスト教に改宗したために迫害されると主張するエジプト人の事案で、審判所は、申請者は真のキリスト教徒であり、帰国すれば背教者として迫害される可能性があるとして、該当性を認めている。

2016年4月28日の審判所決定[52]は、オーストラリアに入国してからキリスト教に改宗したために、帰国すれば迫害されると主張するイラク人の事案で、審判所は、改宗したことに信憑性があるとして、該当性を認めている。

2017年6月29日の審判所決定[53]は、オーストラリアでキリスト教に改宗したために、帰国すれば迫害されると主張するベトナム人の事案である。審判所は、改宗は難民性を高めるための行動ではなく、政府から禁止されている教会の一員のため、当局から注視されるものであるとして、該当性を認めている。

2014年5月5日の審判所決定[54]は、ヒンズー教徒であり、オーストラリアでキリスト教に改宗したために、家族から迫害されると主張するネパール人の事案で、審判所は、家族から危害を受けることはなく、かつ、インドで在留できるとして、安全な第三国条項を付加的に適用し、該当性を否定した。

2016年12月6日の審判所決定[55]は、オーストラリアでキリスト教に改宗したために迫害されると主張するレバノン人の事案で、審判所は、申請者が

50　1508639 (Refugee) [2017] AATA 465 (1 March 2017).
51　1504963 (Refugee) [2017] AATA 979 (22 May 2017).
52　1603711 (Refugee) [2016] AATA 3793 (28 April 2016).
53　1504822 (Refugee) [2017] AATA 1195 (29 June 2017).
54　1405532 [2014] RRTA 387 (5 May 2014).
55　1517061 (Refugee) [2016] AATA 4749 (6 December 2016).

聴聞を欠席しており、誰が危害を加えるのか不明であることから、該当性を否定した。

　2017年2月3日の審判所決定[56]は、オーストラリアでキリスト教に改宗したため帰国すれば迫害されると主張するアフガニスタン人の事案で、審判所は、改宗が収容所内で行われたと主張しており、真の改宗者ではないこと、さらに移民法第5J条第6項を適用して、オーストラリアでの行動を考慮しないとし、該当性を否定した。

　これらの事案からは、何をもって「真の改宗」とするかどうかの基準のようなものは読み取れないが、個別の検討が必要であることに確かであろう。

(3) 小括

　本国ないしはオーストラリア国内での改宗であれ、改宗事案については、改宗そのものの真正性と、仮に真の改宗者であった場合において、出身国情報に照らして、危害を受けるかどうかという検討が必要となる。ただし、改宗そのものの真正性という点については、あくまでも宗教が内心の問題であることからも、高い精度をもって、その真偽を確かめることには困難が伴うといわざるをえず、該当性判断における困難な点のひとつとなっている。

第3節　国家が認めない非合法宗教の信仰

　国家が認めない非合法宗教を信仰しているために迫害されていると主張する事案は14件であり、すべて中国での事案である。差戻しが8件、原決定支持が6件となっている。

56　1617243（Refugee）[2017] AATA 221 (3 February 2017).

(1) 該当性を認めた事案

2016年2月15日の審判所決定[57]は、母国およびオーストラリアで教会系組織で活動していたために、政府から迫害されると主張する事案で、審判所は、出身国情報によると政府による迫害があることから、申請者も迫害を受ける可能性があるとして、該当性を認めている。

2016年5月31日の審判所決定は[58]、母親が非合法のキリスト教会（Shouters）の一員であり当局に逮捕されたことから、自らもその一員であり迫害されると主張する事案で、審判所は、当該教会は非合法とされており、それに対して政府は弾圧を加えていることから、当局による拘束や暴行の可能性があるとして、該当性を認めている。

2016年6月20日の審判所決定[59]は、認可されていないキリスト教会の一員として活動したために迫害されると主張する事案で、審判所は、中国当局による取り締まりがあり、申請者の家族が注視されているとし、当局による拘束、暴行の可能性があるとし、該当性を認めている。

2016年8月26日の審判所決定[60]は、一貫道の信仰者であるため迫害されると主張する事案で、審判所は、真に当該宗教を信仰しており、中国当局から危害を加えられる可能性があり、さらに国家が迫害主体のため国内移転は不合理として、該当性を認めている。

2016年11月1日の審判所決定[61]は、法輪功を信仰しているため、政府から迫害されると主張する事案で、審判所は、法輪功の真の信仰者であり、父親および申請者自身が警察に身柄を拘束され暴行を受けたことから、当局から迫害される可能性があり、またオーストラリアでの行動は難民性を高める目的のものではないとして、該当性を認めている。

2017年1月20日の審判所決定[62]は、非合法教会の一員であるために迫害

57　1417971（Refugee）［2016］AATA 3319（15 February 2016）.
58　1415259（Refugee）［2016］AATA 3978（31 May 2016）.
59　1602289（Refugee）［2016］AATA 3977（20 June 2016）.
60　1503376（Refugee）［2016］AATA 4342（26 August 2016）.
61　1506734（Refugee）［2016］AATA 4639（1 November 2016）.
62　1510019（Refugee）［2017］AATA 197（20 January 2017）.

されると主張する事案で、審判所は、当該非合法宗教組織は認められておらず、申請者が当局に身柄を拘束された経験があることから、当局から重大な危害を受けるとして、該当性を認めている。

2017年4月5日の審判所決定[63]は、禁止されているキリスト教会で信仰しているため当局から迫害されると主張する事案で、審判所は、申請者が当局に身柄を拘束された経験があり、迫害回避のためには信仰を変えることを強いられ、これそのものが迫害であるという観点からも、該当性を認めている。

2017年5月31日の審判所決定[64]は、法輪功を信仰しているため、政府から迫害されると主張する事案で、審判所は、真に法輪功を信仰しており、過去に収容されたこともあり、さらに申請者はオーストラリアでも活動し、中国政府に海外での活動も監視されていることから、帰国すれば危害を受ける可能性があるとして、該当性を認めている。

(2) 信仰の公然性

ここでみたような、中国における非合法ないしは当局から認可されていない宗教の信仰をめぐって、迫害事由である「宗教」の解釈が示された裁判例がある。

これは1997年5月に入国した中国人が保護ビザ申請をした事案で、当局に認可されていない教会で信仰していたために迫害されると主張するものであった。移民省原審、審判所、第一審ともに申請者の主張を退けたが、第二審の2000年11月10日の連邦裁判所大法廷判決[65]では、原告の主張が認められた。

この事案につき、審判所は、当局に認可された教会で信仰すれば迫害を回避できるとしていた。しかし、この判決では、宗教が単に個人的な信仰の側

---

[63] 1510084 (Refugee) [2017] AATA 797 (5 April 2017).
[64] 1506549 (Refugee) [2017] AATA 1044 (31 May 2017).
[65] Wang v Minister for Immigration & Multicultural Affairs [2000] FCA 1599 (10 November 2000).

面のみならず、集会や会合をもつ側面も含まれるとした。その根拠として、世界人権宣言第 18 条「すべて人は、思想、良心及び宗教の自由に対する権利を有する。この権利は、宗教又は信念を変更する自由並びに単独で又は他の者と共同して、公的に又は私的に、布教、行事、礼拝及び儀式によって宗教又は信念を表明する自由を含む」を引用している。

このうえで、難民条約第 1 条 A (2)の難民の定義を、世界人権宣言第 18 条に則して解釈することが適当であり、「宗教」のなかには、同じ信仰をもつ者どうしのなかで信仰を実践できることも含まれているとした[66]。

このうえで、審判所は、条約の「宗教」の解釈につき、単なる内心の信仰のみとしており、他と共同して信仰することができる側面を含めておらず、このため審判所が条約の解釈を誤ったとし[67]、原告の主張を認めている。

この判例では、宗教の「集会」的な性格を認め、その「集会」が認められないのであれば、それが「宗教」に基づく条約上の迫害となることを示したのであった。同じ信仰の者どうしが集会や会合をもったうえで、信仰を行うことは、宗教行為の「公然性」にもつながるものといえる。この判例では、世界人権宣言に則して「公的に……布教、行事、礼拝及び儀式によって宗教又は信念を表明する自由」も含まれるとしており、とくに「公的」な側面についても認めらなければならないという趣旨である。

この「公的」がまさに「公然性」といえるもので、エホバの証人事案において、布教活動を公然と行うことで迫害の対象となりうるとした判断と一致しているといえる。すなわち、たとえ内心や私的な空間での信仰が阻害されていなくとも、布教活動や集会も含めた公然性を伴う活動ができなければ、宗教に対する抑圧であり、条約上の迫害事由を構成するというものである。

この解釈は、難民条約を世界人権宣言から解釈しようとするものであり、また、迫害事由の「宗教」の範囲を拡大的に解釈したものともいえる。たしかに、どのような全体主義国家でも、内心そのものの自由は制限されておらず、内心のみに制限すれば、そもそも迫害事由としての「宗教」そのものが

---

66 Ibid., [81].
67 Ibid., [101].

成立することが困難になってしまう。信仰に基づく布教活動や集会といった、一種の外部への表明行為を公然と行うことが認められなければならないというのは、政治的意見の表明にも通じるものであり、妥当なものといえる。エホバの証人事案も、こうした宗教の「公然性」という点から、条約上の「宗教」を解釈したものであった。

またこの論点は、「迫害回避のための合理的な行動」がどこまで許容されるのかという点について、宗教のみではなく、たとえば同性愛行為といった、他の迫害事由の公然性が認められるべきかどうかという点にも関連するものとなっている（この点は第5章参照）。

(3) 該当性が否定された事案

一方で、該当性が否定された事案をみてみる。

2010年3月12日の審判所決定[68]は、法輪功の信仰者であるために迫害されると主張する事案で、審判所は、この申請者が日本において「日本人の配偶者等」の在留資格を有しているために、安全な第三国条項を適用し、保護ビザ拒否の原決定を支持した。なお、本国での迫害の可能性も否定している。

2016年6月9日の審判所決定[69]は、一貫道という本国で禁止されている宗教を信仰したために迫害されると主張する事案で、審判所は、不法滞在開始後、摘発されてはじめて申請に至っていること、供述の信憑性に疑義があり、当該宗教に関する知識の欠如から真の信仰者とはいえないとして、該当性を否定した。

2016年12月2日の審判所決定[70]は、法輪功の信仰者であるために迫害されると主張する事案で、審判所は、信憑性が欠如しており、本国においては信者ではなく、本国政府が注視する人物ではないとして、該当性を否定した。

2017年2月3日の審判所決定[71]は、法輪功の信仰者であるために迫害さ

---

[68] 0910146 [2010] RRTA 162 (12 March 2010).
[69] 1514892（Refugee）[2016] AATA 3967 (9 June 2016).
[70] 1507840（Refugee）[2016] AATA 4747 (2 December 2016).
[71] 1504204（Refugee）[2017] AATA 220 (3 February 2017).

れる、さらにキリスト教徒に改宗したために迫害されると主張する事案で、審判所は、法輪功の信仰者ではなく、帰国してもキリスト教を信仰しないとして、該当性を否定した。

2017年7月12日の審判所決定[72] は、母親が教会活動をしたために迫害されると主張する事案で、審判所は、母親は教会の一員ではないなど、信憑性が欠如しているとして、該当性を否定した。

2017年10月30日の審判所決定[73] は、非合法カトリック教会の信徒のため当局に迫害されると主張する事案で、審判所は、カトリックの基礎知識が欠如しており、カトリック教徒ではないとして、該当性を否定した。

このように、該当性を否定した事案のほとんどが、信憑性が否定され、また、当該宗教の信者であることそのものが否定されているものであることからすると、出身国情報に鑑み、真に非合法宗教の信者であると確認されれば、該当性を認める方向に傾くと考えられる。

宗教的少数派や改宗事案においては、他の異教徒一般からの迫害の可能性について検討されており、こうした非国家主体による迫害の可能性の評価については困難が伴うといえる。そこには累積性や公然性、さらには国内移転についての検討も含まれる。

その一方、中国の禁止宗教のように、国家が迫害主体である場合には、出身国情報によって、国家がそうした宗教を弾圧の対象としている場合においては、その信者であることが確認できれば、国家が迫害主体であるために、国内移転の可能性の検討の余地もないことから、また過去の判例によると、公然性が前提となっていることからも、該当性が比較的高まりやすいものといえるだろう。

---

[72] 1703997 (Refugee) [2017] AATA 1182 (12 July 2017).
[73] 1600102 (Refugee) [2017] AATA 2665 (30 October 2017).

第 4 節　その他

　婚姻関係（異教徒との婚姻、宗教上の慣習に則った婚姻の拒否など）の 3 件、宗教上の禁忌（宗教上のタブーを破ったために迫害される）の 1 件をみてみる。

　2016 年 3 月 15 日の審判所決定[74]は、パキスタン人の夫（シーア派）、妻（キリスト教）について、夫はキリスト教徒と結婚したために迫害される、妻はキリスト教徒であるために改宗しなければ迫害されると主張する事案で、審判所は、国全体で非国家主体からの迫害を受ける可能性があると判断し、パキスタン政府は十分な保護を与えられないため、該当性を認めている。

　2017 年 4 月 7 日の審判所決定[75]は、アルバニア人で、イスラム教にのっとった見合い婚を強要されると主張する事案で、審判所は、申請者が偽造旅券を使用して入国したため、移民法第 91WA 条を適用し、さらに、本国の迫害については信憑性欠如であるとして、該当性を否定した。

　2017 年 5 月 24 日の審判所決定[76]は、マレーシア人で、イスラム教徒の女性と結婚しようとしたところ、それに反対するその女性の父親に殺害されると主張する事案で、審判所は、その女性がオーストラリアに滞在しているにもかかわらず証人としての出廷を依頼していないことは不自然であること、申請が遅延していることからも、信憑性に疑義があり、危害を受けることはないとして、該当性を否定した。

　2014 年 8 月 14 日の審判所決定[77]は、ネパール人で、オーストラリアで牛肉を食べたという噂が広まったために、帰国すればヒンズー教徒から迫害されると主張する事案で、審判所は、インドで在留可能であり、インドで危害を受けないとして、安全な第三国条項を適用して、本国での迫害を検討することなく、該当性を否定した。

　これらについても、国家による直接の迫害というよりは、婚姻などの事実

---

[74]　1413928（Refugee）[2016] AATA 3650（15 March 2016）.
[75]　1511924（Refugee）[2017] AATA 619（7 April 2017）.
[76]　1613865（Refugee）[2017] AATA 991（24 May 2017）.
[77]　1404235 [2014] RRTA 645（14 August 2017）.

を快く思わない他の一般国民や宗教的過激派などによる迫害が想定されているといえる。ただし件数が多くはなく、一般化することはできない。

おわりに：累積性と公然性

　以上、本章では難民条約上の迫害事由のひとつである宗教について考察した。代表的な事案としては、「宗教的少数派」、「改宗」、「非合法宗教の信仰」に対する迫害であった。

　宗教的少数派に対する迫害における該当性判断においては、当該集団が、当該国で置かれている一般的な状況を念頭に置きながらも、単に当該集団の一員であるというだけでは、直ちに該当性が確認できず、エジプトのコプト教徒にみられるように、累積的な要素から、当該集団のなかでも個別に注視される可能性のある人物であることが必要であった。この意味では、「累積性」が重要な位置を占めることが確認できる。

　また宗教的少数派の事例においては、非合法宗教の信仰と同様に、「公然性」の論点が登場し、布教活動や集会・会合といった公然とした宗教行為を行っても迫害を受けることはないという基準が設定されていた。こうした公然性については、世界人権宣言を念頭に置いた裁判例もあることから、オーストラリアにおける宗教事案の判断基準として定着しているものと考えられる。

　改宗事案については、そもそもその改宗行為が真正か、仮に真正な場合は、出身国情報に照らして迫害の可能性があるかどうかの検討が必要となっていた。とくに、難民性を高めるために、意図的にオーストラリア国内で改宗を行った事案もあり、移民法第5J条第6項の規定はあるものの、難民性を高める意図を否定したものもあったと同様に、これを適用し、難民性を高めるための行動であるとしたものもあった。

　非合法宗教の信仰については、中国のみの事案であったが、国家が迫害主体であることから、当該宗教の真の信者であることが確認できれば、該当性を認める可能性が高いものであった。そして、ここにおいて、まさに、他の信者と集会・会合をもつことができるかという公然性の基準が適用されていた。

　さしあたり、これらの事案の検討から、迫害事由「宗教」における該当性

判断については、その者が他の同じ宗教の者と比較して、個別に注視される累積的な事情を有しているかという「累積性」、そして、その者が、迫害を受けることなく、他の信者との集会・会合をもつことや、布教活動が可能かどうかといった、「公然性」が、重要な要素として設定されていたことが確認できる。

第5章

迫害事由：特定の社会的集団

はじめに

本章では、難民条約上の迫害事由「特定の社会的集団」について考察する。「特定の社会的集団」そのものは、全権会議の当初案には存在せず、スウェーデン代表の提案で挿入されたものの、その内実に関する議論はほとんどなかったことは第1章で指摘したとおりである。このことと、そもそもの定義が曖昧であることからも、条約事由のなかで、相当に幅広い解釈が可能になる事由となっている。またこのことは、条約制定時には想定されていなかった集団に対する迫害に対して、その時々の実情に応じて保護を与えることを可能にしており、難民条約が現代的意義をもつための重要な迫害事由であるともいえる。

第1節　特定の社会的集団の解釈

(1)　**最高裁判決**

オーストラリアにおいて、特定の社会的集団についての包括的な解釈が示されたのが、1997年2月24日の最高裁判所判決[1]である。

この事案は、1993年12月にオーストラリアに不法入国し、その直後に子どもを出産した中国人夫婦に関するものである。難民の地位の申請をし、そ

れが拒否されたため、難民再審査審判所に再審査を申請し、審判所は難民であると認めている。その後、連邦裁判所でも審判所の決定に違法性はないとしたものの、連邦裁判所大法廷は、原告の訴えを棄却したところ、そのうえで最高裁判所への提訴に及んだものである。

原告は、中国の「一人っ子政策」のために、帰国すれば、断種手術の対象となると主張していた。断種手術自体が迫害であることについては、原告、被告双方ともに争いのないところであったが、原告の主張する「一人っ子政策に反対する、一人の子どもを持つ者」が特定の社会的集団を構成するかどうかが争点となった。

結果的には5人の判事のうち、3人が棄却判断を示したために、判決そのものとしては、棄却となっている。棄却判断を示したドーソン判事は、次のように述べている。

　……それゆえ、特定の社会的集団とは、彼らを結合する特定の特性や要素を共有し、彼らを社会一般から分離させることを可能とするような人々の集合である。このことは、そうした人々がいくつかの共通の要素をもたなければならないだけでなく、そうした要素は彼らを結合しなければならず、それによって、それを共有するものが、彼らの社会のなかで、認知される集団を構成するものとならなければならない……。

　当該集団を結合する特性や要素が、共通の迫害の恐怖となることはできない……。

　むしろ、迫害は一般的に適用される政策の実行によってもたらされている。控訴人が恐れる迫害は、自らの行動によって、彼うが自らをその立場にもたらしたという事実の結果である……。

　しかし、そうした結合が存在しない以上、中国において生殖上の自由に対して設けられた制限を受容せず、個人の安全に対する権利に明らかに反する強制的な断種手術を恐れる人々を結合させるものは、共通の迫害の恐

1　A v Minister for Immigration & Ethnic Affairs [1997] HCA 4 (24 February 1997).

怖を除いて、存在していない。

このように、「中国で一人っ子政策に反対する者」には、そうした人々を結びつけるような、なんらの特性や要素が存在しておらず、単に「政府に迫害される」という恐怖のみを共有しているだけであるために、条約上の「特定の社会的集団」を構成しないとしている。また「反対する」というのはあくまでも行為であり、その行為の結果の迫害であることから、そうした「行為」は「特定の社会的集団」を構成するものとはいえないという趣旨でもあろう。

このように、この最高裁判決では、「特定の社会的集団」である以上は、構成員間に共通のなんらかの特性や要素が存在していなければならないという基準を示したのであった。

その後、基本的には、オーストラリアの司法上、行政上の決定では、この最高裁判決が示した特定の社会的集団の解釈に依拠していくこととなる。

(2) 立法化

2014年の移民法改正時においても、次の条文が挿入されており、基本的には、この最高裁判決の基準を明確化したものとなっている。

> **第5L条　家族以外の特定の社会的集団**
> 本法および規則の適用の目的において、ある者が特定の社会的集団の一員（その者の家族以外）として取り扱われるのは、次の各号のいずれにも該当する場合である。
> (a) 特性がその集団のいずれの構成員にも共有されている場合
> (b) その者が当該特性を所持している、または所持していると認識されている場合
> (c) 次のいずれかに該当する場合
> 　(i) 当該特性が先天的または不変のものである場合

> (ii) 当該特性が構成員のアイデンティティや良心にとってのきわめて根本的なものであって、その構成員が変更することを強制されるべきものではない場合
> (iii) 当該特性によって社会から区別される集団となる場合
> (d) 当該特性が迫害の恐怖ではない場合

　(b)号の「所持していると認識されている場合」については、必ずしも客観的なものではなくとも、迫害者の観点からみて、「特性を所持している」という主観的な観点も含まれている。

　ここにみられる、客観と主観の両者からのアプローチについては、2004年5月27日の最高裁判所判決[2]が背景にある。これはアフガニスタン人が保護ビザ申請をした事案で、自らが「身体的に健全な男性」であることから、タリバンに徴兵されることを迫害事由として申し立てたもので、「特定の社会的集団」に対する迫害であると主張していた。審判所は、申請を棄却したものの、最高裁判所は、「特定の社会的集団」の解釈を示したうえで、審判所が「身体的に健全な男性であること」がアフガニスタン社会において、「特定の社会的集団」として認識されるかどうかの検討を経ずに決定を行ったものであるため、違法なものであるとした。

　この判決では、「特定の社会的集団」の解釈について「迫害者がその集団を『特定の社会的集団』として認識するかどうかは必要ではない。迫害者が庇護申請者を、構成員が結合的な特性や属性を有しており、客観的にみて特定の社会的集団であると認識されうる集団の構成員の一人であるとして個別に注視していれば足りる」[3]としている。すなわち、客観的にみて共有されるなんらかの特性があれば、それが社会全体の文脈からみた場合において客観的になんらかの集団として成立しているのではなく、迫害者の主観的視点からみて、ある者をその特性を有している者の一人として個別に注視してい

---

[2] Applicant S v Minister for Immigration and Multicultural Affairs [2004] HCA 25 (27 May 2004).

[3] Ibid., [69].

るのであれば、「特定の社会的集団」として成立しうる、とするものである。

　移民法第 5L 条は、これらの最高裁判決を条文化したものとなっている。こうした司法解釈を念頭に置いたうえで、以下、実際の審判所決定を検討する。

　収集した審判所決定は 133 件と多数に及んでいる。差戻しが 82 件、原決定支持が 51 件となっている。さしあたり、これらをおおまかに分類してみると、①性的少数者（いわゆる LGBTI）に関するものが 41 件、②国内の少数派に関するものが 41 件、③女性に関するものが 25 件、④婚姻に起因するものが 18 件、⑤障害に関するものが 4 件、⑥経済問題に関するものが 2 件、⑦家族に関するものが 1 件、⑧兵役忌避に関するものが 1 件となっている。

　以下、類型別にみていく。

第 2 節　性的少数派に関する事案

　性的少数派、いわゆる LGBTI に関する事案は 41 件である。差戻しが 26 件、原決定支持が 15 件である。さらにこれを分類すると、ゲイと主張するものが 21 件、レズビアンであると主張するものが 13 件、トランスジェンダーであると主張するものが 5 件、バイセクシュアルであると主張するものが 2 件である。

(1)　ゲイ事案

　ゲイ事案は 21 件で、このうち差戻しが 13 件、原決定支持が 8 件となっている。

　該当性が認められた事案をみてみる。

　2011 年 6 月 2 日の審判所決定[4]は、ゲイであり、一般住民から迫害されると主張するネパール人の事案で、「ネパールのゲイ」という特定の社会的集

4　1102781 [2011] RRTA 458（2 June 2011）.

団として迫害を受けるとし、ほかに在留できる国はないとして、安全な第三国条項の適用を否定して、該当性を認めた。

2016年1月6日の審判所決定[5]は、ゲイのため、家族および国から迫害を受けると主張するインド人の事案で、審判所は、家族からの危害に対して国家が保護を与えられず、国内移転により迫害の回避は可能ではあるが、本人にとって合理的ではないとして、該当性を認めた。

2016年2月29日の審判所決定[6]は、ゲイであるために迫害され、親族により殺害されると主張するヨルダン人の事案で、審判所は、親族による殺害の可能性は否定したものの、同性愛者として重大な危害を受ける可能性があり、迫害回避のための行動を求めることはできないとして、該当性を認めた。

2016年4月17日の審判所決定[7]は、ナイジェリア人の事案で、審判所は、危害の可能性があり、ゲイであることを隠匿すること自体が迫害であり、同性愛行為を禁止する法律があるため国家の保護がなく、また国全体での危険性があるとした。そのうえで、安全な第三国条項との関連で、ナイジェリア人はECOWAS（西アフリカ諸国経済共同体）諸国に在留できるが、そのすべての国において危害の可能性があるとして、該当性を認めた。

2016年6月7日の審判所決定[8]は、マレーシア人の事案で、審判所は、申請者が職場において暴力を振るわれたこと、家族に暴行されたことを認めたうえで、迫害に至る危害を受ける可能性があること、ゲイであることを隠匿しての生活はできないとして、該当性を認めた。

2017年1月17日の審判所決定[9]は、レバノン人の事案で、審判所は、同性愛者であることを確認し、首都を含めて迫害を受けるとして、該当性を認めた。

2017年3月7日の審判所決定[10]は、パキスタン人の事案で、同性愛を禁止する本国の刑法が存在しており、同性愛者であることを隠匿することはで

5　1414394 (Refugee) [2016] AATA 3013 (6 January 2016).
6　1417644 (Refugee) [2016] AATA 3389 (29 February 2016).
7　1413749 (Refugee) [2016] AATA 3690 (17 April 2016).
8　1413205 (Refugee) [2016] AATA 3973 (7 June 2016).
9　1506605 (Refugee) [2017] AATA 174 (17 January 2017).
10　1512111 (Refugee) [2017] AATA 513 (7 March 2017).

きないことから、該当性を認めた。

2017年3月31日の審判所決定[11]は、トルコ人の事案で、審判所は、家族に発見されれば危害を加えられること、それに対する保護がないこと、そして、国内移転は不合理であるとして、該当性を認めた。

2017年5月23日の審判所決定[12]は、マレーシア人の事案で、イスラム教徒で同性愛者のため迫害されると主張しており、審判所は、身体的危害を受ける可能性があり、迫害回避のための合理的な行動の適用除外（移民法第5J条第3項）であるとして、該当性を認めた。

2017年5月30日の審判所決定[13]は、トルコ人の事案で、審判所は、ゲイであることを理由として重大な危害を受ける可能性があり、それに対する保護がないことから、該当性を認めた。

2017年7月25日の審判所決定[14]は、カメルーン人の事案で、審判所は、過去に暴行されたこと、逮捕状が出された事実があり、本国で同性愛行為が違法とされていることから、当局および一般住民に迫害されるとして、該当性を認めた。

2017年10月11日の審判所決定[15]は、マレーシア人の事案で、審判所は、ゲイであることを公言すれば、危害を受けるとしたうえで、迫害回避の行動（移民法第5J条第3項）は適用不可であるとして、該当性を認めた。

2017年11月8日の審判所決定[16]は、マレーシア人の事案で、審判所は、過去に危害を回避できたのは公然としなかったためであり、公然とすれば危害を受ける、迫害回避の行動（移民法第5J条第3項）は適用不可であるとして、該当性を認めた。

次に該当性を否定した事案をみてみる。

2017年1月23日（カメルーン）[17]、2017年4月19日（アルバニア）[18]、2017

---

[11] 1600932 (Refugee) [2017] AATA 678 (31 March 2017).
[12] 1608621 (Refugee) [2017] AATA 982 (23 May 2017).
[13] 1510025 (Refugee) [2017] AATA 980 (30 May 2017).
[14] 1514524 (Refugee) [2017] AATA 1190 (25 July 2017).
[15] 1612819 (Refugee) [2017] AATA 1826 (11 October 2017).
[16] 1611199 (Refugee) [2017] AATA 2676 (8 November 2017).

年5月22日（トルコ）[19]、2017年10月5日（マレーシア）[20]の審判所決定は、それぞれ信憑性に疑義があるとして、該当性を否定した。

2017年7月14日の審判所決定[21]は、ゲイのために訴追され、懲役刑を科されると主張するマレーシア人の事案で、審判所は、本国においてゲイクラブ、LGBTI支援団体の存在などからすると、一般国民から迫害を受けるとはいえず、一定の差別はあるかもしれないが迫害とまではいえないとして、該当性を否定した。

マレーシアの事案では、該当性を認めた事案もあったが、この決定では、出身国情報の評価により、「差別はあるも迫害には至らない」という判断をしている。この点は、まさに出身国情報の評価に依拠するところであり、難民該当性判断の困難な点のひとつとなっている。

2017年10月5日の審判所決定[22]は、ゲイのため迫害されると主張する中国人の事案で、審判所は、ゲイであることは事実ではあるが、法的に同性愛は禁止されていないことからも、迫害を受けることはないとしたうえで、差別はあるが重大な危害に至らないとして、該当性を否定した。

2017年10月31日の審判所決定[23]は、ゲイのため迫害されると主張するマレーシア人の事案で、審判所は、オーストラリアで自由に行動できるにもかかわらず、ゲイとしての活動をしなかったことからも、本国においては、自らの意思で慎重に生活してきたため、危害を受けることはなかったため、帰国しても迫害を受けることはないとして、該当性を否定した。

後述するように、同性愛者であることを公然とできないこと自体が迫害であるという考え方から、公然性が前提とされていたが、この事案のように、自らの意思で公然と行動しないのであれば、公然性を否定されていないため、迫害から回避するための合理的な行動であると位置づけることも可能である

17　1611522（Refugee）[2017] AATA 131（23 January 2017）.
18　1604230（Refugee）[2017] AATA 679（19 April 2017）.
19　1415836（Refugee）[2017] AATA 978（22 May 2017）.
20　1700189（Refugee）[2017] AATA 1960（5 October 2017）.
21　1604178（Refugee）[2017] AATA 1173（14 July 2017）.
22　1601459（Refugee）[2017] AATA 2005（5 October 2017）.
23　1516247（Refugee）[2017] AATA 2576（31 October 2017）.

ことが示されている。

　2017年11月1日の審判所決定は[24]、ゲイのため迫害されると主張するインド人の事案で、ゲイであることは事実としたうえで、家族への恐怖を有しておらず、差別はあるも迫害には至らないこと、さらにネパールに在留可能であるとして、安全な第三国条項を付加的に適用し、該当性を否定した。

　このように、該当性が否定された事案で、そもそも信憑性がない場合は当然であるが、出身国の状況から、差別はあるものの迫害には至らないとされたものが目立った。このことは、同性愛者であれば直ちに該当性が確認できるわけではなく、その事実をもとに、出身国において迫害に至るまでの危害を受けるかどうかの見極めが重要となる。このことは、前述したように、出身国情報に基づく事実とその評価に依拠することになる。出身国の状況を完全に把握することが困難であること、また、その評価についても、意思決定者によってバラツキがあり、とくにマレーシア事案で判断が分かれたものが存在していた。

(2) レズビアン事案

　レズビアン事案は13件で、このうち差戻しが9件、原決定支持が4件となっている。

　該当性が認められた事案をみてみる。

　2017年6月7日[25]、2017年7月13日[26]、2017年9月25日[27]、2017年10月13日[28]、2017年10月17日[29]の審判所決定はいずれも、レズビアンのため迫害されると主張するマレーシア人の事案で、審判所は、危害を受ける可能性があること、それに対して効果的な保護がないこと、迫害回避のための合理的な行動の適用除外であることから、該当性を認めた。

24　1703154 (Refugee) [2017] AATA 2144 (1 November 2017).
25　1606121 (Refugee) [2017] AATA 988 (7 June 2017).
26　1621665 (Refugee) [2017] AATA 1311 (13 July 2017).
27　1607718 (Refugee) [2017] AATA 1825 (25 September 2017).
28　1511751 (Refugee) [2017] AATA 1911 (13 October 2017).
29　1620706 (Refugee) [2017] AATA 2359 (17 October 2017).

2017年8月1日[30]、2017年9月4日[31]、2017年10月5日[32]の審判所決定は、イスラム教徒で、レズビアンのために迫害されると主張するマレーシア人の事案で、イスラム教徒に対して適用されるシャリーア法により同性愛は禁止されていること、審判所は、レズビアンとして公然と生活すれば危害を受ける可能性があること、迫害回避の行動は適用除外であることから、該当性を認めた。

2017年12月14日の審判所決定[33]は、レズビアンのために迫害されると主張するウガンダ人の事案で、審判所は、公然とレズビアンとして行動してきたため、危害を受けることを認めたうえで、東アフリカ共同体の諸国において6か月滞在可能であるも滞在延長は不可であり、難民を送還している事例もあることから送還されるおそれがあるとして、該当性を認めた。

次に、該当性が否定された事案をみてみる。

2017年1月22日の審判所決定[34]は、レズビアンのため迫害されると主張するネパール人の事案で、審判所は、供述が曖昧かつ首尾一貫しないこと、一時帰国の事実があり、申請が遅延してることからも、危害を受けることはないとして、該当性を否定した。

2017年5月4日の審判所決定[35]は、キリスト教徒のためにイスラム過激派に迫害される、さらにレズビアンのため迫害されると主張するケニア人の事案で、審判所は、キリスト教徒部分については、イスラム過激派の活動は北部であり首都でも標的にされるというのは憶測にすぎず、レズビアン部分については、レズビアンではないとして、該当性を否定した。

2017年8月10日の審判所決定[36]は、レズビアンのため迫害されると主張するマレーシア人の事案で、審判所は、過去に迫害されたことはないこと、

30　1612187 (Refugee) [2017] AATA 1310 (1 August 2017).
31　1615493 (Refugee) [2017] AATA 1670 (4 September 2017).
32　1509377 (Refugee) [2017] AATA 1680 (5 October 2017).
33　1515415 (Refugee) [2017] AATA 3010 (14 December 2017).
34　1613923 (Refugee) [2017] AATA 172 (22 January 2017).
35　1605011 (Refugee) [2017] AATA 833 (4 May 2017).
36　1603678 (Refugee) [2017] AATA 1494 (10 August 2017).

レズビアンであることを隠匿する必要はないこと、申請が遅延していること、同性愛行為の刑法上の罪は女性には適用されていないことから、危害を受けないとして、該当性を否定した。

2017年11月22日の審判所決定[37]は、レズビアンのため迫害されると主張するボツワナ人の事案で、審判所は、同性愛行為に関する刑罰は適用されないこと、公然と活動しているレズビアン団体があることからも、差別がある可能性もあるものの、迫害には至らないとして、該当性を否定した。

レズビアン事案では、差戻し案件の多数がマレーシアの事案であるものの、同じマレーシア人でも該当性が否定された事案もあり、判断が分かれている。また、同性愛行為が刑法上の罪とされている国もあるが、そのことが直ちに迫害を構成するものではなく、実際にそれに依拠して刑罰が適用されているかどうかも、重要な判断材料となっている。

(3) トランスジェンダー事案

トランスジェンダー事案は5件で、このうち差戻しが4件、原決定支持が1件となっている。

該当性が認められた事案をみてみる。

2016年9月6日の審判所決定[38]は、トランスジェンダー（男性の体で女性と認識）のため、上司とその知人から迫害を受けると主張するマレーシア人の事案で、審判所は、当該上司から暴行されたこと、当局の取り締まりに関する出身国情報があること、女性の装いにもかかわらず、国民IDに男性として記載されていることなどからすると、重大な危害を受ける可能性があり、かつ迫害回避のための行動は不適用であるとして、該当性を認めた。

2017年6月8日[39]および2017年6月27日[40]の審判所決定は、同様にトランスジェンダーのゲイ（男性の体で女性と認識）のため迫害されると主張

37　1514908 (Refugee) [2017] AATA 2962 (22 November 2017).
38　1601328 (Refugee) [2016] AATA 4385 (6 September 2016).
39　1604863 (Refugee) [2017] AATA 1045 (8 June 2017).
40　1610283 (Refugee) [2017] AATA 1116 (27 June 2017).

するマレーシア人の事案で、審判所は、シャリーア法により罰金や懲役の可能性があることなど、重大な危害を受ける可能性があり、迫害回避のための行動も不適用であるため、該当性を認めた。

2017年7月18日の審判所決定[41]も、同様にトランスジェンダーのゲイ（男性の体で女性と認識）のため迫害されると主張するマレーシア人の事案で、審判所は、過去に身柄を拘束された経験があること、政府が公然とLGBTIを批判していること、迫害回避の行動は適用除外であることから、該当性を認めた。

該当性が否定されたのは、2017年6月13日の審判所決定[42]で、トランスジェンダー（女性の体で男性と認識）のため迫害されると主張するベトナム人の事案である。審判所は、「男性の体で女性と認識」の者と比較して「女性の体で男性と認識」の者に対する差別は穏当であるとの出身国情報があり、差別はあるも重大な危害は受けないとして、該当性を否定した。

トランスジェンダー事案においては、「男性の体で女性と認識」と「女性の体で男性と認識」の両者があり、前者のマレーシア事案ではすべて該当性が認められており、後者のベトナム事案では該当性が否定されている。マレーシアがイスラム教国であることからも、性的少数者に対する迫害や差別が激しいと考えられるところ、おそらくはその点もあり、該当性判断が分かれるものとなっている。

(4) バイセクシュアル事案

バイセクシュアル事案は2件で、両者ともに原決定支持となっている。

2016年2月24日の審判所決定[43]は、バイセクシュアルであるために迫害されると主張するレバノン人の事案で、審判所は、そもそも信憑性に疑義があり、虚偽の供述があること、申請者がレバノンにおけるゲイ社会について関心をもって調査していないことからすると、危害を受ける可能性はないと

41　1603040 (Refugee) [2017] AATA 1287 (18 July 2017).
42　1703990 (Refugee) [2017] AATA 1014 (13 June 2017).
43　1411598 (Refugee) [2016] AATA 3368 (24 February 2016).

し、さらに、オーストラリアでの行動は難民性を高める目的であり考慮しないとして、該当性を否定した。

2017年1月27日の審判所決定[44]は、バイセクシュアルのため迫害される、それを隠匿するためにレズビアンの女性と結婚したと主張するモンゴル人の事案で、審判所は、本国で事業を経営して、女性と結婚していたこと、さらにその女性との間に子どもをもうけたこと、本国で通常の生活を送っていたこと、オーストラリアでも本国でもバイセクシュアルとしての生活をしていないことからすると、危害を加えられることはないとして、該当性を否定した。

(5) 公然性・迫害回避のための合理的な行動

これらの性的少数者に関する事案でたびたび登場する論点は、「公然性」、または「迫害回避のための合理的な行動」というものである。宗教事案においても、世界人権宣言の条文から、宗教活動の公然性が前提とされ、公然と信仰することによって危害が加えられるのであれば、条約上の迫害事由を構成するというものであった。同性愛事案においても、同様の論点が設定されている。

ただし、宗教については、たとえば教会のミサへの出席のように、同じ教徒との集会や会合自体が重要な信仰活動となっており、そのことが明示的に「布教、行事、礼拝及び儀式によって宗教又は信念を表明する自由を含む」（世界人権宣言第18条）と規定されている。このように、宗教行為においては、「行事」、「儀式」といった集会や会合が宗教活動の一環であるという大きな前提がある。

一方、同性愛事案については、同性間であれ異性間であれ、両者の愛情行為は私的空間で行われることからも、宗教行為と比較して、はるかに「公然性」の度合いは小さく、仮に私的空間のみにおいて愛情行為が行われるのであれば、すなわち、同性愛者であるということを隠匿さえすれば、迫害を回

---

[44] 1421008 (Refugee) [2017] AATA 155 (27 January 2017).

避できるという考え方がありうる。

　しかし、この考え方は、オーストラリアにおいては過去の判例および新法においても基本的には否定されており、同性愛行為についても、「公然性」を前提として、公然と行うことによって危害を受ける可能性があるのであれば、条約上の迫害を構成すること、または、隠匿せざるをえないこと自体が迫害であるという解釈が定着している。

　2003年12月9日の最高裁判所判決[45]は、バングラデシュ人の男性2名で、同性愛者どうしであるために迫害を受けると主張し、保護ビザを申請したが拒否され、審判所も原決定を支持した事案である。7人の判事のうち、4名が認容判断、3名が棄却判断となったため、判決そのものは原告勝訴となったものである。

　認容判断をしたマクヒュー判事とカービー判事は、以下のように述べている。

　　もし保護の条件のひとつが、影響を受けた者が迫害者の意思を侵害することを回避するために、合理的、ないしはその他の手段をとらなければならないとするのであれば、難民条約は、宗教や政治的意見を理由とする迫害からの保護を与えることにはならないであろう。さらに、もし保護の条件のひとつが、その構成員は、その構成員であることを隠匿し、または、迫害を回避するためにいくつかの属性や特性を変更しなければならないのであれば、多くの「特定の社会的集団」の構成員に対する保護を与えることにはならないであろう[46]。

　　もし締約国が申請者に対して保護を与えるに際して、その信念や意見、または人種、国籍、特定の社会的集団の構成員であることを隠匿することを求めるのであれば、難民条約の目的を損なうことになるであろう[47]。

---

[45] Appellant S395/2002 v Minister for Immigration and Multicultural Affairs, Appellant S396/2002 v Minister for Immigration and Multicultural Affairs [2003] HCA 71 (9 December 2003).

[46] Ibid., [40].

このように、迫害回避のための行動をすることを求めること自体が条約の趣旨とは外れるものであるというように位置づけた。このうえで、以下のように、本件についての当てはめを行った。

　上告人が、将来において慎重に行動することを継続しないと思料するための理由が存在しないと宣言することによって、審判所は、「バングラデシュにおける同性愛男性」という集団を、慎重なものと慎重でないものの2種類に分類してしまった[48]。

すなわち、そもそも迫害回避のために「慎重になること」を求めること自体が条約の趣旨から外れているにもかかわらず、審判所が、上告人が「慎重に行動する」と判断したために、条約の解釈を誤ったという管轄上の瑕疵を犯したことから、認容の判断をしている。

　この最高裁判決により、とりわけ同性愛者における「迫害回避のための合理的行動」、すなわち同性愛者であることを公言しないことや、愛情行為を私的空間のみに隠匿することで迫害を回避する可能性がありうることが否定された。これ以降の審判所の決定も、基本的に、この最高裁判決の趣旨に沿うものとなっている。

　このことは、2014年の移民法改正時において「迫害回避のための合理的な行動」に関する条文において、明文化された。

第5J条
第3項　受入国において、迫害の真の可能性を避けるために行動を変更するための合理的な手段をとりうるのであれば、その者は迫害を受けるおそれがあるという十分に理由のある恐怖を有しない。ただし、次に掲げる変更を除く。
　(a)　その者のアイデンティティや良心にとっての根本的な特性と衝突す

47　Ibid., [41].
48　Ibid., [60].

> るもの、または、
> (b) その者の先天的または不変の特性を秘匿するもの
> (c) (a)号または(b)号を限定することなく、以下のいずれかをすることがその者に必要となること
>   (i) 改宗をすること、または真の宗教的信念を秘匿すること、またはその者の信仰の実践に関与することを停止することを含む、その者の宗教的信仰を変更すること
>   (ii) その者の真の人種、エスニシティ、国籍、もしくは出身国を秘匿すること
>   (iii) その者の政治的信念を変更し、またはその者の真の政治的信念を秘匿すること
>   (iv) 身体的、心理的または知的障害を秘匿すること
>   (v) その者が反対する婚姻をすることや婚姻を維持すること、または子どもの強制的婚姻を受け入れること
>   (vi) その者の性的志向や性的アイデンティティを変更すること、またはその者の真の性的志向、性的アイデンティティまたは間性であることを秘匿すること

とくに、(c)号(vi)において「その者の性的志向や性的アイデンティティを変更すること、またはその者の真の性的志向、性的アイデンティティまたは間性であることを秘匿すること」と規定されているため、同性愛者がそれであることを秘匿することは、「迫害回避のための合理的な行動」の適用除外となるため、それを求めることができず、該当性が確認されることとなる。前述のように、実際に新法下で、明示的に第5J条第3項の適用除外であるとされた審判所決定も確認できた。

ただし、2017年10月31日の審判所決定[49]のように、自らの意思で秘匿するのであれば、秘匿が強要されているとはいえず、迫害回避のための合理

---

[49] 1516247 (Refugee) [2017] AATA 2576 (31 October 2017).

的な行動として位置づけることも可能であるという事案も存在していた。このため、秘匿の強制性の有無が重要な判断の要点となるともいえる。

第 3 節　国内少数派事案

　国内少数派の事案は 41 件で、うち 29 件が差戻し、12 件が原決定支持となっている。申請者の国籍別では、アフガニスタンが 13 件、パキスタンが 5 件、無国籍が 4 件、ミャンマーが 3 件、インドとスリランカが各 2 件、バングラデシュ、フィジー、インドネシア、マレーシア、メキシコ、パプアニューギニア（以下「PNG」という。）、南アフリカ、スーダン、タイ、ベトナム、エジプト、チェコ共和国が各 1 件となっており、広範囲に及んでいる。

(1)　アフガニスタン事案

　最も多いアフガニスタン事案は 13 件で、差戻し 11 件、原決定支持 2 件となっている。1 件を除いて、すべてがシーア派のハザラ族のためにタリバンに迫害されるという事案である。ハザラ族事案 12 件のうち、10 件が差戻し、2 件が原決定支持である。該当性を認めた事案のうち 9 件[50] では、出身地域において迫害を受けることを認めたうえで、首都への移転可能性を検討した結果、その移転が合理的ではないとして、該当性が認められている。新法下の 1 件[51] は、首都を含めて全土において迫害の危険性があるとして、該当性を認めている。

---

[50] 1401381 (Refugee) [2016] AATA 3016 (11 January 2016), 1407642 (Refugee) [2016] AATA 3302 (9 February 2016), 1415785 (Refugee) [2016] AATA 4268 (11 August 2016), 1504646 (Refugee) [2017] AATA 170 (17 January 2017), 1506801 (Refugee) [2017] AATA 2993 (30 November 2017), 1515236 (Refugee) [2016] AATA 3380 (23 February 2016), 1313776 (Refugee) [2016] AATA 3430 (2 March 2016), 1420197 (Refugee) [2016] AATA 3924 (6 May 2016), 1415373 (Refugee) [2016] AATA 4371 (30 August 2016).

[51] 1606800 (Refugee) [2017] AATA 1499 (15 August 2017).

該当性が否定された2件は、いずれも出身地域では危害を受けるとしつつ、過去にタクシー運転手として稼働したことがあるため[52]、また、カブールでの居住経験があるため[53]、いずれもカブールへの移転は合理的であるとして、該当性を否定している。このことは、第8章の国内移転に関する論点となっている。

　このようにハザラ族事案では、安全な首都への移転が合理的とされない場合は、ほぼ該当性が確認されている。

　ハザラ族以外の事案は、2016年7月13日の審判所決定[54]で、これはパシュトゥーン人であり、タリバンへの加入要請を断ったため殺害されると主張する事案で、審判所は、オーストラリア国民と婚姻したため「西洋化」したものとみなされ、このためタリバンから標的とされること、さらにカブールへの移転は不合理であるとして、該当性を認めた。西洋諸国での居住経験が長いことや、この事案のように居住国の国民との婚姻により「西洋化した」として、反イスラム的政治的意見の持ち主とみなされ、迫害されると主張する事案も散見される。

(2) パキスタン事案

　パキスタン事案は5件で、差戻しは4件、原決定支持は1件となっている。

　2016年5月30日[55]および2017年4月24日[56]の審判所決定は、ともにシーア派でTuri族のためタリバンに迫害されると主張する事案で、審判所は、出身地域では迫害を受け、それに対する効果的な保護がなく、精神疾患がある等の理由のため、国内移転は不合理として該当性を認めた。

　これは第6章第4節において頻出する、政治的意見による迫害についてのパキスタン事案と同様であるが、オーストラリアの保護ビザ申請書には、条

---

[52] 1311130 (Refugee) [2016] AATA 3206 (22 January 2016).
[53] 1415574 (Refugee) [2016] AATA 3292 (5 February 2016).
[54] 1415219 (Refugee) [2016] AATA 4167 (13 July 2016).
[55] 1401348 (Refugee) [2016] AATA 3970 (30 May 2016).
[56] 1617664 (Refugee) [2017] AATA 832 (24 April 2017).

約上の迫害事由について、申請者が選択できる欄はなく、申請者の主張に基づき、あくまでも意思決定者（原審担当官や審判所）の判断でどの事由に該当するかを決定するために、ほぼ同様の事案においても、「政治的意見」に該当するのか「特定の社会的集団」に該当するのかといった違いが発生していると考えられる。

　2016年11月4日の審判所決定[57]は、タリバンへの加入要請を拒否しているためにタリバンから迫害されると主張する事案で、審判所は、父親に該当性があるため、本人も出身地域で危害を受けるとしたうえで、精神疾患があり、家族の支援も期待できないことから、国内移転は不合理として、該当性を認めた。

　2016年12月16日の審判所決定[58]は、シーア派のハザラ族であり、スンニ派の過激集団から迫害されると主張する事案で、審判所は、レストラン経営者のためハザラ族の地域の外に出ることがあり、危険にさらされるとしたうえで、家族の支援がなく、精神疾患をもっており、国内移転は不合理として、該当性を認めた。

　2017年2月13日の審判所決定[59]は、海外で教育を受けているためにタリバンから迫害されると主張する事案で、審判所は、出身地域では反タリバンとして標的にされるものの、それ以外の国内では危害がないとしたうえで、海外での教育歴があり、英語能力があるため、国内移転は合理的であるとして、該当性を否定した。

(3) 無国籍者事案

　無国籍者の事案は4件で、3件が差戻し、1件が原決定支持となっている。
　2016年9月14日の審判所決定[60]は、バングラデシュで出生したロヒンギャ族で、同国の国籍を有せず、バングラデシュでもミャンマーでも居住する

---

[57]　1504210 (Refugee) [2016] AATA 4657 (4 November 2016).
[58]　1600491 (Refugee) [2016] AATA 4833 (16 December 2016).
[59]　1516745 (Refugee) [2017] AATA 339 (13 February 2017).
[60]　1606601 (Refugee) [2016] AATA 4488 (14 September 2016).

ことができないと主張する事案で、審判所は、国籍国は存在しないものの、バングラデシュ、ミャンマー、マレーシアが常居所（habitual residence）であるとし、それらのいずれの国々においても重大な危害を受けるとして、該当性を認めた。

2017年6月7日の審判所決定[61]は、レバノン人の母親から生まれるも父親が知れないために無国籍となった子どもと、そのレバノン人の母親に関する事案で、審判所は、その子どもが母親の本国であるレバノンにともに帰国すれば、申請者のような女性と子どもに対する差別的措置があり、医療および就労が否定されることになり、これは重大な危害であるとして、該当性を認めた。

2016年5月11日の審判所決定[62]は、ヨルダン生まれのパレスチナ人の無国籍者の事案で、パレスチナ人としてヨルダンでは就労が認められていないなどと主張するもので、審判所は、パレスチナは国家として承認されていないこと、さらに、申請者はパレスチナの国民ではなく、パレスチナへの入域の権利はないとしたうえで、申請者は無国籍者で常居所がヨルダンの者とした。そのうえで、ヨルダンでの在留権もないこと、当局に拘束されたことがあるなど、パレスチナ人として重大な危害を受けるとして、該当性を認めた。

一方、2016年3月18日の審判所決定[63]は、ロヒンギャ族であり、当局の許可なく婚姻したために、当局から迫害されると主張する事案で、審判所は、ある国での永住権があり、その国の再入国許可証を有しており、その国において迫害されることもなく、また送還されることもないとして、安全な第三国条項を純粋適用し、該当性を否定した。

無国籍者に関しては、そもそも国籍国が存在しないために、条約上では「常居所」における迫害の可能性について検討する必要がでてくるが、これらの事例のように、そもそもそうした常居所の国においても、在留の権利がなく、危害を受ける可能性もあることから、該当性が認められている。ただし、第三国で永住権がある場合については、安全な第三国条項の適用により、該当

---

[61]　1617142 (Refugee) [2017] AATA 990 (7 June 2017).
[62]　1500084 (Refugee) [2016] AATA 3863 (11 May 2016).
[63]　1415015 (Refugee) [2016] AATA 3651 (18 March 2016).

性が否定されている。

　難民条約のそもそもの趣旨である、「国籍国からの保護を失った事実上の無国籍者の保護」（第1章参照）という観点からすると、そもそも国籍国を有しない無国籍者については、国際社会として保護すべき優先度が高く、実際に、これらの無国籍事案でも該当性が確認されている。

(4) ミャンマー事案

　ミャンマー事案の3件はすべて差戻しとなっている。

　2017年10月4日の審判所決定[64]は、キリスト教徒のチン族の女性のため迫害されると主張する事案で、審判所は、夫が政治活動をして拘束された事実があり、申請者も教会活動をしていたことから、危害の可能性があるとして、該当性を認めた。

　2016年5月20日の審判所決定[65]は、ロヒンギャ族として危害を加えられる、雇用が得られないと主張する事案で、審判所は、当局から注視されていること、不法出国したため、帰国すれば他国民よりも重い罰を受ける可能性があることから、該当性を認めた。

　2016年10月7日の審判所決定[66]は、ヤンゴン生まれのロヒンギャ族であるため迫害されると主張する事案で、審判所は、申請者は無国籍者であると認め、重大な危害を受けること、生存のための経済的困難を経験するため、該当性を認めた。

　ロヒンギャ族の者が、ミャンマー国籍を有するのか、それとも無国籍であるのかについては、意思決定者によって判断が分かれるところであるが、いずれにしても、ミャンマーにおける迫害の可能性が検討されていることについては、違いはない。

---

[64] 1601830 (Refugee) [2017] AATA 1788 (4 October 2017).
[65] 1509928 (Refugee) [2016] AATA 3867 (20 May 2016).
[66] 1610045 (Refugee) [2016] AATA 4557 (7 October 2016).

(5) その他の事案

その他の事案 16 件のうち、差戻しが 8 件、原決定支持が 8 件となっている。

(ア) 該当性が認められた事案

2016 年 3 月 6 日の審判所決定[67]は、チャクマ族かつ仏教徒であり、NGO 活動の際に地元民と衝突したため迫害されると主張するバングラデシュ人の事案で、審判所は、身体的に区別されることから、国内他地域に移転しても危害の可能性があるとして、該当性を認めた。

2017 年 1 月 20 日の審判所決定[68]は、コプト教徒であり、専門職のために迫害されると主張するエジプト人の事案で、審判所は、申請者は「専門職のキリスト教徒」という特定の社会的集団を構成し、キリスト教徒のなかでも専門職という富裕層とみなされるために危害の可能性があるとして、該当性を認めた。

エジプトのコプト教徒の事案は、条約上の迫害事由「宗教」に関する第 4 章で考察したところ、単なるコプト教徒というだけではなく、富裕層といった他の複合的要因があれば該当性が高まるものとなっていたところ、この決定もほぼ同様の事案といえる。しかし、迫害事由の構成を「宗教」とするのか「特定の社会的集団」とするのかという違いはみられるも、導き出された結論は同様のものといえる。

2016 年 4 月 27 日の審判所決定[69]は、オーストラリア入国後の本国での治安状況の悪化により中産階級として標的にされると主張するメキシコ人の事案で、審判所は、商業的に成功した裕福な中産階級としてギャングに標的にされ、身代金のために誘拐される可能性があり、それに対する国家による保護がないこと、危害は地域的なものではなく国内移転が不可能であるとして、該当性を認めた。

この決定では、申請者が「強奪目的のギャング集団に標的にされる、商業

---

[67]　1411130 (Refugee) [2016] AATA 3533 (6 March 2016).
[68]　1420577 (Refugee) [2017] AATA 171 (20 January 2017)
[69]　1500142 (Refugee) [2016] AATA 3781 (27 April 2016).

的に成功した富裕な中産階級の家族」[70]という特定の社会的集団の構成員であることから、条約事由を構成するとしている。

2017年10月10日の審判所決定[71]は、ある部族の一員であるところ、対立部族に殺害されると主張するPNG人の事案で、審判所は、出身地に戻れば対立部族から危害を受けるとし、過去に首都で居住できたのは目立つのを避けていたためであり、このため、国内移転は不合理であるとして、該当性を認めた。

2016年7月6日の審判所決定[72]は、ヒンズー教徒のタミル人であり、タミル・イーラム解放のトラ（以下「LTTE」という。）の関係者として政府から迫害されると主張するスリランカ人の事案で、審判所は、LTTE関係者への政府の取り締まりがあり、不法出国者であるため刑罰に処せられる可能性があることから、該当性を認めた。

2016年6月1日の審判所決定[73]は、タミル人で、LTTEの戦闘部員として疑われているため、政府および軍から迫害されると主張するスリランカ人の事例で、審判所は、北部州出身のタミル人であること、LTTEの支援者であるとされていること、不法出国したという事実があることから、これらが累積的となり、重大な危害につながるとして、該当性を認めた。

スリランカのタミル人事案は、迫害事由を政治的意見とするものとしても頻出したが、これらのように「特定の社会的集団」と位置づけたうえで該当性を認めた事案も存在している。

2016年9月6日の審判所決定[74]は、非アラブ系のDarfuri族であり、反乱分子の支援者として政府に迫害されると主張するスーダン人の事案で、審判所は、オーストラリアの移民団体から申請者に関する証言が出され、かつ、迫害を受けているという出身国情報があることから、当局から重大な危害を受けるとして、該当性を認めた。

70　Ibid., [33].
71　1620364 (Refugee) [2017] AATA 1820 (10 October 2017).
72　1313436 (Refugee) [2016] AATA 4055 (6 July 2016).
73　1403517 (Refugee) [2016] AATA 3922 (1 June 2016).
74　1420100 (Refugee) [2016] AATA 4383 (6 September 2016).

2016年9月6日の審判所決定[75]は、オーストラリア入国の際に不正を行ったため、さらにキリスト教徒であり、親族が南ベトナム政府のために働いたため、過重に政府から迫害されると主張するベトナム人の事案で、審判所は、供述の信憑性に疑義があり、宗教と政治的意見の単独のみの事由では迫害を受けることはないとしたものの、オーストラリア入国の際に不正を働いたことにつき、宗教と政治的意見とが累積的となり、このために当局から過重に処罰されると判断し、該当性を認めた。ひとつの事由のみでは迫害には至らないものの、他の事由と累積することで、それが結果として迫害にまで至るという判断である。

(イ) 該当性が否定された事案

該当性が否定された事案は8件である。

2009年6月12日の審判所決定[76]は、ロマ族であるため迫害されると主張するチェコ共和国人の事案で、審判所は、EU加盟国の国民として、スペインで3か月以上、制限なく在留できること、スペインでは迫害もないことから、本国での迫害の可能性を検討することなく、安全な第三国条項を純粋適用し、保護ビザ拒否の原決定を支持した。

2017年11月8日の審判所決定[77]は、バヌアツ人の子孫のため迫害されると主張するフィジー人の事案で、審判所は、バヌアツ系には差別があるも、迫害を受けたとはいえないとして、該当性を否定した。

2016年3月3日の審判所決定[78]は、ヒンズー族のため、他の者から迫害されると主張するインド人の事案で、審判所は、申請者の恐怖は憶測にすぎず、重大な危害は受けないとして、該当性を否定した。

2017年10月19日の審判所決定[79]は、不名誉な犯罪を犯したため、父親に迫害されると主張するインド人の事案で、審判所は、父親から危害を受け

---

[75]　1609717 (Refugee) [2016] AATA 4386 (6 September 2016).
[76]　0901933 [2009] RRTA 593 (12 June 2009).
[77]　1517161 (Refugee) [2017] AATA 2574 (8 November 2017).
[78]　1512165 (Refugee) [2016] AATA 3386 (3 March 2016).
[79]　1709872 (Refugee) [2017] AATA 1956 (19 October 2017).

ることはなく、また、インド政府が家族による危害を容認・黙認していないとして、該当性を否定した。

2017年2月24日の審判所決定[80]は、キリスト教徒で中国系のため迫害されると主張するインドネシア人の事案で、審判所は、申請者が過去に危害を加えられたことがなく、中国系が迫害されているという出身国情報がないことから、該当性を否定した。

2017年11月1日の審判所決定[81]は、中華系のために迫害されると主張するマレーシア人の事案で、審判所は、供述の信憑性が欠如しており、危害を受けることはないとして、該当性を否定した。

2011年4月6日の審判所決定[82]は、外国出身のために差別され、身体的危害を加えられると主張する南アフリカ人の事案で、審判所は、南アでの迫害の可能性を検討せず、カメルーン国籍の回復を申請可能であり、これが法的に行使可能な権利であること、カメルーンで迫害を受けず送還もされないため、安全な第三国条項を純粋適用し、保護ビザ拒否の原決定を支持した。

2017年3月8日の審判所決定[83]は、仏教僧であるところ、仏教会から追放されると主張するタイ人の事案で、審判所は、追放処分は仏教会内の規律が一般的に適用された結果であり、申請者個人を条約事由により処分したものではなく、それも迫害には至らないとして、該当性を否定した。

以上、国内の少数派に対する迫害については、条約事由の「特定の社会的集団」に依拠するかたちで該当性が認められる事案が存在した。そのいくつかは同様の事案で、宗教や政治的意見といった、他の迫害事由においても確認できるものがあり、結論は同様であったとしても、意思決定者によって、どの事由を適用するかどうかの違いがみられた。

国内少数派については、条約事由「人種」の適用も考えられるが、少なくとも収集した事案においては、明確に人種を迫害事由として設定したものは

---

[80] 1509889 (Refugee)[2017] AATA 467 (24 February 2017).
[81] 1616299 (Refugee)[2017] AATA 2142 (1 November 2017).
[82] 1010560 [2011] RRTA 268 (6 April 2011).
[83] 1607141 (Refugee)[2017] AATA 514 (8 March 2017).

みられなかった。

　また、そもそもナチスドイツ下におけるユダヤ人も国内少数派であると位置づけられることからも、こうした国内少数派の保護は、条約制定時からも念頭に置かれていたことであり、「特定の社会的集団」に依拠するかたちで現代における国内少数派に対する迫害からの保護を可能ならしめるものとなっている。

第4節　女性事案

　女性であることを理由として迫害されると主張する事案は25件あり、このうち14件が差戻し、11件が原決定支持となっている。

(1) 該当性が認められた事案

　2015年8月31日の審判所決定[84]は、女性の自立のための運動をしているため、イスラム原理主義者に迫害されると主張するバングラデシュ人の事案で、審判所は、そうした女性に対する暴行を黙認・許容しているため、条約上の迫害事由を構成し、かつ、国内移転は不合理であるとして、該当性を認めた。なお、運転免許証が偽造であるため、本来であれば移民法第91WA条が適用になるところ、当人が偽造であると知らなかったため、合理性があるとして、その適用を行わなかった（移民法第91WA条については第11章参照）。

　2016年11月16日の審判所決定[85]は、女性のための教育についての活動家であるため、イスラム原理組織であるJamaat-e-Islami（JI）から迫害されると主張するバングラデシュ人の事案で、審判所は、男性に酸をかけられた被害者であり、顔に傷があること、このため帰国すれば経済的・精神的困難に直面し、重大な危害となるとして、該当性を認めた。

84　1409316 (Refugee) [2015] AATA 3536 (31 August 2015).
85　1505334 (Refugee) [2016] AATA 4725 (16 November 2016).

2017年4月26日の審判所決定[86]は、元夫から危害を加えられると主張するインド人の事案で、審判所は、元夫から危害を受ける可能性があり、それに対して国家の保護がなく、国内移転も不合理であるとして、該当性を認めた。

2016年3月23日の審判所決定[87]は、イスラム教徒の娘が女性器切除の対象となると主張するインドネシア人の事案である。娘が主申請者で、その両親が「同一家族単位」の付随申請者である。

保護ビザ申請においては、主申請者が保護ビザを付与されるのであれば、その「同一家族単位」の者も、それらの該当性の検討なく、自動的に保護ビザが付与されることとなっている（移民法第36条第2項(b)号）。「同一家族単位」とは、主に世帯主の配偶者、事実上のパートナーおよび18歳以下の子どもである。

この事案では、女性器切除の対象となるとされる娘の該当性が検討され、審判所は、重大な危害を受けること、それに対して両親は保護できないこと、国家による保護もないこと、また国内移転もできないことから、該当性を認めた。このため、付随申請者であるこの娘の両親も自動的に保護ビザの要件を満たすという判断がなされている。

2017年8月24日の審判所決定[88]は、子どもの親権をめぐって元夫から危害を加えられると主張するマレーシア人の事案で、審判所は、元夫から家庭内暴力を受けた事実があること、家庭内暴力に対して国家が保護しないために特定の社会的集団としての条約事由となること、元夫が発見することが可能であることから、該当性を認めた。

このことについて、本来的に、条約事由とはいえない家庭内暴力についても、そうした家庭内暴力を国家が意図的に放置しているのであれば、間接的に国家が家庭内暴力を受けている女性に対して迫害を加えているという解釈から、そうした女性が条約上の「特定の社会的集団」を構成するために、難民該当性が確認できるとした判例があり、後述する。

86　1508497（Refugee）[2017] AATA 794（26 April 2017）.
87　1500024（Refugee）[2016] AATA 3666（23 March 2016）.
88　1619703（Refugee）[2017] AATA 1522（24 August 2017）.

2017年3月22日の審判所決定[89]は、夫とその親族から、自分と子どもに対して家庭内暴力を受けると主張するPNG人の事案で、審判所は、「家庭内暴力を受けて家庭を離れた女性」として特定の社会的集団を構成し、出身国情報によると当局が保護しないとして、該当性を認めた。

　2017年2月13日の審判所決定は[90]、恋人から家庭内暴力を受けると主張するPNG人の事案で、審判所は、国家による保護が否定されているため、「交際相手から暴力を振るわれるPNGの女性」として特定の社会的集団を構成し、小さいながらも危害を加えられる真の可能性があるとして、該当性を認めた。

　2017年9月13日の審判所決定[91]は、夫に暴行されると主張するPNG人の事案で、審判所は、出身地に戻れば夫から危害を受けること、国家がそれに対して保護を与えられないため、「特定の社会的集団」を構成すること、精神障害があり国内移転は不合理であるとして、該当性を認めた。

　2016年7月25日の審判所決定[92]は、暴力を振るう夫と離婚し、このため離婚した女性であり母親であることから、夫側の親族により名誉殺人の対象とされると主張するヨルダン人の事案で、審判所は、「ヨルダンの女性」として特定の社会的集団を構成し、危害を受ける可能性があり、それに対して当局は保護を与えることができず、かつ、国内移転は不可であるとして、該当性を認めた。

　2017年6月26日の審判所決定[93]は、オーストラリア在留の同国人男性と婚姻するも婚姻実態がないためビザが拒否されたところ、別のオーストラリア人男性と関係をもち、その子どもをもうけるも、当該男性との関係が終了したところ、離婚し、帰国すれば非嫡出児をもうけた女性として迫害されると主張するカンボジア人の事案で、審判所は、性的暴力を受ける可能性があり、それに対する国家の保護がないとし、該当性を認めた。

　2011年4月12日の審判所決定[94]は、離婚した夫がマオイストに関与して

---

[89] 1512766 (Refugee) [2017] AATA 591 (22 March 2017).
[90] 1501572 (Refugee) [2017] AATA 304 (13 February 2017).
[91] 1509438 (Refugee) [2017] AATA 1819 (13 September 2017).
[92] 1500666 (Refugee) [2016] AATA 4200 (25 July 2016).
[93] 1612601 (Refugee) [2017] AATA 1209 (26 June 2017).
[94] 0903917 [2011] RRTA 299 (12 April 2011).

おり、当局やマオイストから迫害されると主張するネパール人の事案で、審判所は、マオイストや当局は無関係であるものの、「ネパールの女性」として元夫から危害を加えられる可能性があり、それに対して国家が保護しないことから、該当性を認めた。

2014 年 7 月 22 日の審判所決定[95]は、別れた夫とその家族から暴力を受けると主張するネパール人の事案で、審判所は、「ネパールの女性」として特定の社会的集団を構成し、家庭内暴力を当局が放置していること、安全な第三国条項との関連では、夫が女性をインドまで追いかける可能性があること、インドにおいて離婚したネパール人女性として迫害される可能性があることから、安全な第三国条項の適用を否定し、該当性を認めた。

2006 年 11 月 21 日の審判所決定[96]は、マオイストの一員として活動し、コングレス党などの反対勢力に迫害されると主張するネパール人の事案で、審判所は、政治的意見は無関係であるものの、「未婚の女性」として特定の社会的集団を構成し、迫害を受ける可能性があること、インドでも女性として迫害を受ける可能性があることから、安全な第三国条項の適用を否定し、該当性を認めた。

2016 年 8 月 18 日の審判所決定[97]は、本国に帰国すればオーストラリアで離婚した夫の親の家族とともに同居することになり、同家族から迫害されると主張するレバノン人の事案で、審判所は、家族から危害を加えられる可能性があり、国家の保護がなく、家族からの危害を国家が黙認・許容しているため、「婚姻した女性」としての特定の社会的集団を構成するとして、該当性を認めた。

(2) 国家による意図的な危害の放置による「特定の社会的集団」の構成

上述のように、女性の家庭内暴力事案において、該当性が確認された事案が多々あることは、以下の最高裁判所判決と密接に関係している。

---

[95] 1406853 [2014] RRTA 581 (22 July 2014).
[96] 060779039 [2006] RRTA 187 (21 November 2006).
[97] 1416419 (Refugee) [2016] AATA 4307 (18 August 2016).

2002年4月11日の最高裁判所判決[98]は、夫と夫の家族から家庭内暴力を受けてきたパキスタン人女性が保護ビザ申請をした事案である。この女性は、1997年6月にオーストラリアに入国し、保護ビザ申請をしたものの、原審で拒否され、審判所も原決定を支持した。審判所は、その危害の理由が、特定の社会的集団の構成員であることではなく、「その者の婚姻の状況に関連する純粋に個人的な考慮」であるとしていた[99]。この決定に対して提訴がなされ、連邦裁判所は、審判所の条約解釈に誤りがあったとして審判所に差し戻す決定をした。そのため、大臣が連邦裁判所大法廷に控訴したが、控訴が棄却されたために、さらに大臣が最高裁に上告したものである。

 グレッソン判事は、「国際難民法は、市民的・政治的地位を理由とする差別のために国家による保護が提供されない者への、国家の保護の代替となることを目的としている」[100]と指摘したうえで、パキスタン匡家が制度的な女性に対する差別として、選別的な法の執行をし、その結果、女性を保護するという責任を放棄しているために、家庭内暴力が容認、黙認されていると申請者が主張しており[101]、こうした側面を審判所は考慮しなかったために、その決定は違法であるとして、棄却判断をした。

 マクヒュー判事およびグモウ判事は、「問題となっている迫害は、国家機関が非国家主体の暴力に対して差別的に行動を起こしていないかという点にある」[102]として、この点を考慮しなかった審判所の決定を違法として、棄却判断をした。

 カービー判事は、次のように述べ、この点を考慮していない審判所の決定を違法として、棄却判断をした。

 もし、重大な危害が、国家の不行動または十分な保護を与えるための能力の欠如とともに存在しているのであれば、完全に違った事件の特徴が、

98　Minister for Immigration and Multicultural Affairs v Khawar [2002] HCA14 (11 April 2002).
99　Ibid., [13].
100　Ibid., [20].
101　Ibid., [25].
102　Ibid., [87].

審判所にとって明らかとなるであろう。そうした状況において、審判所は、被上告人が、「迫害」されるという「恐怖」が単にその夫とその家族による被上告人への不正だけではなく、自らの生命に対してすら効果的な保護を誰にも求めることができないという、絶望的かつ許容できない状況に置かれていることであると、まさに審判所は結論づけることができるであろう[103]。

一方、カリナン判事は、「不行動や緩慢とした対応そのものは迫害を構成しない。オーストラリアの裁判所にとって、われわれの基準、または他の国の基準に従ってこれらの国々の警察の優先順位を評価することは、きわめて困難であり、じつに現実的に不可能である」[104]と述べたうえで、大臣の上告を認容する判断をしている。

このように、5人の判事のうち4人が棄却判断、1人が認容判断をしたために、判決そのものとしては、大臣の上告が棄却された。

この判決の要点は、家庭内暴力の迫害主体である夫は、非国家主体であるものの、そうした非国家主体による特定の集団への迫害が、国家により意図的かつ選別的に放置、助長、黙認されている状況においては、条約上の迫害を構成するという考え方である。そして、そうした意図的な放置により、非国家主体により迫害が加えられている集団は、条約上の「特定の社会的集団」を構成し、このため、難民該当性が確立することとなる。

前述したように、この判例に沿うかたちで、女性に対する家庭内暴力事案において該当性が確認された事案が存在していた。この判例は、「特定の社会的集団」の解釈、非国家主体による迫害をどのように位置づけるのかについて、画期的な判断を示したものといえる。

その根幹は、まさに「国家による保護が提供されない者への、国家の保護の代替となることを目的としている」という点で、本来国家が保護して当然であるべき集団が保護されないことについて、他の国家が保護を与えようと

---

103 Ibid., [117].
104 Ibid., [155].

するという、難民条約の趣旨の理解であろう。全権会議でも、いみじくも難民条約を「事実上の無国籍者の保護」を目的とするという発言があったこととも通底するといえる。

(3) 該当性が否定された事案

女性事案で、該当性が否定された事案は 11 件となっている。

2017 年 12 月 4 日の審判所決定[105]は、男性の保護がないインド系女性のため、男性から危害を加えられると主張するフィジー人の事案で、審判所は、過去に窃盗の被害に遭ったのはインド系であることに起因するものではないが、出身地域では危害を受けることを認めたうえで、インド系の多い地域に移転可能であり、その移転は合理的であるとして、該当性を否定した。

2017 年 6 月 20 日の審判所決定[106]は、一時帰国中にイスラム教徒の男性と関係があると家族に述べたところ、家族から追い出され、単身での生活を強いられると主張するインド人の事案で、審判所は、供述に信憑性がなく、その男性とは関係はなかったこと、それを措くとしても、嫌がらせを受けるかもしれないが迫害には至らないとして、該当性を否定した。

2017 年 10 月 2 日の審判所決定[107]は、離婚したため、夫の家族から迫害される、その後、異カーストの男性と婚姻したために迫害されると主張するインド人の事案で、審判所は、元夫側の家族は申請者に関心がなく、危害を受けることはないとして、該当性を否定した。

2017 年 10 月 24 日の審判所決定[108]は、①反政府デモに参加したために迫害される、②家庭内暴力を受けたと主張するマレーシア人の事案で、審判所は、①については、デモの一般参加者にすぎず、政府が注視しないとし、②については、離婚可能であり効果的な保護があるとして、該当性を否定した。

2017 年 9 月 22 日の審判所決定[109]は、①交際していた男性に危害を加えら

---

[105]　1518023（Refugee）[2017] AATA 2995（4 December 2017）
[106]　1518018（Refugee）[2017] AATA 1047（20 June 2017）.
[107]　1502162（Refugee）[2017] AATA 1959（2 October 2017）.
[108]　1612277（Refugee）[2017] AATA 2085（24 October 2017）.

れる、②ムスリム女性のためイスラム原理主義者から迫害されると主張するマレーシア人の事案で、審判所は、①については、信憑性が欠如しており、②については、過去に危害を受けず、教育を受け、雇用も得られ、単身でオーストラリアに入国できていることからすると、帰国しても危害を受けることはないとして、該当性を否定した。

2017年7月18日の審判所決定[110]は、職場でセクハラを受けたと主張するマレーシア人の事案で、審判所は、供述が首尾一貫せず信憑性がないが、仮にその供述を前提としても、効果的な保護があり、中国系の女性ということを理由として迫害を加えられることはなく、雇用が得られないこともないとして、該当性を否定した。

2017年10月31日の審判所決定[111]は、婚姻せずに男性と同棲したために迫害されると主張するネパール人の事案で、審判所は、そのことにより差別はあるも迫害は受けないとして、該当性を否定した。

2017年11月6日の審判所決定[112]は、夫婦の申請で、夫は元ナイジェリア人で日本で帰化した日本国籍者、妻はナイジェリア人であり、娘の割礼を認めないために家族から危害を加えられるなどと主張する事案である。審判所は、子どもが日本とナイジェリアの二重国籍であることから、日本で居住可能であり、本国へ帰国することを強いられないこと、元外国人である父親が、日本において、差別はあるかもしれないが迫害には至らないとして、該当性を否定した。

2017年9月13日の審判所決定[113]は、夫に危害を加えられると主張するPNG人の事案で、審判所は、供述の内容が誇張されており、かつ、2013年以降別居しており、それ以降接触がないこと、さらに、夫は申請者に関心がないことから、危害を受けないとして、該当性を否定した。

2017年8月21日の審判所決定[114]は、オーストラリア人男性と事実婚で子

109　1708808 (Refugee) [2017] AATA 1999 (22 September 2017).
110　1621129 (Refugee) [2017] AATA 1152 (18 July 2017).
111　1516634 (Refugee) [2017] AATA 2668 (31 October 2017).
112　1501797 (Refugee) [2017] AATA 2658 (6 November 2017).
113　1503733 (Refugee) [2017] AATA 1799 (13 September 2017).
114　1508203 (Refugee) [2017] AATA 1501 (21 August 2017).

どもをもうけ、現夫とは離婚が未成立であり、シングルマザーのため、帰国すれば迫害されると主張するフィリピン人の事案で、審判所は、危害を受ける可能性はあるものの、親族がおり、その支援を受けられることからも、生存能力が否定されるまでには至らないとして、該当性を否定した。ただし、審判所は大臣介入（日本の在留特別許可に相当）を要請している。審判所の権限として、法的に大臣介入を指示することはできないが、実務上、こうした要請が行われることもある。

2016年12月1日の審判所決定[115]は、帰国すれば、すでにオーストラリアから送還された元夫に危害を加えられる、さらに離婚した女性として困難に直面すると主張するベトナム人の事案で、審判所は、申請書では夫に暴行は加えられていないと記載するなど信憑性が欠如していること、不法残留状態に至ってから申請に及んでいること、さらに、帰国したとしても元夫から危害を加えられることはなく、また、差別はあるかもしれないが迫害には至らないとして、該当性を否定した。

このように該当性が否定された事案においては、信憑性が欠如しているものもあるが、主には、そうした境遇の女性として、差別は存在するかもしれないが迫害には至らないとするものが主であった。これは「差別と迫害の違い」という、迫害の概念という論点に密接に関係するものである。このことは、当該国における女性の一般的地位とも関連するところであり、そもそも女性の地位が低く、家庭内暴力が蔓延し、それを当局が放置しているような国では、該当性が認められやすいといえる。

また、女性事案においては、2002年4月11日の最高裁判所判決に沿って、女性に対する家庭内暴力を当局が放置している場合には、特定の社会的集団としての条約事由を構成し、このため、該当性が認められる余地が存在し、実際に該当性が認められた事案があった。

近年、女性の地位向上が謳われるなか、条約事由に「特定の社会的集団」が存在することにより、女性の地位が低い国の家庭内暴力の犠牲者などに対して保護を与えることが可能になっている。

---

115 1602233 (Refugee) [2016] AATA 4777 (1 December 2016).

第5節　婚姻関連事案

婚姻に伴って迫害の対象となると主張する事案は18件で、差戻しが10件、原決定支持が8件となっている。

(1) 該当性が認められた事案

2015年5月4日の審判所決定[116]は、異カースト婚姻し、それが破たんしたため、家族に迫害される、息子が夫側の家族に連れ去られる、またキリスト教に改宗したためにも迫害されると主張するネパール人女性の事案で、審判所は、「異カースト間の子どもを持つ離婚した独身女性」として特定の社会的集団を構成するとしたうえで、子どもと強制的に引き離されるのは重大な危害であり、帰国すれば生存能力が否定され、重大な危害につながること、オーストラリアの永住者の夫がネパールに戻る可能性があること、さらに、インドへの移転は不合理であるとして、安全な第三国条項の適用を否定し、該当性を認めた。

2016年6月9日の審判所決定[117]は、シーア派のイラク人女性がスンニ派の男性と結婚したため、シーア派過激組織によって迫害されると主張する事案で、審判所は、スンニ派、シーア派の両方からの危害があり、それに対する国家の保護がなく、国内移転が不可能であることから、該当性を認めた。

2016年9月8日の審判所決定[118]は、オーストラリアで違うカーストのインド人男性と事実婚をし、子どもをもうけたため、帰国すれば迫害されると主張するインド人女性の事案で、審判所は、異カースト婚姻を理由として家族から危害を加えられないとしたものの、「離婚した女性」として特定の社会的集団を構成し、生存能力が否定されるとして、該当性を認めた。

2016年11月1日の審判所決定[119]は、異カースト間で恋愛結婚をしたため

116　1412234 [2015] RRTA 272 (4 May 2015).
117　1421119 (Refugee) [2016] AATA 4007 (9 June 2016).
118　1416651 (Refugee) [2016] AATA 4422 (8 September 2016).

に、相手方の家族から迫害されると主張するパキスタン人男性の事案で、審判所は、家族からの危害があったことから、帰国すれば故郷においては危害があり、それに対する効果的な保護がなく、さらに、家族を養っていけないため国内移転は不合理であるとして、該当性を認めた。

2016年11月15日の審判所決定[120]は、部族の掟に反して離婚したために迫害される（いわゆる名誉殺人）と主張するパキスタン人女性の事案で、審判所は、女性が単身で住むことはほぼ不可能であり、「離婚した女性」として重大な危害を受けるとして、該当性を認めた。

2016年12月13日の審判所決定[121]は、既婚女性と関係をもったために、相手方の家族から殺害される（いわゆる名誉殺人）と主張するパキスタン人男性の事案で、審判所は、故郷の地域においては危害を受けるとしたうえで、十分な技術もなく、家族もいないため、国内移転は不合理であるとして、該当性を認めた。

2017年3月16日の審判所決定[122]は、異カースト婚姻したため、家族から迫害されると主張するインド人女性の事案で、審判所は、家族から重大な危害を受けること、インド全体で危害を受けること、さらに、その家族がネパールのインド人コミュニティとつながりがあるなど、ネパールでは効果的保護を受けることができないため、安全な第三国条項の適用を否定し、該当性を認めた。

2017年6月30日の審判所決定[123]は、異カーストの女性と婚姻したために、その家族から危害を加えられると主張するパキスタン人男性の事案で、審判所は、供述に信憑性があり、元妻の親族から危害を加えられた事実があること、他の地域に移転しても元妻の親族に発見されるため、国内移転は不合理であるとして、該当性を認めた。

2017年9月13日の審判所決定[124]は、イスラム教徒の男性とキリスト教徒

---

[119]　1506100 (Refugee)［2016］AATA 4647 (1 November 2016).
[120]　1510042 (Refugee)［2016］AATA 4743 (15 November 2016).
[121]　1607635 (Refugee)［2016］AATA 4820 (13 December 2016).
[122]　1604503 (Refugee)［2017］AATA 519 (16 March 2017).
[123]　1605513 (Refugee)［2017］AATA 1144 (30 June 2017).
[124]　1603997 (Refugee)［2017］AATA 1927 (13 September 2017).

のマレーシア人女性の事案で、男性は、イスラム教徒である自分がイスラム教徒以外の女性とオーストラリアで婚姻したために、帰国すれば迫害されると主張し、女性はキリスト教徒であるために、イスラム教の男性と婚姻するためには改宗しなければならないと主張する事案である。審判所は、この男女の婚姻は、難民性を高める目的のものではなく、本国では異教徒と婚姻するのは刑罰の対象とされていること、その刑罰はむち打ち刑であり、これが重大な危害に該当すること、さらに、この刑罰は法の一般適用ではないとして、該当性を認めた。

2017年11月15日の審判所決定[125]は、親が決めた婚約者と婚姻したくないと主張したところ、両親や相手方の家族に危害を加えられる（いわゆる名誉殺人）と主張するパキスタン人女性の事案で、審判所は、男性の家族から見放されたため、男性の保護がなく、他の親族とも同居できないことから、事実上単身の女性として危害を受ける可能性があり、さらに国のすべての領域で危険があることから、該当性を認めた。

婚姻事案では、男女ともに迫害を主張しており、異なるカースト間での婚姻、異教徒間の婚姻、宗教的に定められた者と婚姻しなかったがために自らや相手方の家族から危害を加えられるというものが目立った。2017年9月13日の審判所決定以外の迫害主体は、家族などの非国家主体であり、こうした家族からの危害に対して国家が効果的保護を与えることができないと審判所が判断した結果、該当性が認められるものとなっている。

(2) 該当性が否定された事案

2015年9月24日の審判所決定[126]は、異カースト婚をしたために、家族から迫害されると主張するインド人男性の事案で、審判所は、主張の信憑性が欠けるとしたうえで、本国での迫害を検討せず、ネパールで在留可能であり、ネパールでは迫害されず、送還もされないことから、安全な第三国条項を純

---

125 1511103（Refugee）[2017] AATA 2937（15 November 2017）.
126 1419177（Refugee）[2015] AATA 3406（24 September 2015）.

粋適用し、保護ビザ拒否の原決定を支持した。

　2016年3月29日の審判所決定は[127]、両親が相手を定めた婚姻をしたものの、離婚したために家族から迫害されると主張するインド人男性の事案で、審判所は、本国での迫害について検討せず、ネパールで在留可能であり、ネパールでは迫害されず、送還もされないことから、安全な第三国条項を純粋適用し、保護ビザ拒否の原決定を支持した。

　2016年12月8日の審判所決定[128]は、異カーストの女性と結婚したために、その家族から危害を加えられると主張するネパール人男性の事案で、過去に危害を加えられたことがないことからすると、客観的にみて迫害に対する恐怖を有していないとして、該当性を否定した。

　2017年4月3日の審判所決定[129]は、異なるカーストの男性と結婚したため親族から迫害されると主張するパキスタン人女性の事案で、審判所は、信憑性に疑義があるとして、該当性を否定した。

　2016年2月29日の審判所決定[130]は、婚姻に際してシーア派に改宗し、夫が大学教員であるために迫害されると主張するパキスタン人女性の事案で、審判所は、申請が遅延していること、主張の内容が具体的ではないこと、宗派間の激しい対立はないこと、さらに、申請者に対する襲撃は一般犯罪行為であり、宗教対立に起因するものではないこと、夫は指導的立場ではないことから、該当性を否定した。

　2016年3月7日の審判所決定[131]は、女性と結婚したものの、その女性の家族が同意しないため、当該家族から危害を加えられると主張するレバノン人の事案で、審判所は、申請が遅延しており、信憑性に疑義があるとして、該当性を否定した。

　2017年3月3日の審判所決定[132]は、異なるカーストの女性と婚約したために、相手方の家族から危害を加えられると主張するインド人男性の事案で、

---

[127]　1504601 (Refugee)［2016］AATA 3674 (29 March 2016).
[128]　1502807 (Refugee)［2016］AATA 4774 (8 December 2016).
[129]　1517715 (Refugee)［2017］AATA 594 (3 April 2017).
[130]　1408755 (Refugee)［2016］AATA 3428 (29 February 2016).
[131]　1416343 (Refugee)［2016］AATA 3536 (7 March 2016).
[132]　1613377 (Refugee)［2017］AATA 383 (3 March 2017).

審判所は、現在においてもその女性との関係が継続しているとはいえず、危害を加えられるとはいえないとして、該当性を否定した。

2017年4月24日の審判所決定[133]は、自らの親族の男性が家族の反対する異カースト女性と婚姻することを支援したために、女性側の家族から迫害されると主張するインド人男性の事案で、審判所は、そもそも申請者がその婚姻に関与しておらず、危害を受けることはないとして、該当性を否定した。

以上、該当性が否定された事案では、男性の申請者が目立った。婚姻事案でも、女性に対する危害からの保護という側面が目立った。

第6節　障害事案

障害があるために迫害されると主張する事案は、以下の4件である。

2016年11月4日の審判所決定[134]は、身体・知的障害があるため社会から差別・迫害されると主張するレバノン人女性の事案で、審判所は、障害者として差別を受けることを認めたうえで、その差別が重度、反復的、永続的な差別であるために迫害に至るとして、該当性を認めた。

2017年8月9日の審判所決定[135]は、娘が障害をもっており、本国ではその治療ができず、車いすでの生活となり、差別・迫害されると主張するジンバブエ人の母親とその娘の事案である。審判所は、その娘が「ジンバブエの障害者」として特定の社会的集団を構成し、身体的危害を受ける可能性があり、生存能力が脅かされる可能性があるとして娘の該当性を認め、結果としてその母親も付随申請者として保護ビザ付与の対象という判断を下した。

2016年8月19日の審判所決定[136]は、シングルマザーであり、かつ車いすが必要な障害をもっているために地域社会で迫害されると主張するインドネシア人女性の事案で、審判所は、「インドネシアの障害者」として特定の社

---

[133] 1611134（Refugee）[2017] AATA 680 (24 April 2017).
[134] 1608337（Refugee）[2016] AATA 4660 (4 November 2016).
[135] 1613506（Refugee）[2017] AATA 1801 (9 August 2017).
[136] 1419893（Refugee）[2016] AATA 4338 (19 August 2016).

会的集団を構成し、生存の脅威となる経済的困難のおそれがあるとして、該当性を認めた。

2012年12月11日の審判所決定[137]は、父親に借金があること、足に障害があるため失業すると主張する中国人（香港）の事案で、審判所は、申請者がイギリス海外国民旅券（British national (overseas) passport）の所持者であるため、イギリスに半年在留できることから、中国での迫害を検討せず、安全な第三国条項を純粋適用し、保護ビザ拒否の原決定を支持した。

該当性が認められた事案では、障害そのものが迫害を構成するということではなく、障害を有している状態が、「生存の脅威となる経済的困難のおそれ」になり、それが迫害に至るという判断がなされている。これは、オーストラリア移民法における迫害の構成要素である「重大な危害」の例示規定のひとつとして、「生存能力の脅威となるような重大な経済的困難」（第5J条第5項(d)号）が存在していることと関連している。このことは、迫害概念の論点にもつながるものである（第3章参照）。

第7節　その他の事案

その他の事案として、経済問題に関するものが2件、家族に関するものが1件、兵役忌避に関するものが1件となっている。これらはすべて原決定支持となっている。

2016年12月21日の審判所決定[138]は、老齢で単身の女性で病気を抱えており、母国では十分な医療を受けることができないと主張するセルビア人の事案で、審判所は、重大な危害、深刻な危害とはならず、迫害には至らないとして、該当性を否定した。

2017年8月29日の審判所決定[139]は、失業したところ、政府に社会保障の権利を否定されたと主張するチェコ共和国人の事案で、審判所は、信憑性に

137　1216126 [2012] RRTA 1105 (11 December 2012).
138　1612309 (Refugee) [2016] AATA 4778 (21 December 2016).
139　1513867 (Refugee) [2017] AATA 1525 (29 August 2017).

疑義があるとしたうえで、雇用の機会は否定されておらず、迫害に至るほどの危害を受けないとして、該当性を否定した。

2017年10月20日の審判所決定[140]は、徴兵を忌避したために収容されると主張するタイ人の事案で、審判所は、「兵役忌避者」として特定の社会的集団を構成するものの、徴兵は法の一般適用であり、かつ申請者は良心的兵役拒否者ではないため、当局から意図的に危害を加えられないとして、該当性を否定した。

第6章の政治的意見においても、兵役忌避について解説するが、この事案では、兵役忌避を政治的意見として位置づけるのではなく、「兵役忌避者」という特定の社会的集団の構成員として位置づけている。この文脈で条約事由は構成するものの、法の一般適用であることから、単なる兵役忌避をもってしては、難民該当性は構成されないという、同様の結論に至っている。

2017年2月23日の審判所決定[141]は、過去に義父に迫害されたところ、帰国すれば当該義父に迫害されると主張する中国人の事案で、審判所は、信憑性に疑義があり、また国内移転が可能であるとして、該当性を否定した。

おわりに

迫害事由の「特定の社会的集団」については、そもそも全権会議で当初案になかったところ、スウェーデン代表の提案で挿入されたものの、その内実に関する議論はなかった。このこともあり、そもそも定義自体が曖昧であることからも、各国において、司法などの幅広い解釈に委ねられることになった。

オーストラリアにおいては比較的早期から司法によってその解釈が示され、こうした解釈に基づいて、実際に2014年の移民改正法時には条文化されるに至っている。

近年の審判所決定では、おそらくは条約制定時から想定されていた国内の少数派だけではなく、性的少数者に関するものが目立った。また、女性であ

---

140 1704321（Refugee）［2017］AATA 2011（20 October 2017）.
141 1506015（Refugee）［2017］AATA 454（23 February 2017）.

ることに起因するものや、婚姻との関連で女性として迫害されると主張するものなど、性別、とりわけ女性であることを理由とする迫害の事例も目立った。この意味では、近年ではこうした「性差」に基づく迫害に対して保護を与える機能を果たしているといえる。また、障害に起因して生存能力が脅かされるとして該当性が認められた事案もあった。

日本国憲法第13条における「幸福追求権」が、憲法制定時には想定されていなかった、さまざまな「新たな人権」に対応するものと位置づけられているように、難民条約における「特定の社会的集団」も、条約制定時には想定されていなかったような集団に対する迫害に対する保護を可能ならしめるものとなっている。このため、条約事由のひとつである「特定の社会的集団」は、現代的な迫害にも対応することが可能になるという意味で、条約の現代的意義を担保するものとなっている。

また「特定の社会的集団」の解釈のなかで、性的少数者として公然性が確保されなければならず、宗教事案と同様に、公然と行為に及べば迫害されるのであれば、該当性が確認されるという判例もあった。加えて、性的志向などの人間の本質にかかわる部分を隠匿しなければならない状況そのものが迫害であるという解釈もあった。女性に対する家庭内暴力の事案においては、それそのものは条約事由を構成しないものの、国家が意図的にそれを放置している場合には、特定の社会的集団を構成し、難民該当性が確認できるという画期的な判例も存在していた。

たしかに、何をもって「特定の社会的集団」を構成するかについては、これまでの司法判断から一定の基準が示されている。しかし、では具体的にどのような集団が該当するのかについては、各国における個別の検討が必要であり、一律のものが存在しているとはいえない。また、性的少数者への差別や迫害は、近年、とみに注目されるものとなっており、差別や迫害に関する時代的な変化も表れているといえる。

この意味で、あえて全権会議で挿入された「特定の社会的集団」という条約事由のために、難民条約が現代における新たな迫害にも対応できるようになっていると同時に、何をもって「特定の社会的集団」とするのかについての議論は、今後も継続していくものと思われる。

第6章

迫害事由：政治的意見

はじめに

　本章では、政治的理由による迫害について考察する。

　難民条約上の他の迫害事由は、宗教や特定の社会的集団といった、属性が変更不可能な国内の少数派であることが念頭に置かれており、そうした属性に立脚した保護と、政治的意見という思想・信条を理由とする保護は、相違しているといえる。

　通常の民主主義国家においては、反体制的なものを含む言論の自由が保障され、議会制度や選挙制度を通じて、政権の奪取や交代が行われているものの、それらが保障されていない国々においては、反体制的な意見表明や政治活動そのものが、抑圧・弾圧の対象となりうることがある。迫害事由としての政治的意見の設定は、そうした通常の民主主義国家においては、迫害の対象とはなりえない、政治的活動を行う者を保護しようとする趣旨であり、この点において、変更不可能な属性に立脚した保護とは性格を異にしているといえる。

　このように、通常は、国籍国政府からの迫害が想定されているものであるが、近年においては、国内の一定地域を支配する政治集団や武装集団といった非国家主体によって、一般国民が迫害され、国籍国政府がそれらを抑止できていない状況も頻発している。

　収集した審判所決定は109件であり、それを国籍別に示したものが次の表である。10件を超えているのは、上位4か国の、ネパール、スリランカ、

表　政治的意見を理由とする審判所決定（国籍別）

ネパール	20	アフガニスタン	2	エリトリア	1
スリランカ	15	コロンビア	2	フィジー	1
バングラデシュ	13	リビア	2	インド	1
パキスタン	13	サウジアラビア	2	インドネシア	1
マレーシア	5	トルコ	2	イラク	1
中国	4	ウクライナ	2	リベリア	1
エチオピア	4	ベトナム	2	ペルー	1
レバノン	3	コンゴ民主共和国	1	ルーマニア	1
タイ	3	バーレーン	1	シリア	1
エジプト	2	ブラジル	1	ウズベキスタン	1
				合計	109

バングラデシュ、パキスタンである。それ以外の国は、件数は少ないものの多くの国に及んでおり、政治的な対立が頻発していることが示されている。事実、迫害事由が宗教の場合は16か国であったが、政治的意見においては30か国に及んでいる。以下、主要な国別に検討する。

第1節　ネパール事案

　ネパール事案は20件で、差戻し5件、原決定支持が15件となっている。とくにネパールについては、国内移転に関する第8章で考察するように、インドとの間で、両国民の自由移動が二国間条約で認められていることから、移民法第36条第3項、いわゆる「安全な第三国条項」が適用されることもあり、差戻しの件数が少なくなっている。また、迫害主体は2件を除いて、すべてがマオイストであり、ネパール政府ではない。

(1)　該当性が認められた事案

　該当性を認めた事案は以下のものである。
　2006年8月31日の審判所決定[1]は、コングレス党の活動家であるためにマオイストから迫害されると主張する事案で、原審では、インドへの移転が

第 6 章　迫害事由：政治的意見　123

可能とされていたが、審判所は、マオイストに標的にされること、そして、インドにおいて「法的に行使可能な権利」として在留できないとして、安全な第三国条項の適用を否定したうえで、該当性を認めた。

2007 年 3 月 30 日の審判所決定[2]は、マオイストの支援者として疑われているため、当局から迫害されると主張する事案で、審判所は、当局が注視するものであること、国内移転は不可能であること、さらに、インドにおいて「法的に行使可能な権利」として在留できないとして、安全な第三国条項の適用を否定したうえで、該当性を認めた。

2007 年 12 月 19 日の審判所決定[3]は、過去にインドの軍人であったため、マオイストに加入を要請されたものの断ったため、迫害されると主張する事案で、審判所は、故郷の街では危害を受けること、さらにカトマンズや他の地域でも発見される可能性があること、インドとの移住移動に関する条約はインドで国内法化されていないこと、インドでもマオイストの危害があることから、該当性を認めた。

2010 年 9 月 13 日の審判所決定[4]は、RPP（Rastriya Prajatantra Party、王制支持の政党で、王制に反対するマオイストと敵対関係にある）の党員であるために、マオイストから迫害されると主張する事案で、審判所は、マオイストから標的にされること、政府は保護を与えられないこと、さらに、インドにおいて「法的に行使可能な権利」として在留できないために、安全な第三国条項を否定したうえで、該当性を認めた。

2012 年 8 月 23 日の審判所決定[5]は、コングレス党から村長に選ばれたために、マオイストに迫害されると主張する事案で、審判所は、マオイストから標的にされる者であるとし、これも、インドにおいて「法的に行使可能な権利」として在留できないとして、安全な第三国条項の適用を否定し、該当性を認めた。

1　060576110 [2006] RRTA 130（31 August 2006）.
2　061053979 [2007] RRTA 58（30 March 2007）.
3　071728809 [2007] RRTA 324（19 December 2007）.
4　1004725 [2010] RRTA 798（13 September 2010）.
5　1203480 [2012] RRTA 730（23 August 2012）.

(2) 該当性が否定された事案

次に、該当性を否定した事案は、以下のものである。

1998年3月20日の審判所決定は[6]、新聞記者として君主制を批判する記事を執筆したために政府に迫害されると主張する事案で、審判所は、新聞社が公然と君主を批判する記事を掲載するのは不自然であることから、信憑性に疑義があり、君主制を批判したことはねつ造であるとして、該当性を否定した。

2002年11月8日の審判所決定[7]は、RPPに加入したため、マオイストに迫害されると主張する事案で、審判所は、標的になることはないとしたうえで、インドで効果的な保護が受けられるとして、安全な第三国条項を適用し、該当性を否定した。

2002年11月12日の審判所決定[8]は、マオイストの支援者として当局から迫害される、またRPPの支援者のためにマオイストから迫害されると主張する事案で、審判所は、当局から標的にされないものの、マオイストから標的にされるが、インドで効果的な保護が受けられるとして、安全な第三国条項を適用し、該当性を否定した。

2007年5月31日の審判所決定[9]は、事業主であるところ、マオイストに献金要求され、拒否すると迫害されると主張する事案で、審判所は、マオイストは申請者の政治的意見に基づいて献金を要求しているのではなく、また「事業主」であることが特定の社会的集団を構成することもなく、さらにインドで居住可能であり、ネパール人が入国在留できることがインドの国内法に包含しているとして、安全な第三国条項を付加的に適用し、該当性を否定した。

2009年11月22日の審判所決定[10]は、ある政党のメンバーであるため、

---

6   N97/13767 [1998] RRTA 1479 (20 March 1998).
7   N02/42423 [2002] RRTA 997 (8 November 2002).
8   N02/42543 [2002] RRTA 1003 (12 November 2002).
9   071176241 [2007] RRTA 89 (31 May 2007).
10 0906573 [2009] RRTA 1114 (22 November 2009).

他の政党から迫害されると主張する事案で、審判所は、信憑性に疑義があることから、安全な第三国条項の適用を検討することもなく、該当性を否定した。

2011年10月27日の審判所決定[11]は、父親が君主制支持者であり、マオイストにより迫害されると主張する事案で、審判所は、マオイストが注視するほどの者ではなく、迫害を受けないとし、さらに、インドで居住可能であるとして、安全な第三国条項を付加的に適用し、該当性を否定した。

2011年12月12日の審判所決定[12]は、コングレス党の党員であり、マオイストに迫害されると主張する事案で、審判所は、法的に行使可能な権利に基づき、インドで居住可能であるとして、ネパール国内での迫害の可能性を検討することなく、安全な第三国条項を純粋適用し、該当性を否定した。

2012年1月26日の審判所決定[13]は、君主制支持者でRPPの党員のため、マオイストに迫害されると主張する事案で、審判所は、真摯に政治活動を行っておらず、マオイストに注視されるものではないことから、重大な危害を受けないとしたうえで、法的に行使可能な権利に基づき、インドに在留できるとして、安全な第三国条項を付加的に適用し、該当性を否定した。

2012年2月2日の審判所決定[14]は、コングレス党の青年組織に加入したため、マオイストに迫害されると主張する事案で、審判所は、政治活動を行っていないこと、そのうえで、法的に行使可能な権利に基づきインドに在留できるとして、安全な第三国条項を付加的に適用し、該当性を否定した。

2012年7月23日の審判所決定[15]は、君主制支持者のためにマオイストに迫害されると主張する事案で、審判所は、信憑性に疑義があるとするも、それ以上の検討はせず、法的に行使可能な権利に基づきインドに在留できるとして、安全な第三国条項を付加的に適用し、該当性を否定した。

2014年4月9日の審判所決定[16]は、コングレス党の党員であり、マオイ

---

11 1107609 [2011] RRTA 909 (27 October 2011).
12 1104468 [2011] RRTA 1067 (12 December 2011).
13 1111457 [2012] RRTA 465 (26 January 2012).
14 1110780 [2012] RRTA 60 (2 February 2012).
15 1201040 [2012] RRTA 638 (23 July 2012).
16 1316117 [2014] RRTA 286 (9 April 2014).

ストに迫害されると主張する事案で、審判所は、マオイストから標的にされることはなく、さらに、インドで居住可能であるとして、安全な第三国条項を付加的に適用し、該当性を否定した。

2014年4月11日の審判所決定[17]は、RPPの支援者であり、マオイストからの寄付金要求を拒否したために迫害されると主張する事案で、審判所は、ネパールでの迫害の可能性について検討することはなく、インドで在留できるとして、安全な第三国条項を適用し、該当性を否定した。

2016年1月11日の審判所決定[18]は、マオイストからの加入、寄付金要求を断ったために迫害されると主張する事案で、審判所は、本国での迫害の可能性は検討することなく、インドで在留できるとして、安全な第三国条項を適用し、該当性を否定した。

2017年3月21日の審判所決定[19]は、マオイストからの寄付金要求を断ったために迫害されると主張する事案で、審判所は、これも、ネパールでの迫害の可能性について検討することはなく、インドで在留できるとして、安全な第三国条項を適用し、該当性を否定した。

2017年9月21日の審判所決定[20]は、重婚をしたこと、寄付金を支払えなかったためにマオイストに迫害されると主張する事案で、審判所は、供述が詳細に欠け、曖昧であり、申請が遅延していることからも信憑性に疑義があるとし、マオイストに脅迫されていないとしたうえで、危害を受ける可能性がないことから、該当性を否定した。

このように、ネパール政府からの迫害ではなく、マオイストから迫害されると主張する事案がほとんどである。たしかに、2006年11月21日のネパール政府とマオイストとの包括的和平合意の前の、1996年からの内戦の期間には、寄付金要求に応じないなどの反マオイスト的な政治的意見を有しているとされる者については、危害の対象となる可能性があった。しかし、和平合意以降はネパールの情勢は安定してきていること、制憲議会選挙を経て、

17　1318374 [2014] RRTA 322 (11 April 2014).
18　1417637 (Refugee) [2016] AATA 3017 (11 January 2016).
19　1517181 (Refugee) [2017] AATA 544 (21 March 2017).
20　1517188 (Refugee) [2017] AATA 1955 (21 September 2017).

2015年9月には新憲法が公布されたことからすると、今後、マオイストによって一般国民が危害の対象となることは考えにくい。

さらにオーストラリアの場合は、仮に、ネパールにおいても危害の可能性があるとされても、インドで在留可能であるとされれば、安全な第三国条項の適用により、保護ビザの要件を満たさないことになっており、実際にそうした判断がなされた決定もあった。しかも、第9章で説明するように、近年では、移民法第36条第3項の「在留可能な権利」についての緩い解釈を示した司法判断が出されたことからすると、ネパール案件について、今後該当性が認められる事案は決して多くはないと推測される。

第2節　スリランカ事案

スリランカの事案は15件で、差戻しが6件、原決定支持が9件となっている。スリランカにおいても、1983年から2009年にかけて、スリランカ政府とタミル・イーラム解放のトラ（LTTE）の間で内戦が繰り広げられており、このことを反映してか、タミル人であり、LTTEの支援者とみなされるため迫害されるという主張が散見される。また、政党間対立についての主張もみられる。

(1)　タミル人事案

タミル人であることや、LTTEの支援者として迫害されると主張するのは11件である。該当性を認めたものは以下のとおりである。

2016年1月8日の審判所決定[21]は、警察官の殺害を目撃したことから、尋問のために警察に身柄を拘束されると主張する事案で、審判所は、不法出国をしたこと、タミル人であることを重ね合わせれば、当局から反政府、親LTTEの者として把握され、迫害される可能性があるとして、該当性を認

21　1419686 (Refugee) [2016] AATA 3067 (8 January 2016).

めた。

　2016年2月22日の審判所決定[22]は、タミル人であり、LTTEの内通者と疑われているため、また不法出国したために軍により迫害されると主張する事案で、審判所は、以前不法出国の罪に問われていたこと、タミル人であること、刑務所の状況が劣悪であること、これらを累積的に考慮すれば重大な危害を受けるとして、該当性を認めた。

　2016年7月1日の審判所決定[23]は、タミル語話者のイスラム教徒であり、LTTEの支援者であるとして当局から迫害されると主張する事案で、審判所は、タミル人であること、ムスリムであること、海外での難民不認定者であること、政治活動をした事情を考慮すれば、個別に当局から注視される者であるとして、該当性を認めた。

　2016年8月26日の審判所決定[24]は、タミル人（ヒンズー教徒）であり、LTTEの元協力者として政府から迫害されると主張する事案で、審判所は、不法出国者であること、出国後に当局が家族を訪問していることから、親類がLTTEのメンバーであったため、政府から注視され、危害を受ける可能性があるとして、該当性を認めた。

　2016年11月8日の審判所決定[25]は、イスラム教徒のタミル人であり、LTTEの支援者として認識されているため当局から迫害されると主張する事案で、審判所は、3回の不法出国があり、訴追される可能性があること、LTTEの関係者として当局に迫害される可能性があるとして、該当性を認めた。

　2017年9月19日の審判所決定[26]は、タミル人であり、LTTEの協力者と疑われるために迫害されると主張する事案で、審判所は、逮捕状が出されており、当局にLTTEの協力者として認識されていることから、当局に逮捕され、尋問され、危害を加えられる可能性があるとして、該当性を認めた。

22　1410839 (Refugee) [2016] AATA 3367 (22 February 2016).
23　1512270 (Refugee) [2016] AATA 4051 (1 July 2016).
24　1517759 (Refugee) [2016] AATA 4348 (26 August 2016).
25　1416533 (Refugee) [2016] AATA 4695 (8 November 2016).
26　1610523 (Refugee) [2017] AATA 1673 (19 September 2017).

以上の該当性を認めた事案においては、海外での難民申請などの目的での不法出国は、スリランカの出入国管理法の違反であり、通常は軽微な刑罰であるものの、タミル人であることや、LTTE の支援者としてみなされることにより、過重な刑罰が加えられ、迫害に至るとした事案がみられる。これも宗教と同様に、累積的要素による迫害の可能性という論点である。すでに内戦も終結した段階においては、単に「タミル人であるから」というだけでは、直ちに迫害の対象とはならず、それ以上のなにかしらの累積的要素が必要であることが示されているといえる。

　次に、該当性を否定した事案をみてみる。
　2016 年 2 月 4 日の審判所決定[27]は、タミル人（ヒンズー教）であり、LTTE の支援者として、また Tamil United Front の支援者として政府から迫害されると主張する事案で、審判所は、信憑性に疑義があり、また LTTE の支援者であると疑われることはないとしたうえで、不法出国に関連しても、LTTE の支援者と認識されないことから、重大な危害を受けないとして、該当性を否定した。
　2016 年 12 月 15 日の審判所決定[28]は、タミル人であり、父親が LTTE の支援者とみなされているため当局に迫害されると主張する事案で、審判所は、当局が注視する人物ではなく、出身国情報によるとタミル人を理由として迫害されることはなく、さらに、不法出国の刑罰は差別なく適用されるとして、該当性を否定した。
　2017 年 1 月 12 日の審判所決定[29]は、タミル人であり LTTE の支援者とみなされているため、かつ海外での難民申請の不認定者として当局に迫害されると主張する事案で、審判所は、出身国情報では単にタミル人、タミル地域の出身であるといって個別に注視されないことから、当局が注視する人物ではなく、迫害には至らず、不法出国の罰は罰金にすぎず、かつ一般的に適用されているとして、該当性を否定した。

27　1400369 (Refugee)［2016］AATA 3244 (4 February 2016).
28　1608294 (Refugee)［2016］AATA 4819 (15 December 2016).
29　1605114 (Refugee)［2017］AATA 89 (12 January 2017).

2017年2月8日の審判所決定[30]は、タミル人であり、LTTEのメンバーとみなされるために迫害されると主張する事案で、審判所は、LTTEの軍事訓練に参加したのみで、当局から注視されるものではなく、他の事由でも迫害されることはないとして、該当性を否定した。

2017年10月16日の審判所決定[31]は、タミル人であり、Karunaという政治集団に迫害される、また違法出国者のため政府から迫害されると主張する事案で、審判所は、Karunaは衰退したので迫害を受けることはなく、また不法出国の刑罰は差別なく適用されることから、重大な危害の可能性があるとはいえないとして、該当性を否定した。

これらの該当性を否定した事案においては、単にタミル人である以上の累積的な要素を見出すことはできないために、仮に不法出国の罪で罰せられるとしても、罰金刑などの軽微なものであること、仮にそれ以上の刑であったとしても、他のスリランカ国民と比較して差別的な適用がないことからも、該当性の否定の根拠となっている。

(2) 政党間対立事案、その他の事案

政党間対立を原因として迫害されると主張するものは、以下の3件である。

2016年1月8日の審判所決定[32]は、統一国民党（以下「UNP」という。）の政治活動をしたため、対立勢力から迫害されると主張する事案で、審判所は、信憑性に疑義があるとして、該当性を否定している。

2017年2月13日の審判所決定[33]は、父親がUNPの活動家であるために迫害されると主張する事案で、審判所は、危害を加えられてから長年が経過していること、UNPを母体とする政権が成立していること、危害があるとしても特定地域のものにすぎず、国内移転は合理的であるとして、該当性を否定した。

30　1606177（Refugee）[2017] AATA 274（8 February 2017）.
31　1620681（Refugee）[2017] AATA 2208（16 October 2017）.
32　1407606（Refugee）[2016] AATA 3101（8 January 2016）.
33　1515521（Refugee）[2017] AATA 275（13 February 2017）.

2017年11月1日の審判所決定[34]は、UNPの支持者であるため迫害される、不法出国者のため迫害されると主張する事案で、UNP政権でもあり迫害を受けることはなく、不法出国の刑罰は罰金刑であり、差別なく適用されるとして、該当性を否定した。

このように、活動していた政党が政権の座についていることもあり、すべて該当性が否定されている。

その他の事案としては、以下の1件である。

2016年2月1日の審判所決定[35]は、シンハラ人であり、ある政治家のボディーガードから危害を受けたため、政府から迫害されると主張する事案で、審判所は、原審においてそのことを供述しておらず、信憑性に疑義があり、また、シンハラ人であるため、不法出国に関しても重大な危害は受けないとして、該当性を否定した。

スリランカの事案では、タミル人であることを理由とした迫害の事案が目立ったが、これも宗教の累積性と同様に、内戦終結後の状況において、人口の約15％と国内で一定数の割合を占める集団[36]が、単にその集団の一員であるからといって迫害にまで至る危害を受けるとは考えにくく、それ以上のなんらかの累積的な要素がある場合には、迫害の対象となりうることが示されている。

第3節　バングラデシュ事案

バングラデシュ事案は13件で、差戻しが4件、原決定支持が9件となっている。

---

[34] 1617952 (Refugee) [2017] AATA 2389 (1 November 2017).
[35] 1412001 (Refugee) [2016] AATA 3241 (1 February 2016).
[36] 外務省「スリランカ民主社会主義共和国基礎データ」〈http://www.mofa.go.jp/mofaj/area/srilanka/data.html〉（2018年12月9日閲覧）。

(1) **政権与党からの迫害**

このうち 12 件が、現政権与党のアワミリーグから迫害されると主張する事案である。オーストラリアの外務貿易省による出身国情報では、アワミリーグからの反対政党への弾圧について、次にように述べられている。

　外務貿易省は、現アワミリーグ政権下において、野党（とくにバングラデシュ国民党〔BNP〕）の主要な党員には、政治的意図に基づいた逮捕、訴訟、旅行禁止の高い危険性があると評価する。デモに参加する野党や附属組織の活動的な党員も、治安部隊や与党の政治活動家からの逮捕、身体的暴行の高い危険性がある。こうした危険性は、選挙を含めて政治的緊張が高まる際に、さらに高まる。政治活動をせずデモに参加しない野党や附属組織の一般党員は逮捕の危険性は低いが、これは場所や時期によって異なる[37]。

こうしたことからも、申請者の政治活動の態様や、野党内での地位が重要な判断要素となるといえる。事実、反対政党であるバングラデシュ国民党は、過去に政権を担ったほどの規模の大きい政党であり、その一般党員も含めて、すべてを重大な危害を伴う迫害の対象とするとは通常考えにくい。

まず、該当性を認めた事案をみてみる。

2016 年 3 月 18 日の審判所決定[38] は、JI（Jamaat-e-Islami）の支持者のためアワミリーグから迫害される、かつ、不法出国したために処罰されると主張する事案である。

外務貿易省の出身国情報によると、JI はイスラム原理主義的政党で、その活動はアワミリーグ政権下で厳しく制限されており、2013 年には最高裁

---

37 Australian Government, Department of Foreign Affairs and Trade, DFAT Country Information Report Bangladesh, 2 February 2018, p. 19, [3.55]〈http://dfat.gov.au/about-us/publications/Documents/country-information-report-bangladesh.pdf〉(accessed 9 December 2018).

38 1503088 (Refugee) [2016] AATA 3672 (18 March 2016).

判所が政党資格をはく奪している。主要党員に対する迫害の可能性は高いものの、政治活動をしない一般党員に対する危険性は低いと評価している[39]。

審判所は、アワミリーグ支援者によって迫害される可能性があり、与党のため国が保護を与えられず、さらに、国内他地域でもJI支援者に対する危険はあるため国内移転は不合理として、該当性を認めた。

2016年7月11日の審判所決定[40]は、BNPに属していたためにアワミリーグから危害を加えられると主張する事案で、審判所は、地区の主要党員であり、かつ政党間の対立が深刻であるとする出身国情報があり、申請者は他の地域においても政治活動を行うことから、国内移転によって迫害は回避できないとして、該当性を認めた。

2016年12月2日の審判所決定[41]は、オーストラリア国内の雇用主とトラブルになり、当該雇用主がアワミリーグとつながりがあるために、帰国すれば迫害されると主張する事案で、審判所は、当該雇用主はアワミリーグと関係が深く、当該雇用主の指示を受けた治安機関からの危害の可能性があるとして、該当性を認めた。

これら以外は、すべて該当性が否定されている。

2016年1月14日の審判所決定[42]は、父親がJIの支持者、兄がBNPの支持者であるため、アワミリーグから迫害されると主張する事案で、審判所は、兄はBNPの支持者ではなく、申請者の家族を対立勢力が注視していないため、危害を受ける可能性がないとして、該当性を否定した。

2016年1月17日の審判所決定[43]は、学生時代にBNPの政治活動をしていたため、アワミリーグから迫害されると主張する事案で、審判所は、信憑性に疑義があり、また政治活動は限定的であったとして、危害の可能性はないことから、該当性を否定した。

---

39 Australian Government, Department of Foreign Affairs and Trade, DFAT Country Information Report Bangladesh, 2 February 2018, p. 21, [3.63]-[3.67].
40 1502160 (Refugee) [2016] AATA 4136 (11 July 2016).
41 1507912 (Refugee) [2016] AATA 4780 (2 December 2016).
42 1415010 (Refugee) [2016] AATA 3115 (14 January 2016).
43 1415579 (Refugee) [2016] AATA 3116 (17 January 2016).

2016年1月21日の審判所決定[44]は、父親がBNPの党員であり、自身も党員であるために、アワミリーグから迫害されると主張する事案で、審判所は、信憑性に疑義があり、父親の政治活動は疑わしく、かつ自身は党員であったことはない、危害の可能性はないことから、該当性を否定した。

2016年4月4日の審判所決定[45]は、JIの政治活動をしたため、アワミリーグに迫害されると主張する事案で、審判所は、記載内容に齟齬がある2通の出生証明書を提出し、このことが合理的とはいえないことから、移民法第91WA条を適用し、該当性を検討することなく、保護ビザ拒否の原決定を支持した。

2017年2月2日[46]、2017年6月6日[47]、2017年6月16日[48]、2017年8月30日[49]の各審判所決定は、いずれもBNPの支援者ないしに活動家であるためアワミリーグに迫害されると主張する事案で、審判所は、いずれも信憑性に疑義があり、政治活動に関与したとはいえず、このためアワミリーグが個別に注視する人物ではないとし、いずれについても該当性を否定した。

これらをみると、信憑性の有無は当然であるが、やはり政治活動の有無や主要な党員であるかどうかということが、該当性判断の分かれ目となっていることが確認できる。

(2) その他の事案

アワミリーグからの迫害以外の事案は次のとおりである。

2017年2月10日の審判所決定[50]は、無神論者であり、オンラインのイスラム原理主義に反対する運動に加担したためにイスラム過激派から迫害されると主張する事案で、審判所は、オンライン活動の証拠があること、全国で

44　1415480 (Refugee) [2016] AATA 3118 (21 January 2016).
45　1500481 (Refugee) [2016] AATA 3669 (4 April 2016).
46　1508911 (Refugee) [2017] AATA 199 (2 February 2017).
47　1511530 (Refugee) [2017] AATA 1009 (6 June 2017).
48　1511579 (Refugee) [2017] AATA 1074 (16 June 2017).
49　1605499 (Refugee) [2017] AATA 1526 (30 August 2017).
50　1503204 (Refugee) [2017] AATA 277 (10 February 2017).

危害の可能性があり、当局からの保護がないとして、該当性を認めた。

2016年1月11日の審判所決定[51]は、テロ集団に加入を求められたところ、当該集団から危害を受けると主張する事案で、審判所は、当該テロ集団から加入を求められた事実はないと判断し、該当性を否定した。

第4節　パキスタン事案

パキスタン事案は13件で、差戻しが8件、原決定支持が5件となっている。迫害主体として、パキスタン政府や政権与党ではなく、タリバンという非国家主体であることが多く、迫害の可能性も特定地域である場合が多い。

(1) 該当性が認められた事案

該当性を認めた事案は、以下のとおりである。

2016年2月4日の審判所決定[52]は、バンガシュ族かつシーア派であり、マリクとしての地位を引き継ぐためにタリバンから迫害されると主張する事案で、審判所は、出身地域では重大な危害を受けること、それに対して国家が保護できないこと、イスラマバードでは父親との関係で標的にされるものの、それ以外の地域での危険性はないとしながらも、経済的な意味からも国内移転は合理的ではないとして、該当性を認めた。

2016年8月5日の審判所決定[53]は、パシュトゥーン人かつスンニ派であり、平和委員会の活動をしたためにタリバンに迫害されると主張する事案で、原審では、注視される人物ではないとされていたが、審判所は、帰国すれば平和委員会の活動を再開するため、反タリバンの者として出身地域で危害を受けること、それに対して効果的な保護が与えられないこと、さらに精神疾患を抱えているため国内移転は不合理として、該当性を認めた。

---

[51]　1315621 (Refugee) [2016] AATA 3069 (11 January 2016).
[52]　1405982 (Refugee) [2016] AATA 3243 (4 February 2016).
[53]　1416155 (Refugee) [2016] AATA 4278 (5 August 2016).

2016 年 10 月 6 日の審判所決定[54]は、Awami National Party（ANP）の活動をしていたためにタリバンに迫害されると主張する事案で、審判所は、一般党員であるも出身地に戻れば危害を受けるとしたうえで、家族の支援がないため、他地域で雇用を確保することが困難であり、国内移転は不合理であるため、該当性を認めた。

2016 年 11 月 14 日の審判所決定[55]は、シーア派であり、パキスタン人民党の活動家であるところ反対派から迫害されると主張する事案で、審判所は、党内での主要人物であったこと、申請者が対立勢力に知られていること、対立勢力は全国に存在するため、国内移転は不可であるとして、該当性を認めた。

2017 年 1 月 16 日[56]、および 2017 年 5 月 8 日[57]の審判所決定は、両者ともに、平和委員会の活動をしているところタリバンに迫害されると主張する事案で、審判所は、故郷に戻れば重大な危害を受けること、それに対して効果的保護がないとしたうえで、精神疾患があるため国内移転は不合理であるとして、該当性を認めた。

2017 年 3 月 24 日の審判所決定[58]は、ANP の党員であり、「配偶者を働かせてはいけない」とのタリバンの指示に背いたため、タリバンから迫害されると主張する事案で、審判所は、出身地域では迫害を受けること、それに対して効果的な保護がないとしたうえで、精神疾患の問題のために国内移転は不合理であるとして、該当性を認めた。

2017 年 8 月 11 日の審判所決定[59]は、シーア派でバンガシュ・パシュトゥーン族のためにタリバンに迫害されると主張する事案で、審判所は、出身地域では迫害を受けるとしたうえで、国内他地域での居住のためには、国民 ID が必要であるが、それが失効するため、再発行のためには出身地に戻らなければならないが、それは不可であるため、国民 ID がない状況、かつ精

54　1417846 (Refugee) [2016] AATA 4553 (6 October 2016).
55　1517924 (Refugee) [2016] AATA 4741 (14 November 2016).
56　1605812 (Refugee) [2017] AATA 158 (16 January 2017).
57　1517722 (Refugee) [2017] AATA 902 (8 May 2017).
58　1413873 (Refugee) [2017] AATA 651 (24 March 2017).
59　1704884 (Refugee) [2017] AATA 1446 (11 August 2017).

神疾患があるため国内移転が不合理であることから、該当性を認めた。

以上が該当性を認めた事案で、迫害主体のほとんどがタリバンであり、出身地域では危害を受ける可能性があるとしたうえで、国内移転が不合理であるとして該当性が認められている（国内移転については、第8章を参照）。迫害主体が国内一定地域で活動する非国家主体である場合には、高い確率で国内移転の論点が登場するが、これらは新法導入前の決定であることから、それまでの判例に従って「合理性の基準」を適用したうえで、該当性を認めている。

(2) **該当性が否定された事案**

次に、該当性を否定した事案をみてみる。

2016年1月25日の審判所決定[60]は、Pakistan Muslim League Q に関与し、パキスタン人民党への加入要請を断ったために迫害されると主張する事案で、審判所は、信憑性に疑義があり、対立勢力が注視する人物ではないことから、危害を受ける可能性がないため、該当性を否定した。

2016年2月1日の審判所決定[61]は、親類にタリバンに加入することを求められたところ、これを断ったために標的にされると主張する事案で、審判所は、一時帰国の事実があり、申請も遅延しており、信憑性に疑義があることからも、条約事由で迫害を受けることはないとして、該当性を否定した。

2016年2月17日の審判所決定[62]は、タリバンに若者を勧誘することを拒否したためにタリバンに迫害されると主張する事案で、審判所は、オーストラリアのビザ取得後から入国まで期間が開いていること、2回の一時帰国があること、入国から申請までの遅延があることからも、信憑性に疑義があり、タリバンとの接触はないとして、該当性を否定した。

2017年2月7日の審判所決定[63]は、事業を営んでいたところ、ある政党

60　1417275 (Refugee) [2016] AATA 3112 (25 January 2016).
61　1416907 (Refugee) [2016] AATA 3215 (1 February 2016).
62　1419064 (Refugee) [2016] AATA 3324 (17 February 2016).
63　1503815 (Refugee) [2017] AATA 224 (7 February 2017).

により金銭を要求され、危害を加えられると主張する事案で、審判所は、第三国やオーストラリアのビザを取得しながらも早期に出国していないこと、信憑性に疑義があることから、該当性を否定した。

2017年12月6日の審判所決定[64]は、西洋の国に居住し、そこで生まれた子どももいるため、イスラム過激派から危害を加えられると主張する事案で、審判所は、イスラム過激派が標的とはしないとして、該当性を否定した。

これら該当性が否定された事案は、そもそも信憑性に疑義があり、そのことも反映して、該当性が認められた事案と比較して、主張内容も曖昧で詳細に欠けるものとなっている。

パキスタン事案においては、主にタリバンという非国家主体による反タリバン的とされる人物の迫害事案が目立っており、特定地域においての危害の可能性と、それに対する国家の保護がないと認めたうえで、国内移転が不合理であるして該当性が認められる事案が目立った。この点においては、ネパールにおけるマオイストによる迫害があると主張する事案と構造的に類似するものがある。

第5節　その他の国の事案

これら以外の国の事案は48件で、差戻しが19件、原決定支持が29件となっている。

(1) 該当性が認められた事案

(ア) 本国政府による迫害

迫害主体が本国政府であるものは13件である。

2016年2月1日の審判所決定[65]は、ムスリム同胞団の党員のため、軍情

64　1516549（Refugee）[2017] AATA 2940（6 December 2017）.
65　1414693（Refugee）[2016] AATA 3235（1 February 2016）.

報部の標的にされる、オーストラリア国内での反政府活動のため政府から迫害される、と主張するエジプト人の事案で、審判所は、エジプト国内での活動については信憑性を否定したものの、オーストラリア国内での反政府活動のため迫害を受ける可能性があること、また、このオーストラリア国内の政治活動が難民性を高める目的ではないことから、該当性を認めた。

　2016年3月8日の審判所決定[66]は、反政府の抗議活動に参加したため逮捕されると主張するエジプト人の事案で、審判所は、申請者が家宅捜索を受けていること、出身国情報では単なる支援者も罰せられているため、危害を受ける可能性があるとして、該当性を認めた。

　2016年7月7日の審判所決定[67]は、父親が禁止されたイスラム宗派と関係があると疑われているために、その共犯として当局から逮捕されると主張するウズベキスタン人の事案で、反対派を弾圧しているとの出身国情報があり、申請者が過去に当局に身柄を拘束されたことからも、政府から重大な危害を受ける可能性があるとして、該当性を認めた。

　2016年10月4日の審判所決定[68]は、クルド人であり、クルドのための政治活動をしていたため政府に迫害されると主張するクルド系トルコ人の事案で、審判所は、帰国すれば政治活動をするため、出身国情報からしても政府から迫害を受けるとして、該当性を認めた。

　2016年10月30日の審判所決定[69]は、父親がクルディスタン労働者党（以下「PKK」という。）を支援する活動を行っているために政府から迫害されると主張するクルド系トルコ人の事案で、審判所は、帰国すれば政治活動を継続するため、政府から迫害を受けるとして、該当性を認めた。

　2017年3月17日の審判所決定[70]は、反政府の学生活動をしたために、本国政府によって迫害されると主張するエチオピア人の事案で、審判所は、反対派を弾圧するという出身国情報があることから、当局から標的にされる人

---

[66]　1413642 (Refugee) [2016] AATA 3534 (8 March 2016).
[67]　1502282 (Refugee) [2016] AATA 4062 (7 July 2016).
[68]　1609600 (Refugee) [2016] AATA 4558 (4 October 2016).
[69]　1502525 (Refugee) [2016] AATA 4612 (30 October 2016).
[70]　1509650 (Refugee) [2017] AATA 540 (17 March 2017).

物であるとして、該当性を認めた。

　2017年3月29日の審判所決定[71]は、レバノン生まれのシリア国民で、徴兵に反対しているためレバノン政府から迫害されると主張する事案で、審判所は、国籍国であるシリアでは迫害を受けるとしたうえで、居住国であったレバノンでの居住権は失効し、シリア人の在留を制限しようとしているため、今後、それを得る見込みがないことから、安全な第三国は存在しないとして、該当性を認めた。

　2017年5月1日の審判所決定[72]は、反政府運動をしたために政府に迫害されると主張するバーレーン人の事案で、審判所は、信憑性に疑義はあるも、供述そのものを否定はできず、過去に逮捕・拘束の経験があることから、当局から注視される人物であるとして、該当性を認めた。

　2017年5月31日の審判所決定[73]は、母親がエリトリア人で、反政府組織で活動したために政府から迫害されると主張するエチオピア人の事案で、審判所は、反政府組織で活動した事実を認め、このため、政府から迫害される可能性があるとして、該当性を認めた。

　2017年6月13日の審判所決定[74]は、教会の司教をしており、反政府組織を支援したとみなされ、政府から迫害されると主張するエチオピア人の事案で、審判所は、出身国情報では反体制活動は厳しく抑圧されていること、父親が逮捕されたことからも、当局から注視される人物であるとして、該当性を認めた。

　2017年9月7日の審判所決定[75]は、野党党員として活動したために政府から迫害されると主張するコンゴ民主共和国人の事案で、審判所は、政治活動をした事実があること、出身国政府が南アフリカ政府と内通し、申請者が南アフリカで退去命令を受けた事実があり、本国の政治状況や、申請者の過去の政治活動からすると、一般党員であるも迫害の可能性があるとして、該

---

[71] 1507174（Refugee）［2017］AATA 675（29 March 2017）.
[72] 1616594（Refugee）［2017］AATA 826（1 May 2017）.
[73] 1501015（Refugee）［2017］AATA 1073（31 May 2017）.
[74] 1507734（Refugee）［2017］AATA 1048（13 June 2017）.
[75] 1511406（Refugee）［2017］AATA 1786（7 September 2017）.

当性を認めた。

2017 年 9 月 28 日の審判所決定[76]は、サウジアラビアおよびオーストラリアで自国政府に反対する活動をしたために迫害されると主張するエチオピア人の事案で、審判所は、本国政府は反政府活動を厳しく抑圧しているという出身国情報があること、オーストラリアでの政治活動については難民性を高める目的のものではないとして、該当性を認めた。

2017 年 11 月 21 日の審判所決定[77]は、反体制派の人間として政府に迫害されると主張するエリトリア人の事案である。この者は、オーストラリアでの犯罪歴のためビザが取り消され[78]、保護ビザ申請に及んでいる。審判所は、抑圧的な政権であるとの出身国情報があり、さらに申請者には徴兵忌避の過去があること、オーストラリアにおける犯罪を理由として強制送還されれば、当局から注視されるとして、該当性を認めた。

反政府活動が主要な迫害の理由となっているものがほとんどであり、難民条約の本来の趣旨である「国家からの迫害の保護」が、こうした事案に反映しているといえる。

(イ) 非国家主体による迫害

迫害主体が非国家主体であるものは 6 件である。

2016 年 6 月 13 日の審判所決定[79]は、パシュトゥーン人、スンニ派であり、西洋諸国からの帰国者として、反イスラム的意見を有しているためにタリバンに迫害されると主張するアフガニスタン人の事案で、審判所は、政治的意見を理由にタリバンに注視される可能性があり、それに対して国家の保護がないこと、さらにカブールへの移転は本人にとって不合理として、該当性を認めた。

2016 年 11 月 23 日の審判所決定[80]は、学生運動に参加したため、軍事組

---

[76] 1515846 (Refugee)［2017］AATA 1681（28 September 2017）.
[77] 1716967 (Refugee)［2017］AATA 2967（21 November 2017）.
[78] 素行基準不適合によるビザの取消しについては、拙著『オーストラリア移民法解説』（日本評論社、2016 年）第 3 章第 3 節を参照。
[79] 1600926 (Refugee)［2016］AATA 3971（13 June 2016）.
[80] 1502103 (Refugee)［2016］AATA 4740（23 November 2016）.

織から迫害されると主張するコロンビア人の事案で、審判所は、帰国しても運動を継続することから、当局から注視される人物であるとして、該当性を認めた。

2016年12月9日の審判所決定[81]は、シーア派住民に物資を配送する運転手であるためにタリバンから標的にされると主張するアフガニスタン人の事案で、審判所は、運転手であることを理由にタリバンから注視されることはないとしたものの、長期間パキスタンに居住しており、オーストラリアからの帰国者であれば、故郷において反タリバン的な政治的意見の持ち主として注視される可能性があり、かつ国内移転は不合理があるとして、該当性を認めた。

2017年5月11日の審判所決定[82]は、カダフィ政権時代に奨学金を得てオーストラリアに留学していたため、カダフィ政権の支持者とみられるために、武装勢力に迫害されると主張するリビア人の事案で、審判所は、無政府状態であるとの出身国情報があることから、武装勢力に危害を受ける可能性があるとして、該当性を認めた。

2017年11月13日の審判所決定は[83]、旧カダフィ政権の支持者として、軍事組織から迫害を受けると主張するリビア人の事案で、本国政府の奨学生であるというだけではなく、政権下で要職に就いていたため、旧政権の関係者として武装勢力から迫害を受ける可能性があるとして、該当性を認めた。

2017年10月31日の審判所決定[84]は、内戦が発生し父親が殺害されたところ、帰国してその事実を追及すれば、殺害した勢力から復讐されると主張するリベリア人の事案で、審判所は、当該勢力から注視され危害を加えられること、それに対する政府による効果的保護がないこと、安全な第三国条項との関連で、西アフリカ諸国経済共同体（以下「ECOWAS」という。）諸国への入国は制度上可能であるものの、そのためには正規の旅券が必要だが、それが入手できないことから、その適用を否定し、該当性を認めた。

---

[81] 1613279 (Refugee) [2016] AATA 4806 (9 December 2016).
[82] 1506957 (Refugee) [2017] AATA 922 (11 May 2017).
[83] 1511316 (Refugee) [2017] AATA 2840 (13 November 2017).
[84] 1620593 (Refugee) [2017] AATA 2143 (31 October 2017).

第6章　迫害事由：政治的意見　143

アフガニスタンのタリバンや、リビアの武装勢力など、国家機能が脆弱な国においても、そうした集団に反対する政治的意見をもつとみなされる場合には、迫害の対象となることが示されている。

(2) 該当性が否定された事案

該当性が否定された事案については、信憑性が欠如しているとして否定されたもの以外についてみてみる。

2015年1月19日の審判所決定[85]は、チベット人で、僧となって中国政府への反対運動をし、身柄を拘束され収容され、その後、インドに入国し在留している中国国籍者が、帰国すれば迫害されると主張する事案で、審判所は、本国での迫害の可能性を検討せず、インドに在留できること、インドでは迫害を受けず、送還されることもないとして、安全な第三国条項を純粋適用し、保護ビザ拒否の原決定を支持した。

2017年7月27日の審判所決定[86]は、文化大革命時に迫害を受け、帰国すれば、政府にスパイとして疑われるため迫害されると主張する中国人の事案で、審判所は、現在において当局から注視される人物ではないとして該当性は否定したものの、病気のため大臣介入（日本の在留特別許可に相当）の対象となるべきという意見を付している。

2003年3月17日の審判所決定[87]は、民兵組織への加入を断ったため、当該民兵組織から危害を加えられると主張するコロンビア人の事案である。この申請者は、チリに数か月間滞在し、オーストラリアに入国し保護ビザを申請していた。審判所は、再びチリに入国在留できること、チリは難民条約加盟国であるため本国に送還されないことから、本国での迫害の可能性を検討することなく、安全な第三国条項を純粋適用し、保護ビザ拒否の原決定を支持した。

2017年6月29日の審判所決定は[88]、反政府軍事勢力によって迫害される

85　1407031 [2015] RRTA 35 (19 January 2015).
86　1511319 (Refugee) [2017] AATA 1352 (27 July 2017).
87　N01/37987 [2003] RRTA 237 (17 March 2003).

と主張するインド人の事案で、審判所は、出身地域では危害を受けること、そこでは効果的な保護がないものの、出身地域以外では危害を受けることはなく、国内移転は合理的であるとして、該当性を否定した。

2017年3月2日の審判所決定[89]は、夫がイスラエルのスパイとしてヒズボラに殺害されたところ、帰国すればヒズボラから迫害されると主張するレバノン人の事案で、審判所は、ヒズボラはすでに申請者を標的とはしておらず、帰国したとしても、生存が脅威となるほどの経済的困難とはならないこと、子どもに対する差別はあるかもしれないが迫害には至らないとして、該当性を否定した。

2017年3月21日の審判所決定[90]は、イスラム過激派の者を警察に通報し、この者が逮捕された後に釈放されたところ、この者から危害を加えられると主張するレバノン人の事案で、審判所は、その者から個別に注視されるものではなく、仮に出身地で危害を受けるにせよ、国内移転が可能であるとして、該当性を否定した。

2017年8月31日の審判所決定[91]は、反政府政党の党員のため迫害されると主張するマレーシア人の事案で、審判所は、デモに一参加者として参加したにすぎないことから、当局から注視される人物ではないとして、該当性を否定した。

1997年6月26日の審判所決定[92]は、君主を批判したので迫害されると主張するタイ人の事案で、審判所は、申請者が、君主を批判した後も自由に本国を出入国できていることからも、危害を受ける可能性がないとして、該当性を否定した。

2017年9月5日の審判所決定[93]は、ロシア系のために迫害されることや、治安状況が悪化していることの不安を主張するウクライナ人の事案で、審判所は、ロシア系というだけで危害を受けることはなく、一般的な治安状況、

---

[88] 1619339 (Refugee) [2017] AATA 1189 (29 June 2017).
[89] 1506832 (Refugee) [2017] AATA 500 (2 March 2017).
[90] 1513679 (Refugee) [2017] AATA 543 (21 March 2017).
[91] 1701120 (Refugee) [2017] AATA 1483 (31 August 2017).
[92] N96/12833 [1997] RRTA 2424 (26 June 1997).
[93] 1621420 (Refugee) [2017] AATA 1671 (5 September 2017).

経済状況は国民全体が経験していることであり、申請者個人に対して差別的に影響を及ぼしているものではないことから、該当性を否定した。

安全な第三国条項の適用により、該当性判断以前に保護ビザ拒否の原決定を支持したものもあり、安全な第三国条項の効果が確認できる。日本においては、条文上このようなものは存在しないことから、安全な第三国があろうがなかろうが、国籍国における迫害の可能性の判断を欠くことはできない。こうしたことからも、安全な第三国が存在すれば、国籍国における迫害についての判断は不要であるとするオーストラリアの法律構成のほうが、格段に「厳しい」ということができよう。

そのほかでは、個別に注視されないといったものが目立った。

第6節　兵役忌避事案

兵役忌避については、「政治的意見」による迫害の論点のひとつであり、それに関する審判所決定が存在している。

2017年5月11日の審判所決定[94]は、兵役を忌避したいと主張するウクライナ人の事案で、審判所は、兵役忌避に対する刑罰は一般適用されており、条約事由を構成せず、徴兵は男性を対象とするも国防のために正当なものであり、兵役そのものは迫害とはいえず、申請者についても良心的兵役忌避者とはいえないとして、該当性を否定した。

上記審判所の決定は、兵役に就かされること、そのものは迫害ではなく、とりわけ、兵役忌避の刑罰の一般的適用（law of general application）であり、申請者について、人種や特定の社会的集団であることなどを理由として、差別的に過重な刑罰が加えられるものではないという観点から、条約事由を構成しないとしている。

日本の判例においても、兵役忌避そのものが条約上の迫害を構成しないという立場に立っている。たとえば、2007年3月23日の東京地裁判決[95]は、

---

[94]　1508583（Refugee）［2017］AATA 952 (11 May 2017).

トルコ人の兵役忌避について、以下のような判断を示している。

　　トルコにおける兵役義務と忌避者への扱いについて
　トルコには、義務兵役制度があり、良心的参戦拒否の規定は設けられていない。徴兵忌避者は、裁判により3年を限度として拘置することで罰せられ、徴兵忌避の平均的な刑罰は1年であり、20歳未満であれば実刑判決は約3か月とされる。外国に住んでいる者についても、正当な理由なく3か月内にトルコに戻るようにとの命令に従わない場合には、トルコ国籍を取り消されることがあり、公民権は内閣により剥奪されるが、その復活を当局に申請することができるし、兵役を終えれば、その申請は受入れられるものとされる。また、2004年7月に法務省入国管理局担当者が行った調査によれば、兵役に就く前の忌避の初犯については、自由刑が科される例はほとんどなく、50ドル程度の罰金で終わる例がほとんどであるとされており、海外で働いている者については、38歳まで兵役が免除され、38歳を過ぎた場合には、兵役に就くよう官報に公示し、3か月以内にこれに従わない場合には国籍が取り消される扱いであるとされている。（中略）
　原告Aは、トルコ本国において兵役を忌避していることを理由に処罰され、市民権を剥奪されるおそれがあり、この点は、難民の地位に関する条約（以下「難民条約」という。）1条A(2)の定める「迫害」になり得るものであること、さらに、兵役拒否が真摯に抱いている確信に基づく場合には、「政治的意見を理由とする迫害」になり得ると主張している。そして、分離主義運動と関係するか、その疑いがあるクルド人兵役忌避者の虐待の報告があるとした上、原告Aの兵役忌避の理由は、クルド民族の自治・独立を志向しており、思想的に共感するPKKゲリラと戦わなければならず、武器を持たないクルド人に対しても銃を向けなければならなくなるおそれがあったことにあると主張し、こうした理由で兵役を拒否した原告Aを処罰することは「政治的意見を理由とする迫害」に該当することから、同

95　退去強制令書発付処分取消等請求事件、東京地方裁判所平成16年（行ウ）第111号、平成19年3月23日判決。

原告をそのおそれのあるトルコに送還することは難民条約に違反するものと主張している。

　しかしながら、トルコ国内における政府軍とPKKとの戦闘状況は、前記……で、トルコにおける兵役義務者の扱いは、前記……で、それぞれみたとおりであり、そもそも、原告Aの年齢、境遇に照らすと、兵役を忌避したという理由により、刑罰が科されることや、国籍を剥奪されること等の著しい不利益を受けると認めるだけの確たる根拠はなく、処罰されたとしてもせいぜい少額の罰金等の軽微な罰則で終わることが予想されるにすぎない。その点をおくとしても、実際にPKKとの紛争状態にあった南東部出身の新兵が紛争地域に配備される可能性は小さなものであったというのであるから、たとえ原告Aが、PKKその他クルド人と対峙することを避けたいとの信条を有していたとしても、それだけをもって兵役拒否の正当な理由とすることはできないといわざるを得ない。詰まるところ、原告Aにおいて、兵役拒否を理由として処罰されるおそれがあるとしても、これをもって「政治的意見を理由とする迫害」に当たるものとはいえない。また、クルド民族その他の兵役を忌避するグループが民族又は宗教的背景により特別に扱われているかについては、そのような事実はない旨の報告があるだけであって（乙97）、仮に、分離主義運動との関係を疑われるような者について、過去に虐待の報告例があったとしても、そうした特別な事情のない原告Aについては、虐待を受けるおそれがあるとみるべき根拠はないものである。

　したがって、トルコに送還することにより原告Aが「政治的理由による迫害」を受けるおそれがあるとはいえず、本件各裁決が難民条約に違反するものともいえない。

　この判例の場合、どちらかというと、兵役忌避自体を「政治的意見」の表明であるとはみなさないという立場であると思われ、審判所決定の「法の一般適用」という観点とは少し違ったものともいえるが、いずれにせよ、日本においてもオーストラリアにおいても、単なる兵役忌避をもってしては、政治的意見を理由にする条約上の迫害を構成しないという点では同様である。

おわりに

　以上、本章では「政治的意見」を理由とする迫害について考察した。全体的に件数も多く、また、国籍も多岐にわたっていた。過去の内戦を反映して、ネパール、スリランカ、また、与野党の政治的対立がみられるバングラデシュ、さらに特定地域における非国家主体による迫害が存在するパキスタンの件数が多かった。その他の国でも、該当性が認められたもの、否定されたものが存在していた。また兵役忌避については、それそのものとしては条約上の迫害を構成しないという点では、日本とオーストラリアの合致がみられた。

　迫害主体については、本国政府であるものと、非国家主体とに大別された。本国政府、ないしは政権与党である場合には、政府が個別に注視し、迫害の対象とする人物であるかどうかが重要な判断の分かれ目となっていた。非国家主体による迫害では、国内移転の可能性という論点が発生したが、新法前の判断が多く、国内移転が不合理とされたために、該当性が認められた事例もあった。また、安全な第三国条項を適用し、本国での迫害の可能性自体を検討することなく保護ビザ拒否の原決定を支持したものもあった。

　民主主義国家ではない、抑圧的な政治体制において、反体制派を本国政府が迫害の対象とすることは今後も継続していくと考えられることからも、引き続き、「政治的意見」については該当性の重要な事由を占めていくだろうし、そのことは、そもそもの条約制定時から想定されていたものといえる。

　一方、条約制定時には必ずしも想定されていなかった、非国家主体による迫害については、現代において、国家基盤がぜい弱で、武装勢力の跋扈などを抑止できない国家も少なからず存在していることから、これも、今後も事案として継続していくものと考えられる。

第7章

補完的保護

はじめに

補完的保護とは、難民条約上の送還禁止義務に基づく保護に加えて、その他の国際的な人権関連の条約に基づいて、送還されれば危害を受ける場合には、保護を与えるために在留を認めるものである。本章では、オーストラリアにおける補完的保護に関する条文および実際の審判所決定について考察する。

第1節　補完的保護関連条文

(1) 定義

オーストラリアにおいては、2011年の移民法改正[1]により、保護ビザの要件を従来の難民条約の難民に該当することと併せて、補完的保護に該当する場合においても、保護ビザの付与の対象とする法改正がなされた。なお、補完的保護に該当する申請については、従来であれば条約難民の定義に合致せず、保護ビザは拒否となっていたものの、大臣介入権限によって在留が認められてきた。

1　Migration Amendment (Complementary Protection) Act 2011, No. 121 of 2011.

その法改正の趣旨として、法案説明書[2]において、以下の条約における送還禁止義務に対応するものとしている。

①国際人権規約自由権規約（市民的及び政治的権利に関する国際規約）
②死刑廃止を目的とする市民的及び政治的権利に関する国際規約の第二選択議定書（以下「第二選択議定書」という。）
③児童の権利に関する条約
④拷問等禁止条約（拷問及び他の残虐な、非人道的な又は品位を傷つける取り扱い又は、刑罰に関する条約）

この法改正において実際に挿入された条文は、以下のとおりである。

第36条
第2項　保護ビザの要件は、申請者が以下の各号のいずれかに該当するものである。
　(aa)　オーストラリアに在留する外国人で、当該外国人が受入国に送還された必然かつ予見可能な結果として、当該外国人が深刻な危害を受けるという真の危険があると大臣が信じるに足る十分な根拠があるため、オーストラリアが保護義務を負うと大臣が認める限りの者（(a)号の外国人を除く）
第2A項　次の各号のいずれかに該当する場合、外国人は**深刻な危害**を受ける者とする。
　(a)　外国人が恣意的に命を奪われる場合
　(b)　外国人に対して死刑が実行される場合
　(c)　外国人が拷問に晒される場合
　(d)　外国人が残酷または非人道的な取扱いや刑罰を受ける場合
　(e)　外国人が品位を貶められる取扱いや刑罰を受ける場合

---

[2]　Migration Amendment (Complementary Protection) Bill 2011, Explanatory Memorandum, p. 1.

第5条

第1項（抄）**「拷問」**とは、以下のいずれかの目的のために、身体的であれ精神的であれ、意図的にある者に対してもたらされる、強烈な苦痛または困難の行為または怠慢を意味する。

(a) その者または第三者から情報や自白を得る目的

(b) その者または第三者が犯した、または犯したと疑われる行為について、その者を罰する目的

(c) その者または第三者を脅し、または強要する目的

(d) (a)、(b)、(c)の各号に関連した目的

(e) 自由権規約に違反する差別に基づいたいかなる理由のため

ただし、自由権規約に反せず、それに内在し、または付随的な法的な制裁から生じるものを含まない。

「残酷または非人道的な取扱いや刑罰」とは、以下のいずれかによる行為や怠慢を意味する。

(a) 身体的であれ精神的であれ、意図的にある者に対してもたらされる、強烈な苦痛または困難、または

(b) 身体的であれ精神的であれ、いかなる状況においても、当該行為や怠慢が、残酷または非人道的な本質をもつものとして合理的にみなされる限りの、ある者に対してもたらされる、苦痛または困難

しかし、以下のいずれかの行為や怠慢を含まない。

(c) それが自由権規約第7条に反しないもの、または

(d) 自由権規約に反せず、それに内在し、または付随的な法的な制裁から生じるもの

「品位を貶められる取扱いや刑罰」とは、不合理的な苛烈な屈辱を生じる、または生じる意図をもつ行為や怠慢であり、以下のいずれかを含まないものを意味する。

(a) それが自由権規約第7条に反しないもの、または

> (b) 自由権規約に反せず、それに内在し、または付随的な法的な制裁から生じる苛烈な屈辱を生じるもの

補完的保護に基づく保護ビザの該当性については、移民法第36条第2項(aa)号において規定されており、要約すれば、「本国に帰国すれば深刻な危害を受ける可能性があること」、となっている。

「深刻な危害」は、第36条第2A項において定義されている。

「(a)外国人が恣意的に命を奪われる場合」については、自由権規約第2条および第6条の解釈から導き出される送還禁止義務を規定したものとされている[3]。

「(b)外国人に対して死刑が実行される場合」については、自由権規約第2条および第6条および第二選択議定書の解釈から導き出される送還禁止義務を規定したものとされている[4]。

「(c)外国人が拷問に晒される場合」は、拷問等禁止条約における送還禁止義務（第3条）に対応するものといえる。「拷問」の定義は、移民法第5条第1項で規定されている。

「(d)外国人が残酷または非人道的な取扱いや刑罰を受ける場合」については、これも第5条第1項において「残酷または非人道的な取扱いや刑罰」の定義が規定されている。

「(e)外国人が品位を貶められる取扱いや刑罰を受ける場合」については、これも第5条第1項において「品位を貶められる取扱いや刑罰」の定義が規定されている。

これらの「深刻な危害」の定義のなかで、児童の権利に関する条約の解釈から導き出される送還禁止義務にも対応するものとされている[5]。そもそも、拷問等禁止条約を除いては、明示的な送還禁止規定がないことから、送還禁

---

[3] Migration Amendment (Complementary Protection) Bill 2011, Explanatory Memorandum, p. 12.
[4] Ibid., p. 12.
[5] Ibid., p. 13.

止の対象となる具体的な危害について定義したものと考えられる。

すなわち、これらの内容の危害のいずれかを受ける真の危険性があると判断されれば、補完的保護に基づいて、保護ビザ付与の対象となる。

(2) 「意図的」の解釈

移民法第5条第1項の「拷問」などの定義において、危害を加えることが「意図的」であることの妥当性について争われた事案がある。

2017年9月6日の最高裁判所判決[6]は、本国を不法出国したスリランカ人が、帰国すれば、その刑罰として刑務所に収監されること、その刑務所の状態は劣悪で、スリランカの官憲が意図的に申請者に対して危害を加えようとすることから、補完的保護の該当性があると主張した事案である。審判所は、スリランカの官憲が危害を加えようとする意図は有していないとしていた。

最高裁は多数意見において、移民法上の「意図的」が、審判所の解釈どおり、通常の意味をもつものであるとして、スリランカの官憲が申請者に危害を加える意図はないとして[7]、棄却の決定を下した。

(3) 適用除外

以下の移民法第36条第2B項において、補完的保護の適用除外が規定されている。

> **第36条**
> **第2B項**　しかしながら、以下のいずれかに該当すると大臣が認める場合、ある外国人が、ある国において深刻な危害を受けるという真の危険性がないものとする。

---

[6]　SZTAL v Minister for Immigration and Border Protection; SZTGM v Minister for Immigration and Border Protection [2017] HCA 34 (6 September 2017).
[7]　Ibid., [28].

> (a) 当該外国人が、深刻な危害を受ける真の危険性がないであろう、当該国のある地域に移転することが合理的である場合
> (b) 当該外国人が、当該国の当局から、当該外国人が深刻な危害を受ける真の危険性がなくなるであろう保護を受けることができうる場合
> (c) その真の危険性が、当該外国人個人に対してではなく、当該国の国民一般に対して存在する場合

(a)号については、国内移転の可能性である。第8章でも述べるように、新法においては、本来の難民定義に基づく迫害については、国内移転の合理性の検討を要しない司法判断がなされているが、補完的保護については、条文上、国内移転が合理的でなければ、適用除外の対象とはならないという、一見矛盾した構造となっている。

(b)号については、難民定義における効果的保護を得られる場合においては該当性が認められないことと同様の趣旨であるといえる。

(c)号についても、難民定義において、明文規定はないものの、条約事由との関連で、いわゆる「法の一般適用」であり、条約事由に基づいて、個別に申請者に対して危害が加えられるというのでなければ、保護の対象とならないことと同様の趣旨といえる。

このように、適用除外規定に関しては、国内移転の合理性以外はほぼ難民定義の考え方と同様のものといえる。

このように、補完的保護規定が挿入された結果、2012年3月24日の、その改正法施行後の保護ビザ申請については、難民定義および補完的保護の定義の両者の該当性について検討されることとなっている。

第2節　補完的保護による保護ビザ再申請について

保護ビザの再申請は、移民法第48A条により認められていない。しかし、補完的保護規定が施行された2012年3月24日より前に保護ビザを申請し、

拒否された者については、補完的保護要件に該当するかどうかに限って、再申請が認められることになった。これは、以下の2013年7月3日の連邦裁判所大法廷判決[8]の結果である。

　この事案は、1996年1月に入国したバングラデシュ人が、オーストラリアにおいてキリスト教に改宗したために、帰国すれば迫害されると主張し、2005年3月に保護ビザを申請したものである。この申請は、改宗が難民性を高める目的のものであり考慮されないことから、原審で拒否された。2005年4月、審判所は保護ビザ拒否の原決定を支持した。結果、移民法第48A条によって、保護ビザの再申請が禁止された。その後、2012年2月まで、大臣に対して再申請を認める旨の要請を繰り返したが、その要請は受け入れられなかった。

　2012年3月24日、保護ビザの要件に補完的保護を加えた移民法改正が施行された後、同年10月10日、補完的保護に該当するとして、再度保護ビザの申請を行った。しかしこの申請は、第48A条によって複数回申請が禁止されていることから無効とされた。これに対して、連邦巡回裁判所に対して提起がなされたが棄却されたため、連邦裁判所大法廷に控訴したものである。

　この判決では、新たな申請が、補完的保護部分については、すでに拒否されたものではないことから、補完的保護の要件が導入される以前のもので、すでに保護ビザが拒否されたものであっても、補完的保護に該当すると主張する申請は、第48A条によって妨げられておらず、有効な申請であると判断された。

　このため、2012年3月24日より前に保護ビザ申請を拒否されたものが、補完的保護に依拠して再申請することが認められることとなった。

8　SZGIZ v Minister for Immigration and Citizenship [2013] FCAFC 71（3 July 2013）.

第3節　補完的保護事案

(1) 件数

収集した審判所決定のうち、補完的保護該当性について判断が下された事案は17件で、そのうち、補完的保護部分に依拠した再申請は12件、そうでないものは5件となっている。このことと関連して、当時の移民大臣の議会での発言では、2013年12月の段階で、補完的保護規定の施行から、補完的保護の要件に合致した申請は57件のみであったとしており[9]、当時の政府は補完的保護を廃止する法案を提出したものの[10]、審議未了廃案となっている。

収集した審判所決定365件のうち、補完的保護に関するものは17件のみであり、また、そのうちの12件が、補完的保護規定挿入前に拒否された保護ビザの再申請で、その再申請は、補完的保護該当性のみの判断が下されることからも、実際に補完的保護に純粋に依拠するかたちで保護の対象となった事案は、原審段階も含めて、相当に少ないものと推測される。

(2) 再申請ではない事案

再申請ではない事案は5件で、差戻しが4件、原決定支持が1件となっている。

2017年4月19日の審判所決定[11]は、元夫から家庭内暴力を受けると主張するフィジー人の事案で、審判所は、元夫から危害を受ける可能性は認めたものの、この元夫の動機は単に個人的恨みによるもので、なんらかの条約事由に基づくものではないとして難民定義の該当性を否定した。そのうえで補完的保護該当性について検討し、元夫からの暴力は「深刻な危害」であると

---

[9]　House of Representatives, *Hansard*, 4 December 2013, p. 1552.
[10]　Migration Amendment (Regaining Control Over Australia's Protection Obligations) Bill 2013.
[11]　1513666 (Refugee)［2017］AATA 676 (19 April 2017).

し、フィジー全域で元夫からの危害の可能性があるとして、補完的保護該当性を認め、保護ビザ付与相当として差し戻した。

女性に対する家庭内暴力は「特定の社会的集団」を構成するとして、該当性を認めた事案が数多く存在したが、この決定においては、条約事由を構成しないものの、補完的保護該当性があるとしている。

2017年4月26日の審判所決定[12]は、妻の父親とそのギャング集団から危害を加えられると主張するマレーシア人の事案で、審判所は、申請者が受ける危害は条約事由に立脚するものではないとして難民定義該当性は否定したものの、申請者への危害は、移民法第5条第1項の「残酷または非人道的な取扱いや刑罰」[13]に該当し、そのうえで、国家による保護がなく、国内のどこでも発見されるとして、補完的保護該当性を認め、保護ビザ付与相当として差し戻した。

2017年10月27日の審判所決定[14]は、家族に売春を強要されると主張するタイ人の事案で、審判所は、家庭内暴力と売春強要は条約事由に基づくものではないものの、補完的保護上の「深刻な危害」に該当するとしたうえで、申請者には障害をもつ子どもがおり、申請者の父親はその子どもを養育できず、子どもとともに帰国した場合、子どもを預ける場所がなく就労できなくなるため、国内移転は不合理であるとして、補完的保護該当性を認め、保護ビザ付与相当として差し戻した。

2017年11月1日の審判所決定[15]は、母親がシーア派の伝道師であるために標的にされると主張するパキスタン人の事案である。この申請者はパキスタン人の父母の子どもで、その父母はともに保護ビザ申請を拒否され、その後、審判所でも原決定が支持された後に、提訴に及んでいる。この子どもは母親の保護ビザ申請が拒否された後に出生したものである。

審判所は、母親とともに出身地域に戻れば補完的保護上の「深刻な危害」を受けるとした。補完的保護該当性の検討においては、移民法第36条第2B

12　1505506（Refugee）[2017] AATA 795 (26 April 2017).
13　Ibid., [48].
14　1508305（Refugee）[2017] AATA 2387 (27 October 2017).
15　1703581（Refugee）[2017] AATA 2664 (1 November 2017).

項(a)号の規定により、国内移転の合理性の検討が必要になるところ、ラホールでは迫害を受けないものの、母親が病気のため移転は不合理であるとして、補完的保護該当性を認め、保護ビザ付与相当として差し戻した。

この決定では、本来であれば十分に迫害事由「宗教」に値するものと考えられるが、あえて補完的保護を適用している。このことは、この申請が新法におけるものであるところ、第8章で示すように、新法では国内移転の合理性の検討を不要とする判例が存在しているところ、あえて補完的保護該当性の検討を行い、国内移転が不合理という結論を意図的に導き出し、よって保護ビザ付与相当であるという判断に至らしめようとしたのではないかとも考えられる。

前述の2017年4月26日および2017年10月27日の決定は、たしかに条約事由に該当しない危害であるものの、深刻な危害を受ける可能性がある場合には保護の対象とするという補完的保護制度導入の効果がよく表れているといえる。

2017年10月9日の審判所決定[16]は、イスラム教徒のパレスチナ人のためイスラエル政府に迫害される、ゲイのため迫害されると主張する、パレスチナ自治区に居住する者による申請で、審判所は、UNCCP（国連パレスチナ和解委員会）と UNRWA（国連パレスチナ難民救済事業機関）が保護を与えているため、条約上の保護の対象外であるとした。これは、難民条約第1条Dにおいて「この条約は、国際連合難民高等弁務官以外の国際連合の機関の保護又は援助を現に受けている者については、適用しない」と規定されているためである。

このうえで審判所は、補完的保護該当性について検討し、オーストラリアでゲイとして公然と生活していないことから、帰国したとしても同様に公然と生活することはなく、帰国しても危害を受けないとして、補完的保護該当性を否定した。

この事案では、条約第1条Dの適用により、条約難民該当性の検討が不可能となったがために、補完的保護該当性のみを検討したという特殊な事案

16　1512002 (Refugee) [2017] AATA 1823 (9 October 2017).

となっている。

(3) 再申請事案

再申請事案は12件で、2件が差戻し、10件が原決定支持となっている。

2016年8月2日の審判所決定[17]は、アルメニア系キリスト教徒のため帰国すれば迫害されると主張するシリア人の事案で、この申請者は、当初、第三国で当該国民と婚姻し居住していたものの、その後離婚したものである。

審判所は、出身国情報によると申請者は深刻な危害を受けるとし、離婚の結果、第三国の居住権は喪失し、安全な第三国が存在しないことから、補完的保護該当性を認め、保護ビザ付与相当として差し戻した。

この事案においては、おそらくは、前回の申請時には安全な第三国の存在のため拒否されていたものが、安全な第三国を失うという事情の変化で該当性が認められたものであると考えられる。

2017年10月24日の審判所決定[18]は、ロシア系かつゲイのため迫害されると主張するウクライナ人の事案で、審判所は、危害を避けるためにはゲイであることを隠匿しなければならないこと、ロシア風の姓であるために危害の可能性が累積的に高まることから、補完的保護該当性を認め、保護ビザ付与相当として差し戻した。

この事案では、本来「特定の社会的集団」として十分に条約事由を構成していると認められるべき点が多々確認されており、前回の申請でなぜ拒否となったのかは判然としない。

この2事案以外は、すべて補完的保護該当性が否定されている。

2016年1月22日の審判所決定[19]は、マロン典礼カトリック教会の教徒であるため迫害されると主張するレバノン人の事案で、審判所は、供述が首尾一貫せず、信憑性に疑義があるとしたうえで、帰国しても信仰ができ、重大な危害を受けないとして、補完的保護該当性を否定した。

17　1501066（Refugee）[2016] AATA 4277（2 August 2016）.
18　1600725（Refugee）[2017] AATA 2355（24 October 2017）.
19　1416470（Refugee）[2016] AATA 3107（22 January 2016）.

2016年1月28日の審判所決定[20]は、ヒンズー教徒のため、イスラム教徒から迫害されると主張するバングラデシュ人の事案で、審判所は、ヒンズー教徒であるというために迫害を受けることはなく、深刻な危害を受けないとして、補完的保護該当性を否定した。

2016年3月7日の審判所決定[21]は、女性と結婚したものの、その女性の家族が同意しないため、当該家族から危害を加えられると主張するレバノン人の事案で、審判所は、信憑性に疑義があること、申請が遅延していること、さらに深刻な危害は受けないとして、補完的保護該当性を否定した。

2017年1月27日の審判所決定[22]は、バイセクシュアルのため迫害される、それを隠匿するためにレズビアンの女性と結婚したと主張するモンゴル人の事案で、オーストラリアでも本国でもバイセクシュアルとしての生活をしていないこと、本国で通常の生活を送っていたことからすると、危害を加えられることはないとして、補完的保護該当性を否定した。

2017年2月3日の審判所決定[23]は、法輪功の信仰者であるために迫害される、キリスト教徒に改宗したために迫害されると主張する中国人の事案で、審判所は、法輪功の信仰者ではなく、帰国してもキリスト教を信仰しないために危害を受けないとして、補完的保護該当性を否定した。

2017年2月8日の審判所決定[24]は、一人っ子政策に反して子どもをもうけたため、高額の罰金を科される、子どもが戸籍に登載されず、教育や社会保障を受けることができないと主張する中国人の事案で、審判所は、現在では一人っ子政策は変更されていること、罰金を支払わされることは深刻な危害ではなく、子どもが戸籍に登載されないことはないとして、補完的保護該当性を否定した。

2017年2月24日の審判所決定[25]は、キリスト教徒で中国系のため迫害されると主張するインドネシア人の事案で、審判所は、過去に危害を加えられ

20　1414581 (Refugee) [2016] AATA 3213 (28 January 2016).
21　1416343 (Refugee) [2016] AATA 3536 (7 March 2016).
22　1421008 (Refugee) [2017] AATA 155 (27 January 2017).
23　1504204 (Refugee) [2017] AATA 220 (3 February 2017).
24　1504818 (Refugee) [2017] AATA 278 (8 February 2017).
25　1509889 (Refugee) [2017] AATA 467 (24 February 2017).

たことがなく、中国系が迫害されているという出身国情報はないとして、補完的保護該当性を否定した。

2017年8月9日の審判所決定[26]は、父親がキリスト教政党に加入したためにイスラム教徒から迫害されると主張するアルバニア人の事案で、審判所は、本人の主張が詳細を欠いており、また、父親は一般党員であり迫害を受けないこと、生存が脅威となるほどの経済的困難とはならないことから、補完的保護該当性を否定した。

2017年8月23日の審判所決定[27]は、シンハラ人で仏教からイスラム教に改宗したシングルマザーのために迫害されると主張するスリランカ人の事案で、審判所は、雇用が得られ、家族からの支援があるために、生存能力が否定されないこと、差別はあるかもしれないが深刻な危害とはいえないとして、補完的保護該当性を否定した。

2017年9月22日の審判所決定[28]は、夫から家庭内暴力を受けたと主張するPNG人の事案で、審判所は、家庭内暴力を受けた事実については認めたものの、自活能力もあり、女性というだけで危害を受けることはないとして、補完的保護該当性を否定した。

このように、ほとんどの再申請事案で補完的保護該当性が否定されており、そもそも難民該当性がない案件についても、補完的保護該当性があるとはいえないものとなっている。

おわりに

本章では、オーストラリアで法制化された補完的保護について考察した。

補完的保護については、条約事由が成立することが問われることはなく、このため、保護の対象を拡大したことは事実であるが、実際の審判所決定において、再申請以外の事案で、純粋な意味で補完的保護が適用された事案は相当に少ないものであった。このことは実際、条約事由外による迫害が、事例としてそもそもさほど存在していないことが反映されていると考えられる。

26　1600398 (Refugee) [2017] AATA 1379 (9 August 2017).
27　1502530 (Refugee) [2017] AATA 1832 (23 August 2017).
28　1502368 (Refugee) [2017] AATA 1676 (22 September 2017).

この点からすると、過去においてオーストラリアでは、補完的保護に該当するような事案については、そもそも大臣介入権限を用いて在留を認めていたことからすると、補完的保護の法制化による効果は限定的なものであることが示されている。

第8章

国内移転

はじめに

　本章では、難民該当性判断における国内移転について考察する。国内移転は、ある国の特定地域において迫害を受ける場合、国内の他の地域へ移転することによって迫害を回避することである。通常、ある国民国家において、国民による国内の移動については、国家は制限しないものであり、かつ、難民条約第1条A(2)の難民の定義においても「国籍国の保護を受けることができないもの」とされていることから、国籍国の他地域で迫害がないという状態であれば、「国籍国の保護を受けることができない」とはいえず、条約難民に該当しない結果となる。

　このため、難民該当性の判断において、申請者の国内移転による迫害回避の可能性についての検討は、重要な論点のひとつである。仮に迫害主体が国家であれば、通常、国家によって国籍国の全土において迫害を受ける可能性が高いといえる。しかし、近年においては、非国家主体が迫害主体となることが多いため、仮に当該非国家主体がある国の一定地域を実効支配している場合であれば、国内の他地域への移転により迫害を回避することができるため、条約難民に該当しないことがありうる。

第1節　「合理性」の基準

　2014年の移民法改正によって詳細な難民の定義が条文化されるまでは、条約難民の定義から派生する国内移転の可能性について、オーストラリアの最高裁判所は、その国内移転が申請者にとって「合理的」かどうかを検討しなければならないという判断を示していた。

　2007年8月30日の最高裁判決[1]は、ウクライナ人が、反政府的意見をもつ者として当局から注視されているとして「政治的理由」を根拠として保護ビザを申請したが拒否され、審判所においても棄却された事案である。審判所は、この者は新聞記者であり、反体制派として政府から注視されているとしても、記者としてではなく他の職業に従事すれば国内他地域へ移転が可能であり、迫害を回避できるとしていた。しかし、この最高裁判決においては、転職のうえで移転することが、その者にとって「合理的」ではないと判断している。

　このため、これ以降の審判所の決定においても、国内移転による迫害の回避が申請者にとって合理的であるかどうかについての検討を行っている。なお、後述するように、新法下においては、第5J条第1項(c)号において、「迫害を受けるおそれがあるという十分に理由のある恐怖」があるとするためには「迫害の真の可能性が受入国のすべての領域に存在すること」と規定されており、国内移転が合理的であるかどうかの検討が不要であると解釈されるものとなっている。

　このうえで、以下において、国内移転に関する事案を検討する。

1　SZATV v Minister for Immigration and Citizenship [2007] HCA 40（30 August 2007）.

第 2 節　国内移転の合理性に関する事案

　国内移転の可否が難民該当性の判断において論点となったのは、合計 44 件であり、うち、差戻しが 35 件、原決定支持が 9 件であった。申請者の国籍別では、パキスタン 17 件、アフガニスタン 17 件、インド 3 件、バングラデシュ 2 件、エジプト、フィジー、レバノン、PNG、スリランカがそれぞれ 1 件であった。

(1)　パキスタン事案

　申請者の国籍がパキスタンの 17 件のうち、差戻しが 16 件、原決定支持が 1 件である。すべて旧法における該当性判断である。迫害の申立内容は以下のようなものであった。

① Turi 族かつシーア派のため、タリバンから迫害される
② 海外で教育を受けているために、タリバンから迫害される
③ パシュトゥーン人かつスンニ派であり、平和委員会の活動をしたために、タリバンに迫害される
④ Awami National Party の活動をしていたために、タリバンに迫害される
⑤ タリバンへの加入要請を拒否しているために、タリバンから迫害される
⑥ シーア派のハザラ族であり、スンニ派の過激集団から迫害される
⑦ 既婚した女性と関係をもったために、相手方の家族に殺害される（いわゆる「名誉殺人」）
⑧ 異カースト間で恋愛婚姻をしたために、相手方の家族から迫害される

　①から⑥のように、タリバンなどの非国家主体が迫害主体とするものが多いが、⑦、⑧のように一見私人間の闘争とみられるようなものもあった。これら 17 件のうち、いずれも、申請者の出身地域や地元では、迫害の可能性

を認めたうえで、国内他地域への移転の合理性について検討を行っている。17件のうち、「国内移転が不合理」として難民該当性を認めたものが16件、「国内移転は合理的」として難民該当性を認めなかったものが1件となっている。

　国内移転が不合理とされた事案は以下のとおりである。その理由としては、主に、家族・親族が出身地域以外に存在しないため、雇用や生活上の困難があること、または、精神疾患を抱えていることなどのように、迫害そのものというよりは、経済的困難に力点が置かれているように思われる。

　2016年2月3日の審判所決定[2]は、他の地域に住むには日常生活に不可欠な国民IDが必要であるが、故郷に戻らないと入手できないところ、故郷では危害を受けるので入手できないため、国民IDがない状況での国内移転は不合理とした。同様に、2017年8月11日の審判所決定[3]は、国民IDが失効するため出身地に戻らなければならないが、危害を受けるため不可能であり、国民IDがない状況での国内移転は困難であり、かつ、精神疾患を抱えていることから、国内移転を不合理とした。

　2016年10月6日の審判所決定[4]は、家族の支援がないため、他地域で雇用を確保することが困難であり、国内移転は不合理とした。2016年11月1日の審判所決定[5]は、国内他地域では家族を養っていけないため国内移転は不合理とした。2016年12月13日の審判所決定[6]は、十分な技術もなく、家族もいないため、国内移転は不合理とした。2016年2月4日の審判所決定[7]は、イスラマバードでは標的にされるが他地域での危険性はないとしたものの、経済的な意味からも国内移転は不合理とした。

　2016年8月5日の審判所決定[8]は、申請者が精神疾患を抱えているため国

---

[2]　1512208（Refugee）[2016] AATA 3242 (3 February 2016).
[3]　1704884（Refugee）[2017] AATA 1446 (11 August 2017).
[4]　1417846（Refugee）[2016] AATA 4553 (6 October 2016).
[5]　1506100（Refugee）[2016] AATA 4647 (1 November 2016).
[6]　1607635（Refugee）[2016] AATA 4820 (13 December 2016).
[7]　1405982（Refugee）[2016] AATA 3243 (4 February 2016).
[8]　1416155（Refugee）[2016] AATA 4278 (5 August 2016).

内移転は不合理とした。2016 年 11 月 4 日の審判所決定[9]は、精神疾患があり、家族の支援も期待できないことから、国内移転は不合理とした。2016 年 12 月 16 日の審判所決定[10]は、家族の支援がなく、精神疾患をもっており、国内移転は不合理とした。2017 年 1 月 16 日の審判所決定[11]は、精神疾患があるため国内移転は不合理とした。2017 年 3 月 24 日の審判所決定[12]は、精神的問題のために国内移転は不合理とした。2017 年 5 月 8 日の審判所決定[13]は、医療上の問題があり資産がないため、国内移転は不合理とした。

2016 年 7 月 29 日の審判所決定[14]は、Turi 族かつシーア派のため、国内他地域において、他のシーア派に比べて標的となる危険性が高いことから、国内移転を不合理とした。

2017 年 6 月 30 日の審判所決定[15]は、異カーストの女性と婚姻したために、その家族から危害を加えられると主張するもので、原審では国内移転可能とされていたが、他の地域に移転しても元妻の親族に発見されるため、国内移転は不合理とした。

一方、2017 年 2 月 13 日の審判所決定[16]は、「海外で教育を受けているためにタリバンから迫害される」と主張する事案で、審判所は、出身地域では反タリバンとして標的にされるものの、それ以外の国内では危害がないとの判断を示した。このうえで、国内移転の合理性について検討し、以下の理由から、申請者にとって国内移転は合理的であるとし、難民該当性を否定している。

　　申請者の特定の状況を考慮するに、審判所は、大都市中心部に移転すれば、パキスタンにおいてなんらかの職を見つけることができると判断する。

9　　1504210 (Refugee) [2016] AATA 4657 (4 November 2016).
10　　1600491 (Refugee) [2016] AATA 4833 (16 December 2016).
11　　1605812 (Refugee) [2017] AATA 158 (16 January 2017).
12　　1413873 (Refugee) [2017] AATA 651 (24 March 2017).
13　　1517722 (Refugee) [2017] AATA 902 (8 May 2017).
14　　1410882 (Refugee) [2016] AATA 4267 (29 July 2016).
15　　1605513 (Refugee) [2017] AATA 1144 (30 June 2017).
16　　1516745 (Refugee) [2017] AATA 339 (13 February 2017).

申請者は、過去にオーストラリアにおいて職務経験があり、高等教育レベルの一定の教育を受けており、英語やウルドゥー語といった言語に明るいといえる。オーストラリアにおいて雇用と住居を見つける経験を有している。出身国情報によると、申請者がなんらの雇用を否定されることや、一定の合理的期間内になんらかの職を見つけることができないことや、一定の合理的期間内になんらかの住居を見つけることができないということはできない。それゆえ審判所は、申請者にとって、申請者が資金的資源が欠如しているために移転が不合理であるということを受け入れることはできない。また、審判所は、申請者が移転した地域において家族の支援の利益が期待できないかもしれず、申請者の生活をより困難にするかもしれないことを考慮した。しかしながら、外務貿易省によるものを含む出身国情報において、特定の地域においては、パシュトゥーン人が居住していることを示しており、よって、審判所は、申請者が雇用を得るための技術と特性を有していることを認めるものである[17]。

このように、国内移転が合理的であると判断した事例においても、迫害に類似する身体的または精神的危害というよりは、主に、雇用の確保といった経済的な側面での合理性が重要な判断材料となっていることが示されている。

(2) アフガニスタン事案

申請者の国籍がアフガニスタンの事案17件のうち、差戻しが14件、原決定支持が3件である。差戻しの1件は新法、それ以外の16件はすべて旧法における決定である。

アフガニスタン事案における主張内容のほとんどがハザラ族であるため、出身地域においてタリバンに迫害されるというものである。2016年1月11日[18]、2016年2月9日[19]、2016年2月23日[20]、2016年3月2日[21]、2016年

---

[17] 1516745 (Refugee) [2017] AATA 339 (13 February 2017), [77].
[18] 1401381 (Refugee) [2016] AATA 3016 (11 January 2016).
[19] 1407642 (Refugee) [2016] AATA 3302 (9 February 2016).

5月6日[22]、2016年5月29日[23]、2016年7月5日[24]、2016年8月11日[25]、2017年1月17日[26]、2017年11月30日[27]の審判所決定は、いずれもハザラ族であるためにタリバン等から迫害されると主張するもので、出身地域における迫害の可能性を認めたうえで、首都への移転の可能性について検討したところ、いずれも不合理であるとされたために、難民該当性を認めた事案である。

その理由としては、パキスタンの事案と同様に、首都での雇用も含めた経済面における困難となっている。たとえば、2016年1月11日の審判所決定では、以下のように指摘している。

　申請者がカブールにおいて、家族や支援のネットワークを有していることを示す証拠があるとはいえない。申請者はほとんど教育がなく、限られた職業技術しかなく、カブールにおいて雇用や住居を支援する家族のネットワークや支援がない。このような状況とカブールにおける安全状況がよくないことを検討するに、審判所は、カブールへの移転は合理的に実現可能とはいえないと判断する[28]。

ハザラ族以外の事案においても、国内移転を不合理としたものがある。2016年6月13日の審判所決定[29]は、パシュトゥーン人でスンニ派であり、西洋諸国からの帰国者として反イスラム的意見を有しているとみなされるために、タリバンに迫害されると主張する事案で、審判所は、政治的意見を理由にタリバンに注視され、カブールへの移転は本人にとって不合理として該

20　1515236 (Refugee) [2016] AATA 3380 (23 February 2016).
21　1313776 (Refugee) [2016] AATA 3430 (2 March 2016).
22　1420197 (Refugee) [2016] AATA 3924 (6 May 2016).
23　1311769 (Refugee) [2016] AATA 3874 (29 May 2016).
24　1604829 (Refugee) [2016] AATA 4054 (5 July 2016).
25　1415785 (Refugee) [2016] AATA 4268 (11 August 2016).
26　1504646 (Refugee) [2017] AATA 170 (17 January 2017).
27　1506801 (Refugee) [2017] AATA 2993 (30 November 2017).
28　1401381 (Refugee) [2016] AATA 3016 (11 January 2016), [38].
29　1600926 (Refugee) [2016] AATA 3971 (13 June 2016).

当性を認めた。

2016年12月5日の審判所決定[30]は、父親がシーア派に改宗したために部族から迫害されると主張する事案で、審判所は、故郷に戻れば重大な危害を受けるとしたうえで、家族の支援がなく、妻子もいるため国内移転は不合理として、該当性を認めた。

2016年12月9日の審判所決定[31]は、シーア派住民に物資を配送する運転手であるために、タリバンから標的にされると主張する事案で、審判所は、運転手であることを理由にタリバンから注視されることはないと判断したものの、長期間パキスタンに居住しており、オーストラリアからの帰国者であれば、故郷において反タリバン的政治的意見の持ち主として注視されるとし、このうえで国内移転は不合理として該当性を認めた。

これらはいずれも、出身地域における迫害の可能性を認めたものの、首都では迫害の可能性がないとしたうえで、首都への移転の合理性を検討し、それを不合理としたものであった。

次に、2017年8月15日の審判所決定[32]は、新法下の事案で、ハザラ族でシーア派のためにタリバン等に迫害されると主張するものである。審判所は、アフガニスタンの情勢は悪化し、全土で迫害の可能性があると判断し、該当性を認めている。このため、新法における「迫害の真の可能性が受入国のすべての領域に存在すること」(第5J条第1項(c)号)に該当するため、この条項との関連における国内移転の検討、すなわち、国内移転が合理的かどうかの検討が不要かどうかについての判断が示されることになった。新法と国内移転との関係については後述する。

一方、国内移転を合理的であると判断した事案をみてみる。

2016年1月22日の審判所決定[33]は、シーア派のハザラ族であり、家族とともにカブールに移転し、タクシー運転手として稼働していたところ、タリ

30　1416996 (Refugee) [2016] AATA 4772 (5 December 2016).
31　1613279 (Refugee) [2016] AATA 4806 (9 December 2016).
32　1606800 (Refugee) [2017] AATA 1499 (15 August 2017).
33　1311130 (Refugee) [2016] AATA 3206 (22 January 2016).

バンやアルカイダから迫害されると主張する事案である。審判所は、過去にタクシー運転手として稼働したことがあるため、カブールに戻るのは合理的と判断し、かつ、出身国情報によるとカブールは安全であり、危害を受けないことから、該当性を否定した。

2016年1月7日の審判所決定[34]は、シーア派のハザラ族であり、父親がタリバンと戦ったため、タリバンに迫害されると主張する事案である。審判所は、故郷に戻れば迫害を受けるも、母方のおじが居住するところで、申請者が避難した地域は安全であると判断した。そして当該地域が故郷から離れていること、3年間母国を離れていたことからすれば、当該地域に戻ったとしてもタリバンの標的になることはなく、親族が存在し、本人にも職歴があるため、当該地域への移転は合理的であるとして、該当性を否定した。これは首都への移転可能性ではなく、それ以外の国内他地域への移転の事例であった。

2016年2月5日の審判所決定[35]は、シーア派のハザラ族であり、タリバンに迫害されると主張する事案である。審判所は、カブールでは安全であるとしたうえで、カブールでの稼働・居住経験があるため、カブールでの居住は合理的であるとして、該当性を否定した。

このように、パキスタンの事案と同様に、アフガニスタンの事案においても、条約上の迫害の可能性が存在しない国内他地域への移転の合理性判断においては、移転先における雇用が重要視されており、そしてその雇用を実現するうえでの家族・親族の存在も重要視されているといえる。この意味で、過去の移転先地域での居住や稼働の経験があるために、移転の合理性が確認された事例が存在している。

(3) その他の事案

次に、パキスタンとアフガニスタン以外の事案、合計10件を検討する。

---

[34] 1313821 (Refugee) [2016] AATA 3239 (7 January 2016).
[35] 1415574 (Refugee) [2016] AATA 3292 (5 February 2016).

国籍別としては、インド3件、バングラデシュ2件、エジプト、フィジー、レバノン、PNG、スリランカがそれぞれ1件となっている。差戻しが5件、原決定支持が5件である。

該当性があると判断された5件は、以下のとおりである。

2016年3月18日の審判所決定[36]は、Jamaat-e-Islami（JI）の支持者のため、対立勢力であるアワミリーグから迫害されると主張するバングラデシュ人の事案である。審判所は、申請者がアワミリーグ支援者によって迫害されること、そして、アワミリーグが与党のため国家が保護を与えることをできないと判断した。そのうえで、国内他地域でもJIの支持者に対する危害が予想されるため、国内移転は不合理とし、該当性を認めた。

2016年4月4日の審判所決定[37]は、ヒンズー教徒であるために、イスラム教徒に迫害されると主張するバングラデシュ人の事案である。審判所は、故郷の村に戻れば迫害を受けること、そして国家は保護を与えられないと判断した。このうえで、国内他地域においても、申請者はヒンズー教徒としての活動をするため、国内他地域でも迫害の対象となりうるとして、該当性を認めた。

2017年8月17日の審判所決定[38]は、コプト教徒（キリスト教の一宗派）のためにイスラム過激派に迫害されると主張するエジプト人の事案である。原審では国内移転可能とされていたが、審判所は、キリスト教徒に対する暴力があるという出身国情報が存在し、かつ、国家による効果的な保護がないため国内移転は不合理であるとして、該当性を認めた。

2017年10月10日の審判所決定[39]は、ある部族の一員であるところ、対立部族に殺害されると主張するPNG人の事案である。審判所は、出身地に戻れば対立部族から危害を受けると認めたうえで、国内移転の可能性について検討した。オーストラリアに入国する前、申請者が首都に居住しており、そこでは危害がなかったとしながらも、これは同じ部族の者と居住するなど

36　1503088 (Refugee) [2016] AATA 3672 (18 March 2016).
37　1419878 (Refugee) [2016] AATA 3661 (4 April 2016).
38　1509417 (Refugee) [2017] AATA 1485 (17 August 2017).
39　1620364 (Refugee) [2017] AATA 1820 (10 October 2017).

して、露出を避けていたためであることから、国内移転は不合理として、該当性を認めた。

　これらはいずれも、国内他地域においても条約上の迫害の可能性を認めたうえでのものであり、迫害がない地域への移転の合理性という事案とは性格を異にしている。

　2016年3月15日の審判所決定[40]は、アラウィー派（イスラム教の一派）であるために迫害されると主張するレバノン人の事案である。審判所は、出身地においては迫害があるとしたうえで、国内移転の可能性について検討し、高齢のため健康状態に問題があり、稼働能力がないこと、子どもからの金銭的支援がありうるも不十分であることから、国内移転は不合理であるとして、該当性を認めた。この事案は経済面における移転の合理性について検討しており、パキスタンやアフガニスタンの事案と同様である。

　一方、該当性がないと判断された事案は以下のとおりである。

　2017年12月4日の審判所決定[41]は、男性の保護がないインド系女性のため、男性から危害を加えられると主張するフィジー人の事案である。審判所は、出身地域では危害を受けるとしたうえで、たしかに申請者が過去に窃盗事件にあったものの、インド系であることを理由とするものではないとし、インド系の多い地域に移転可能であり、また過去に申請者に本国での職業経験があったことからも、その移転は合理的であるとして、該当性を否定した。

　2017年2月27日の審判所決定[42]は、ヒンズー教からキリスト教に改宗し、牧師になっために迫害されると主張するインド人の事案である。審判所は、出身地域では危害を受けるものの、国内他地域での危害の可能性は少ないとした。そのうえで、申請者は英語、ヒンディー語ができ、学歴および職歴があることから、他地域でも雇用を得ることができるため、国内移転は合理的であるとして、該当性を否定した。

　2017年2月14日の審判所決定は[43]、キリスト教徒の夫と婚姻し、イスラ

---

[40]　1417248 (Refugee) [2016] AATA 3539 (15 March 2016).
[41]　1518023 (Refugee) [2017] AATA 2995 (4 December 2017).
[42]　1615173 (Refugee) [2017] AATA 340 (27 February 2017).

ム教から改宗したために迫害されると主張するインド人の事案である。審判所は、親族から危害を加えられるものの、国内他地域における危害の可能性は低いと判断したうえで、申請者は職歴と学歴があり、またオーストラリアにおいても稼働する能力があることから、国内他地域でも雇用を得ることができるため、国内移転は合理的であるとして、該当性を否定した。

　これらの三つの事案は新法のものであり、必ずしも国内移転の合理性について検討しなければならないものとはいえないが、審判所は検討を行っている。

　2017年6月29日の審判所決定[44]は、反政府軍事勢力によって迫害されると主張するインド人の事案であり、審判所は、出身地域では危害を受けるものの、国内他地域での危害の可能性は低いと判断した。そのうえで、インドにおいては国内移動が活発であること、失業率が低いこと、申請者がヒンディー語を話すこと、扶養家族がいないことなどのために、国内移転は合理的であるとし、該当性を否定した。

　2017年2月13日の審判所決定[45]は、父親がUNP（統一国民党）の活動家であるために対立勢力に迫害されると主張するスリランカ人の事案であり、審判所は、申請者が危害を加えられてから長年が経過していること、本国でUNPを母体とする政権が成立していることからも、危害の可能性は特定地域のみに存在すると判断した。そのうえで、申請者には職歴と学歴があり、またオーストラリアでの就業経験もあること、扶養家族がいないことからも、国内移転は合理的であるとして、該当性を否定した。

　このように、国内移転の合理性を確認した決定においても、国内他地域における雇用可能性を中心に検討が行われている。

　パキスタン、アフガニスタン、その他の国籍の事案のいずれにおいても、出身地域以外では条約上の迫害がない場合についての、国内移転の可能性における合理性の検討においては、主に、雇用可能性を中心とした経済的側面

43　1615365 (Refugee) [2017] AATA 370 (14 February 2017).
44　1619339 (Refugee) [2017] AATA 1189 (29 June 2017).
45　1515521 (Refugee) [2017] AATA 275 (13 February 2017).

からの検討が行われている。国内他地域において条約上の迫害がありうる場合において、国内移転は不合理とするのは、条約上の難民の定義と整合性があるものの、これまでの審判所の決定において、経済的な事由を国内移転の合理性の基準とすることは、ある意味で、条約上の迫害の概念を拡大したということもできる。

このことは、第3章で考察した迫害概念とも密接に関連するところであり、移民法第5J条第5項(d)号においても、「その者の生存能力の脅威となる重大な経済的困難」とあることからも、経済的な側面が迫害概念に含まれるかどうかという論点にも通じるものがある。

第3節　国内移転と新法

このように、2007年8月30日の最高裁判決に端を発するかたちで、その後の審判所の決定においても、国内移転の合理性の検討の基準として、雇用可能性を中心とした経済的な側面が設定されていた。このうえで、2014年の移民法改正においては、第5J条第1項(c)号において「迫害を受けるおそれがあるという十分に理由のある恐怖」があるとするためには「迫害の真の可能性が受入国のすべての領域に存在すること」という条文が挿入されている。政府の法案趣旨説明書によると、国内移転が「合理的」であるかどうかについては基準とはしない意図のものであるとしており[46]、この最高裁判例とそれに基づく数多くの審判所の決定に対抗する意図が読み取れる。

では、新法において、国内移転の合理性の検討が不要になったのかというと、必ずしも明確ではなく、これまで取り上げた、新法に基づく審判所決定においても、合理性について検討し、合理的であるとした決定が3件あり、そもそも迫害の可能性が全土に存在するとして、国内移転は不合理とした決定が1件存在している。この意味で、少なくとも、新法に基づいた審判所の

46　Migration and Maritime Powers Legislation Amendment (Resolving the Asylum Legacy Caseload) Bill 2014, Explanatory Memorandum, [1183], p. 172.

決定においては、出身地域では迫害は受けるとしたうえで、国内移転自体の合理性をそもそも検討することなく、国内移転は可能であることを理由として該当性を否定した決定は、管見の限り見当たらない。

しかし、司法上の判断では、新法においては、国内移転の合理性を検討することが不要であるとの解釈が示されている。2017年3月10日の連邦巡回裁判所判決[47]は、2008年11月に配偶者ビザでオーストラリアに入国し、その後、在留していたアフガニスタン人の事案である。2013年6月、人の密輸に関与していたことから、情報機関によって安全上の危険人物として認定されたたため、所持するビザが取り消された。2015年4月に、この者は、シーア派のハザラ族であり、オーストラリアで長期間在留したことから、タリバン等に迫害されると主張し、保護ビザを申請した。2016年6月、原審において保護ビザ付与が拒否され、2016年9月、審判所も迫害の可能性がアフガニスタン全土において存在していないため、保護ビザ拒否の原決定を支持しており、このうえで、提訴に及んだものである。原告は、審判所は国内移転の合理性を検討することがなかったため、違法であると主張した。

この判決では、第5J条第1項の明瞭な表現においては、合理性への言及は含まれておらず、とくに移転に関する合理的な期待に関する問題も含まれていないとした。そのうえで、前述の2014年移民法改正時の法案趣旨説明書を引用しながら立法趣旨について言及し、合理性に関する要素は「意図的に削除された」とした。さらに、2007年8月30日の最高裁判決で示された、国内移転の可能性の検討の際にその合理性を検討しなければならないという基準は、すでに実効的ではないとしている[48]。すなわち、国内移転において、その合理性の検討を不要とするための法改正の趣旨を、司法が是認したものとなっている。このため、新法に基づく難民該当性判断においては、国内移転の合理性について、義務的に検討されることはないと考えられる。

なお、前述した2017年8月15日[49]の審判所決定は、この判決と同様に、シーア派のハザラ族のアフガニスタン人に関するものであったが、迫害の可

47　DFE16 v Minister for Immigration & Anor [2017] FCCA 308 (10 March 2017).
48　Ibid., [21]-[26].
49　1606800 (Refugee) [2017] AATA 1499 (15 August 2017).

能性が全土に存在するとして該当性を認めており、そもそも国内移転に関する検討を行っていない。

第4節　補完的保護と国内移転

しかし、結果的に、国内移転の合理性の検討が不要と解釈されたのは、条約上の難民の定義を、オーストラリア移民法に反映させた「難民」定義におけるもので、第7章で指摘したように、補完的保護においては、依然として国内移転の合理性を検討しなければならない構造となっている。

移民法第36条第2A項では、補完的保護の対象となる場合である「深刻な危害」について規定している。同条第2B項はその除外規定であり、そのひとつとして「当該外国人が、深刻な危害を受けるという真の危険性がないであろう、当該国のある地域に移転することが合理的である場合」と規定されており、条文上、補完的保護該当性の判断においては、国内移転の合理性を検討しなければならないものとなっている。

この事例として、2017年11月1日の審判所決定[50]があり、国内移転は不合理として補完的保護該当性を認めている。これは、パキスタン人でオーストラリア出生の子どもが保護ビザを申請した事案である。この前に、その母親が保護ビザを申請したものの、原審で拒否され、審判所も原決定を支持したうえで、決定時点では提訴中となっていた。母親の原審での拒否後、本事案の申請者が出生し、申請に及んだものである。なお、保護ビザの付与に当たっては、保護ビザが付与される「同一家族単位の者」（主に配偶者と子）に対しては、その者の難民該当性または補完的保護該当性を検討することなく、自動的に保護ビザが付与されることとなっている（移民法第36条第2項(b)号および(c)号）。

この事案において、この子どもそのものに関する難民該当性の主張はなく、母親がシーア派の伝道師であるために標的にされ、危害を加えられるという

---

[50]　1703581（Refugee）[2017] AATA 2664（1 November 2017）.

主張であり、実質的には、すでに審判所でも該当性が認められなかった母親の該当性が、結果的に再び検討されている。

審判所は、母親がオーストラリアでも宗教活動を行っているため、母親とともに本国に帰国し、出身地に戻れば、母親は同様に宗教活動を行うと認め、「難民」定義上の「重大な危害」とともに、補完的保護の対象となる「深刻な危害」を受ける可能性を認めている[51]。

このうえで、移民法第5J条第1項(c)号に立脚して、国内移転について検討しており、ラホールでは「重大な危害」の可能性はないと判断した。次に、補完的保護上の「深刻な危害」の可能性について検討する際に、第36条第2A項に立脚して、国内移転の合理性についての検討を行っている。審判所は、母親が精神疾患を抱えているため、ラホールを含めた、パキスタンの他の国内地域へ移転することは不合理であるとして、補完的保護該当性を認めている[52]。

本来の条約難民に該当する「難民」該当性の検討においては、新法において、国内移転の合理性を検討することが不要であるとの司法判断が示されているなかで、条約難民該当性を拡大したといえる補完的保護の該当性の検討においては、条文上、国内移転の合理性が検討されなければならないという、ある種、首尾一貫しない法的構造となっている。このため、新法下において、前述の審判所決定のように、国内移転の合理性の検討義務をあえて発動させるために、「深刻な危害」を受ける可能性があるとして、補完的保護該当性についての検討を行うということもありうるかもしれない。

おわりに

以上、本章では、難民条約上の「国籍国の保護を受けることができない者」という規定に起因する、国内移転について検討した。

オーストラリアの移民法において、直接に条約の定義が言及されていた際、最高裁判所の判例などによって、国内移転の可能性の検討においては、その

51　1703581（Refugee）[2017] AATA 2664（1 November 2017），[48], [51], [52].
52　1703581（Refugee）[2017] AATA 2664（1 November 2017），[61]-[65].

合理性について検討することが求められていた。国内移転に関する事案においては、国内他地域でも条約上の迫害の可能性がある場合だけではなく、迫害の可能性がない場合においても、合理性についての検討が行われていた。その場合、主に雇用の確保といった、経済面における申請者にとっての合理性が基準となっていた。

　このことは、本来、難民条約が条約上の迫害からの保護を念頭に置いているにもかかわらず、国内他地域への移転によって迫害そのものは回避できるものの、経済的な側面において不合理であるがゆえに、結果として難民該当性があるという結論に至るという意味で、ある種、条約難民の定義の緩和、より詳細には迫害概念の緩和が結果として行われていたということができる。

　おそらく、オーストラリア政府は、最高裁判所の判例と、それに基づく多くの審判所決定において、経済的側面が合理性の基準とされていることに懸念を抱き、2014年の移民法改正で、国内移転の合理性の検討が不要な法的構造を導入したものと思われる。その後の司法判断では、こうした政府の立法趣旨が是認され、「難民」定義においては、国内移転の合理性の検討そのものは不要となったといえる。一方で、補完的保護該当性の検討においては、国内移転の合理性の検討が求められるという、一見矛盾した法的構造となっている。

　これとの関連で、UNHCRが発行する「難民認定基準ハンドブック」では、「すべての事情を勘案してその国の別の地域に避難を求めることを期待することが合理的でない場合には、単にそうすることができたのではないかという仮定に基づいて難民の地位を否定することはできないであろう」[53]と述べられており、国内移転の可能性について「合理的」を基準とする立場を採用している。この意味では、国内移転の合理性の検討を要しない新法におけるオーストラリアの基準のほうが、「厳しい」ということができる。

53　国連難民高等弁務官駐日事務所『難民認定基準ハンドブック——難民の地位の認定の基準及び手続に関する手引き（改訂版）』（日本語版、2015年7月）パラグラフ91。

第9章

「安全な第三国」条項

はじめに

　本章は難民条約の解釈から導き出される「安全な第三国」の内容について検討するものである。「安全な第三国」とは、ある者が出身国において迫害を受ける場合において、ある国に保護を求め、その者の難民該当性が確認されたとしても、迫害を受けない他の第三国において在留できるのであれば、その国は在留を認める必要はない、という考え方である。

　第1章でみたように、そもそも難民の二次的移動を積極的に認めるものではないということは条約制定当時の趣旨であった。このため、すでに保護を受けている国があるにもかかわらず、国籍国に送還されれば迫害を受けるという事実によって、任意の国から保護を受けることを認めることは、決して望ましいことではなく、このため「安全な第三国」条項の意義が確認できる。

　一方で、条約上「安全な第三国」についての明示的な規定は、第1条Eを除いては存在せず、あくまでも条約そのものの趣旨や、その解釈から導き出されるものであるために、「安全な第三国」についてはおおいに解釈の余地があるものになっている。

　本章では、実際に「安全な第三国」についての条項が移民法に挿入されているオーストラリアの事例から、「安全な第三国」について考察する。

第1節　難民条約と「安全な第三国」

　難民条約上、難民として自国内に在留する者につき、国民と同様、または外国人と同様の権利を与えなければならないという諸規定はある。しかし、難民として認められた者の在留を認めなければならないという明示的な条項は存在していない。このことは、第1章でみた全権会議における議論において、難民条約が加盟国の出入国管理に影響が及ぼされることを最小限にする努力がなされたことが反映されているためと考えられる。

　ただし、加盟国が難民として認められた者について「結果として」在留を認める必要があることは、条約第33条第1項の送還禁止義務の反射的結果として導き出されるといえる。すなわち、その者が、国籍国以外の国を有しない場合、他の外国は、原則としてその者の在留を認めることはない。そして、条約第33条第1項により、本来在留の権利がある国籍国においては、迫害を受けることから送還が禁止されているため、他のどの国にも事実上送還が不可能であることから、当該国での在留を認めなければ、その難民を保護することはできない。

　このように、あくまでも、「本来送還できるはずの国籍国においては迫害を受けるため、送還できない」という状況の結果として、難民が当該国に在留を認められることになるといえる。

　この構造から、「安全な第三国」という問題が生じる。仮に、国籍国と庇護を求める国以外の第三国において在留ができるのであれば、庇護を求める国は、たとえ難民該当性がある者についても、その在留を認める必要はなく、難民申請者は、当該第三国において在留することで迫害を回避すべき、というものである。

　仮に多重国籍者、二重国籍者である場合、迫害を受ける出身国以外の国籍国において、国民の権利として在留できるため、特段の問題は生じない。事実、難民条約でも、第1条C(3)において「新たな国籍を取得し、かつ、新たな国籍国の保護を受けている場合」には難民条約の適用が終止するとあり、出身国以外の国籍の保持と、当該国から保護を受けている場合については、

明示的に難民条約の対象外であるとなっている。

しかしながら、国籍国ではない国において在留が認められる場合については、難民条約からは必ずしも明確なものは導き出せない。

まず、第 1 条 E において「この条約は、居住国の権限のある機関によりその国の国籍を保持することに伴う権利及び義務と同等の権利を有し及び同等の義務を負うと認められる者については、適用しない」と規定されている。「その国の国籍を保持すること……と同等の権利……義務」が得られる国がある場合には、明示的に条約の適用外、すなわち、その者の在留を認める必要はない、ということになる。ただし、「その国の国籍を保持すること……と同等の権利……義務」の内容については、解釈の余地がおおいにあるところである。

第 1 条 E に依拠する場合以外においては、「安全な第三国」は、あくまでも条約第 33 条の趣旨および解釈から導き出されるものであることからも、これも、解釈の余地がおおいにあるところとなっている。さらに、オーストラリアのように、明示的に国内法で「安全な第三国」について規定している場合もある。

以下、オーストラリアの行政上および司法上の判断から、「安全な第三国」の内容について明らかにしていく。

第 2 節　「難民認定以上、国民以下」としての難民条約第 1 条 E の適用

オーストラリアにおいても、他の国で難民認定を受けている者がオーストラリアに入国し、難民認定申請を行う事例が多数確認できる。こうした二次的移動は、「フォーラム・ショッピング（forum shopping）」といわれており、自らが選ぶ任意の国に保護を求めるものとして問題視されてきた。

オーストラリアにおいては、とりわけ 1990 年代以降、この問題に直面している。移民当局は、難民条約第 1 条 E を適用することで、これを抑止しようとしていた。

第 1 条 E に関する初期の司法判断は、1992 年 9 月 22 日の連邦裁判所判

決¹である。

　原告はスリランカ人で、1987年に母国を出国し、同年9月13日にノルウェーに入国したものである。その後ノルウェーで難民認定されている。1989年9月13日、ノルウェー政府から定住許可を得ている。1998年11月16日、ノルウェー政府から、1990年7月12日まで有効の外国人用旅券の発給を受け、さらに、1992年7月12日まで有効期間が延長されている。1990年8月20日、オーストラリアに入国し、1か月の滞在許可を受けた。そして、1990年9月9日に難民の地位の認定を申請した。

　移民省の審査においては、ノルウェーで難民として認めうれており、同国に帰還することのできる権利を有していることから、オーストラリアは難民として保護する義務を負わないとして、不認定となっている。

　この決定に対して訴訟が提起された。判決では、難民として認定されている事実のみをもってして、難民条約第1条Eにおける「その国の国籍を保持することに伴う権利……と同等の権利」が原告に認められているかどうかは不明確であるとして、原告に再度申請することを認めている。

　　ノルウェーの国内法が、ノルウェー国籍を所有することに伴う同等の権利を難民に認めているのかもしれないが、意思決定者の前に、そのようなことを認める証拠についての資料はなく、そして、意思決定者がこの点を考慮しなかったことは明白である。締約国における難民が、少なくとも難民条約で規定されている権利については与えられていることは正当な推定であるが、意思決定者は単に他国で難民の地位が付与されることが条約第1条Eの除外条項を発動するに十分という見解をもっているようである。利用可能な証拠からは、そのような推定に至ることはできず、その点に関して、決定には法の瑕疵が含まれている²。

　このように、ある国で難民認定を受けていることは、条約上規定されてい

1　Re Jeganathan Nagalingam v Minister of Immigration, Local Government and Ethnic Affairs and Noel Barnsley [1992] FCA 470 (22 September 1992).
2　Ibid., [27].

る、国民ないしは他の外国人と同じ権利が得られると推定できるものの、それを担保するのはあくまでもノルウェーの国内法であり、それを考慮しなかった移民省の決定を違法とした。そして、仮に単に難民認定を受けており、その結果、条約に規定された各種の権利が得られたとしても、それが条約第1条Eの規定する「その国の国籍を保持することに伴う権利……と同等の権利」とは直ちにはならない、という基準も示している。

そのうえで、以下のように述べている。

> 第E項は、その者が国籍よりも劣位の何か(something less than nationality)を有している事例に適用されることには疑問がない。仮にそうでないのであれば、第E項は第C項(3)の規定の存在からすると、なんの目的ももたなくなる[3]。

すなわち、条約第1条C(3)において、国籍を有している場合が明示的に適用除外となっていることから、条約第1条Eの権利が国籍と同様であれば、第1条Eの存在の意味がなくなるため、少なくとも、条約第1条Eの権利は、「国籍よりも劣位の何か」としている。

このように、1992年9月22日の連邦裁判所判決においては、第1条Eの権利の解釈として、「単に難民認定されているだけでは十分ではないものの、国籍よりも劣位のもの」であるという基準が示された。ただし、「難民認定以上、国籍以下」という権利が具体的にどのようなものであるのかについては、示されることはなかった。

このうえで、1992年9月22日の連邦裁判所判決をふまえつつ、実際に条約第1条Eが規定するところの、「難民認定以上、国籍以下」の内実が示されたのが、1995年3月27日の難民再審査審判所の決定[4]であった。

申請者はスリランカ人で、1990年9月に母国を出国してドイツに入国し、難民の地位の認定を申請し、1993年7月に認定されている。1993年8月、

---

3 Ibid., [30].
4 V93/01133 [1995] RRTA 618 (27 March 1995).

オーストラリアに入国し、難民の地位の認定を申請した。

まず、この決定では、1992年9月22日の連邦裁判所判決を念頭に、申請者がドイツで難民認定されているだけでは、条約第1条Fの除外条項の適用とはならないとした。そのうえで、第1条Eが適用されるかどうかについて、次のような基準を示した。

> 第一に、その者は（条約第4条から第34条までで規定されている）条約難民としての権利を与えられていなければならない……第二に、その者は居住国に入国の権利があり、それとともに追放や送還からの保護があることが必須であると思われる。第三に、教育の享受の権利、雇用および社会保障の権利とともに、言論、政治的意見および信仰の自由といった、国際人権規約に規定される権利や自由の同様の尊重、さらに居住国内での移動の自由といった、社会的・経済的権利について国民と同様であることも必要であると思われる。最後に……将来、国民となることのできる可能性、それゆえにすべての政治的権利を享受できることも必要と思われる[5]。

このうえで、申請者がドイツにおいて難民認定されていることに伴って、ここで示した諸権利を享受することができるとの判断を示し、申請者に対して条約第1条Eが適用され、このために、難民の地位を認定しないという原決定を支持した。

ここにおいては、社会保障上の権利は当然であるものの、それに加えて、参政権はないにせよ、政治的言論の自由が保障されており、かつ、将来に国民となることのできる可能性が存在しており、国民としての参政権が享受できることが相当の期間内に可能であるのであれば、第1条Eにおける「その国の国籍を保持すること……と同等の権利」であるとするものである。いわば、「国民となることのできる準備段階」であることが必要ともいうことができる。

通常先進国において、難民認定を受けた者の場合は永住が認められること

---

[5] V93/01133 [1995] RRTA 618 (27 March 1995).

が多く、また、国内においても政治活動の自由が保障されているといえる。さらに、条約第34条に「締約国は、難民の当該締約国の社会への適応及び帰化をできる限り容易なものとする」とあるように、国籍取得についても緩和された措置があると期待できる。

各国について個別に国内の法や制度についての検討は必要であるものの、この基準によると、先進国で難民認定された者の場合は、通常、条約第1条Eに該当し、その事実によって、高い可能性において、第三国では難民認定されない構造となる。ある国で難民として保護を受けている者について、ほぼ高い確率で、他国においても難民であるとして保護を求めることはできない、ということを意味している。このことは、第1章の全権会議での審議過程でもみたように、難民の二次的移動を抑制しようとする強い意図があったところ、まさに条約第1条Eは、それを抑制しようとする規定のひとつとなっていることが示されている。

このように、条約第1条Eの権利の内容として、「難民認定以上、国籍以下」であり、それが「難民認定を受けたうえで国民となることのできる準備段階」といったものである基準が示された。

第3節　「すべての権利及び義務」としての難民条約第1条E

しかし、この基準は1996年8月21日の連邦裁判所判決[6]で否定されてしまう。

この判決の原告はイラン人で、1994年2月にオーストラリアに入国したものである。原告は1986年からドイツに居住し、1991年5月に難民の地位を認定されている。移民省の原審で拒否され、難民再審査審判所に再審査請求をしたものの、審判所は、ドイツにおいて国民と同等の権利を有しているため、条約第1条Eに該当し、さらにドイツにおいては条約上の理由によ

---

[6] Reza Barzideh v Minister of Immigration and Ethnic Affairs [1996] FCA 1719 (21 August 1996).

り迫害を受けるおそれはないとして、原決定を支持した。

　この決定に対して訴訟が提起された。この判決においては、条約第1条Eの権利義務について、以下の厳格な基準を示した。

　　第1条Eが、ある者を難民であることから排除するために機能するためには、次の場合であるというのが私の見解である……　その者が中継居住地の国民と同様の権利及び同様の義務の下にある場合……私は、条約が規定する権利や義務は、単にいくつかのものではなく、すべての権利及び義務でなければならないと思料する[7]。

　このため、審判所は条約第1条Eについて間違った基準を適用したとして、再考のために審判所に差し戻す決定をした。

　この判決では、国民としての「すべての権利及び義務」を有しているのでなければ、条約第1条Eの除外条項は発動できないとした。ただし、国民ではないながらも、国民としての「すべての権利及び義務」を有する外国人というのは、いったいどのような地位であるのか、また、そうした地位を外国人に与えている国が存在するのかどうかについての具体的言及はない。

　第1章でみたように、条約第1条Eに関する全権会議の審議においては、オランダ代表は「これは、投票権、公職に就く権利または兵役に服する義務を意味するのではなく、単に経済的、社会的権利を意味するものと理解している」[8]と述べており、またイギリス代表も、「居住の権利を得るということは、永住権を得ることと同様だと理解している」[9]と述べている。このことからも、国民としての「すべての権利及び義務」を有していなければならないとする本判決が示した基準は、厳格すぎると思われる。

　いずれにせよ、この判決の基準により、条約第1条Eに依拠して「安全な第三国」があるために難民として認めることをしないということは、相当

---

[7]　Reza Barzideh v Minister of Immigration and Ethnic Affairs [1996] FCA 1719 (21 August 1996), [67]-[68].
[8]　A/CONF.2/SR.23, pp. 25-26.
[9]　A/CONF.2/SR.23, p. 26.

に困難な状況になってしまったことは事実であった。

第4節　難民条約第1条Eから第33条へ

　その後、この条約第1条Eに依拠した「安全な第三国」の定義から、条約第33条の送還禁止義務の解釈に依拠する「安全な第三国」の定義へと転換が行われた司法判断があった。

　これは、スリランカ人でフランスに在住し、そこで難民認定を受けた者が、1994年12月にオーストラリアに入国し、1995年4月に保護ビザ申請をした事案である。審判所は条約第1条Eを適用し、難民に該当しないため保護ビザ申請を拒否した原決定を支持した。

　1997年3月3日の連邦裁判所判決[10] では、条約第1条Eの解釈について、「国民としてのすべての権利及び義務」であることが必要とする1996年8月21日の連邦裁判所が示した基準を採用した。このため、フランスで難民認定を受けた外国人が、政治的権利を有していないこと、また申請者に障害があり、雇用の機会が制限されていることを指摘したうえで、「国民が有するものと同様の権利および義務を有していない」として、審判所が第1条Eの適用を誤ったとして、再考のために差し戻す決定を下した。

　この判決に対して政府側が控訴し、1997年12月19日に連邦裁判所大法廷判決[11] が出された。

　政府側は、本事案について、①条約第1条Eの適用の問題、および、②第1条Eとは別個に、第三国において効果的な保護を受けている者について、オーストラリアは保護義務を負うのかどうかの問題、という二つの論点を提示している。①については、従来までの論点であるが、②については、この間の法改正が大きく関連している。

---

[10] Varatharajah Thiyagarajah v Minister for Immigration & Multicultural Affairs [1997] FCA 136 (3 March 1997).

[11] Varatharajah Thiyagarajah v Minister for Immigration & Multicultural Affairs [1997] FCA 1494 (19 December 1997).

1992年の移民法改正（1994年から施行）において、従来までは大臣に与えられていた、難民の地位の認定をする権限が、「保護ビザ」というビザのひとつとして改正された。この「保護ビザ」の要件として、当時、以下のように規定されていた。

> **移民法第36条第2項**（当時）　保護ビザの要件は、当該ビザの申請者が、オーストラリアが難民議定書により修正された難民条約のもとの保護義務を負う、オーストラリアにいる外国人であること。

この事案における申請は、保護ビザ創設後のものであるため、本判決では、移民法第36条第2項における「保護義務」についての解釈との関連で、「安全な第三国」についての検討が行われている。

「保護義務」の解釈において、難民条約上締約国に課された義務としての、第31条（避難国に不法にいる難民）、第32条（追放）、第33条（追放及び送還の禁止）との関連で検討が必要であると指摘している。第31条は本事案の申請者にとって無関係であるとし、第32条は第33条との関連で検討されるべきであるとしたうえで、第33条との関連を中心に検討を行っている。

条約第33条は、難民条約の中核をなす送還禁止義務、いわゆる「ノンルフルマン」の原則を規定したものである。そして、第33条との関連で「安全な第三国」を位置づけている。

> 国際法は、締約国が、庇護申請者を、その者の難民の地位を認定し、その者にその国での居住、入国、再入国の権利を含む効果的な保護（effective protection）を与えている第三国に送還することを妨げてはいないと結論づけるのに十分である[12]。

このように、「効果的な保護」を与える第三国がある場合、そこに送還することは難民条約上妨げられていないという解釈を示した。

12　Ibid.

このことは、従来まで、第1条Eの解釈から「安全な第三国」を位置づけていたのが、第33条の解釈から「安全な第三国」が位置づけられるという、大きな転換を意味していた。このことは、前述の移民法改正により、「保護義務」の概念が導入されたことと密接な関係がある。以前の「難民の地位の認定」であれば、単に条約第1条の難民の定義に合致するかどうかを検討する必要があり、そしてそうであるがゆえに、そこから「安全な第三国」が存在するとして、難民であることから除外するためには、条約第1条Eに依拠しなければならなかった。

　しかし、「保護義務」が要件となったことにより、条約全般の解釈との関連で検討することが可能となったために、条約第33条の送還禁止義務の解釈から「安全な第三国」が導き出されたのであった。そしてその要件としての「効果的な保護」という基準を示したのであった。

　このうえで本判決は、申請者は、フランスで効果的な保護を与えられているとして、オーストラリアは保護義務を負わない、と結論づけている。

> 　国内法および国際法の問題として、被告はフランスにおいて難民の地位が与えられ、効果的な保護を受けているために、オーストラリアは被告に対して保護義務を負わない。さらに、被告の保護ビザ申請が難民再審査審判所によって決定された際、被告はフランスに長期間居住しており、フランスにおいて国籍の申請権があり、フランスに帰還することを可能にする旅行文書を有している。この付加的な事項は、オーストラリアが原告に保護義務を負わないとする見解にとって必須のものではないが、被告の保護の主張が、難民条約の目標と目的とはかけ離れているといえる[13]。

　なお、条約第1条Eの適用については、必ずしも検討する必要がないとはしながらも、申請者については適用されないと結論づけている。

　1996年8月21日の連邦裁判所判決によって、条約第1条Eの解釈が「国民としてのすべての権利及び義務」を有することができるとして「安全な第

13　Ibid.

三国」が位置づけられ、その基準がきわめて厳格なものになった。しかし、移民法上の「保護義務」概念の導入により、条約第33条の解釈から「安全な第三国」が位置づけられ、その基準も「効果的な保護」となったことから、格段に基準が下げられたといえる。

　事実、本判決でも、被告について、第1条Eは適用されないとしながらも、フランスにおいて「効果的な保護」を受けていることから、保護ビザに該当しないという判断が下されており、基準が低下したのは明らかであるといえる。

　このように、「安全な第三国」の根拠が条約第1条Eから第33条へと転換することにより、その結果として、基準が大幅に緩和されたのであった。

　しかしながら、この「効果的な保護」基準は、2005年3月2日の最高裁判所判決[14]によって否定されてしまう。

　この事案の原告は旧ソ連生まれの父親と息子で、1999年6月にオーストラリアへ入国したものである。保護ビザ申請をしたところ、2002年3月、難民再審査審判所は、原告はユダヤ人であること、また、父親の政治的意見・活動のために、ロシアに帰国すれば迫害を受けると判断した。しかし審判所は、ユダヤ人であるためにイスラエルに入国・在留でき、「効果的な保護」を得られることを理由に、保護ビザを拒否した原決定を支持している。

　前述の1997年12月19日の連邦裁判所大法廷判決においては、移民法上の「保護義務」(第36条第2項)の解釈について、条約第33条の趣旨から、第三国において「効果的保護」を受けられる場合には、「保護義務を負わない」とするものであった。この最高裁判決では、この移民法上の「保護義務」について、別の解釈がなされた。

　判決では、「保護ビザ」を導入した1992年の法改正の経緯について指摘し、これが、それ以前は難民の地位の認定と、別個に在留資格の付与という二つの手続が存在していたことを技術的に統合させるためのものであると指摘し

---

[14] NAGV and NAGW of 2002 v Minister for Immigration and Multicultural and Indigenous Affairs [2005] HCA 6 (2 March 2005).

た。このため「『(条約の) 下での保護義務をオーストラリアが負うもの』は、条約第1条の意味における難民であるもの以上のものとはいえない」として、「保護義務」概念の導入が、保護ビザ該当性の判断において、条約第1条の意味を拡張するものではないと結論づけた[15]。

さらには、保護義務の有無の判断において、条約第1条Aのみが関連するものであり、他の除外条項は、その判断において無関係であるとも結論づけている[16]。

このように、「保護義務」の内容について、条約第1条Aに該当するかどうかであるという限定的な解釈がなされた。このため、保護義務を広範に解釈し、条約第33条の趣旨から、「安全な第三国」であるイスラエルが存在するために、保護ビザの拒否を支持した審判所の決定が違法なものとされ、再考のために差し戻す決定がなされている。

「安全な第三国」の根拠を条約第33条に求めたこれまでの解釈は否定され、結果として、移民法をもとにして、「安全な第三国」を理由に保護ビザを拒否する、すなわち、条約上の難民ではないと判断することが封じられてしまう事態となってしまったのである。

第5節　「安全な第三国」条項の挿入

しかし、この間に1999年の法改正[17]で、現行の「安全な第三国」条項が挿入されている。前述の最高裁判決はこの法改正以前の保護ビザ申請であり、この条項が適用される前のものであった。この条項の挿入の目的は、まさしく、船舶による不法入国者が増加するなかで、他国で保護を受けているにもかかわらずオーストラリアで保護を求めようとする、いわゆる「フォーラム・ショッピング」を抑制しようとするものであった[18]。

2005年の段階であえて最高裁が、「保護義務」についての限定的解釈を行

15　Ibid., [41]-[42].
16　Ibid., [47].
17　Border Protection Legislation Amendment Act 1999, No. 160 of 1999.

ったのも、すでに移民法のなかに「安全な第三国」条項が存在していたからとも考えられる。いずれにせよ、1999年の法改正以降については、それまでの条約第1条Eまたは第33条の解釈から「安全な第三国」を位置づけるのではなく、移民法のなかの明示的な条文に依拠するものへと、大幅な転換があった。

現行の移民法における「安全な第三国」条項は、以下のとおりである。

> **第36条**
> 第3項　外国人の国籍国も含めてオーストラリア以外のあらゆる国において、一時的であれ永住であれ、入国し在留する権利を、その権利がどのように生じるか表明されようとも、自ら活用するためのあらゆる手段をとらなかったものに関して、オーストラリアは保護義務を負わないものとする。

これに加えて、移民法第36条第4項、第5項、第5A項の除外条項がある。これらは、第3項の国において、条約上の迫害がないこと、また、その国が条約上の理由による迫害を受ける他の国に送還しないこととある。補完的保護についても同様に規定されている。第6項は、「第3項の目的において、ある外国人がある特定の国の国民であるかどうかは、当該国の法律に依拠するのみによって決定される」となっている。

この条項の挿入後の、「安全な第三国」をめぐる行政および司法判断においては、「入国し在留する権利（a right to enter and reside in）」の、とりわけ「権利」の内容をめぐって論点が設定されていく。

2001年3月12日の連邦裁判所判決[19]は、移民法第36条第3項の解釈をめぐっての最初の裁判例であった。

- **18**　Border Protection Legislation Amendment Bill 1999, Supplementary Explanatory Memorandum, p. 2.
- **19**　Applicant C v Minister for Immigration & Multicultural Affairs [2001] FCA 229 (12 March 2001).

保護ビザ申請者はイラク人で、1999年12月に船舶で不法入国したものであった。入国後、保護ビザを申請し、移民省原審で拒否され、審判所に再審査請求をしたものの、原決定が支持されたため、提訴に及んだものである。審判所は、イラクに帰国すれば迫害を受けるとしたものの、申請者が、オーストラリア入国前、親類のスポンサーを得てシリアに入国して約2か月半在留しており、このため、再びスポンサーを得てシリアに入国・在留ができることから、移民法第36条第3項が適用され、保護義務を負わないとした。

この判決では、まず、第36条第3項はこれまでの判例を明文化したものではなく、難民申請者が乗り越えなければならない「あらたな法的ハードル」であるとした[20]。そして、第36条第3項における「権利」とは、「法的に行使可能な権利（legally enforceable right）」でなければならないとする基準を示したのであった[21]。

この基準に立脚し、申請者は、スポンサーを得ればシリアに在留できる可能性があるという立場にすぎず、収容されている申請者はスポンサーを得ることができる状態ではないことから、申請者はシリアに入国・在留のできる「法的に行使可能な権利」は有していないとして、審判所の決定を違法としている。この「法的に行使可能な権利」という基準は、控訴審である2001年9月18日の連邦裁判所大法廷判決[22]でも支持されている。

このように、第36条第3項の移民法への挿入から間もなくして「法的に行使可能な権利」という基準が示されたのであるが、ほぼ同時期の裁判例においては、別の基準が示されている。

2001年8月3日の連邦裁判所判決[23]は、2001年3月12日の連邦裁判所判決同様にイラク人の保護ビザ申請の事案で、1999年9月にオーストラリアに船舶で不法入国したものであった。申請者は、スポンサーを得てシリアに

20　Ibid., [28].
21　Ibid., [30].
22　Minister for Immigration and Multicultural Affairs v Applicant C [2001] FCA 1332 (18 September 2001).
23　V856/00A v Minister for Immigration and Multicultural Affairs [2001] FCA 1018 (3 August 2001).

合法的に入国し、しばらく滞在した後に、合法的に出国している。審判所は、イラク人はスポンサーを得るなどしてシリアに入国できれば永住することが可能であり、このため、申請者はシリアにおいて「効果的な保護」が得られるとして、保護ビザ拒否の原決定を支持している[24]。

この判決では、移民法第36条第3項について、以下の解釈を示した。

> 第36条第3項の「その権利がどのように生じるか表明されようとも」という文言は、その権利の源泉および発生が多様であることを支持している。また、その「権利」が広い概念であるという認識も支持している。とくに、上記文言を考慮するに、「権利」という用語の意味を、法的に行使可能かつ問題となる国家の直接の法に反映されていることが見出される厳格な意味での権利として制限する理由は見当たらず、また、撤回が可能であり、特定の強制ができないような、法的に与えられる自由、許可または権利の意向という意味から排除すべき理由も見当たらず、また、問題となる国に対して特定の義務を生じさせないような自由、許可または特権を排除すべき理由も見当たらない[25]。

2001年3月12日の連邦裁判所判決が示した「法的に行使可能な権利」という解釈を採用せず、それよりも緩やかに、「特定の義務を生じさせないような自由、許可または特権」についても、第36条第3項上の「権利」に該当するという基準を示した。この基準を示したうえで、本事案について、「手段をとらなかった」という文言の存在から、過去の行動も含まれるべきであるとし、申請者がシリアへの入国の権利を自主的に放棄しており、これが「在留の権利、または在留を継続する権利を自ら活用しなかった」[26]に当たると認め、訴えを棄却した。

このように、第36条第3項導入後の司法判断では、「法的に行使可能な権利」に限定するのか、それ以下の緩やかな権利も含むのかについて、判断が

24　Ibid., [6]-[11].
25　Ibid., [31].
26　Ibid., [85]-[86].

分かれる結果となっている。

第6節　第三国での在留可能期間について

　さらに移民法第36条第3項において、「一時的であれ永住であれ、入国し在留する権利」と規定されていることから、永住が可能であれば疑いなく適用されるものの、永住でない場合において、どの程度の期間、当該第三国に在留することができればこの条項が適用されるのかという問題が生じる。

　2014年4月11日の連邦裁判所大法廷判決[27]では、これについての解釈が示された。この事案は、ブルンジ人の申請者に関するもので、同国が加盟する東アフリカ共同体の他の国（ケニア、ウガンダ、タンザニア、ルワンダ）に6か月まで在留できるというものであった。

　審判所は、申請者が受けるであろう本国での政治的迫害の可能性が、東アフリカ共同体諸国での6か月間の滞在によっても消滅しないことから、申請者の難民該当性を認めている。この判断に対して、移民大臣が連邦巡回裁判所に提訴したところ、審判所の管轄上の瑕疵を認めた。これに対して申請者が連邦裁判所に提訴した。

　ここにおいて、「（条文における『居住』と『一時的』の用語の矛盾は）『一時的』の意味を、申請者が出身国において迫害の対象でありつづけるすべての期間……を含むものとして拡大するための根拠とはならない」[28]として、審判所が、第三国での在留の期間のうちに、本国での迫害事由が消滅するものでなければならないとした基準を否定し、6か月までの在留についても、第36条第3項の「一時的」に含まれるという判断を示した。

　このことは、以下のように、東アフリカ共同体諸国でのあるひとつの国での6か月間の在留によって、自動的に本国に帰国する状況とはならないためであるとしている。

---

[27] SZRTC v Minister for Immigration and Border Protection [2014] FCAFC 43 (11 April 2014).
[28] Ibid., [27].

可能性のひとつとして、当該第三国が、もし申請者の出身国における迫害を把握する根拠があるのであれば、申請者に対する保護を延長するということがありうる。他の可能性として、申請者が他の東アフリカ共同体の国に移動し、さらに6か月在留することもありうる。しかしながら、もし、最初の6か月の満了の際に、当該第三国が申請者をその出身国、ないしは申請者が迫害を恐れる理由がある他の場所に送還することが予期される理由があるのであれば、決定者は第36条第4項、第5項、第5A項が発動されるかどうかを判断する必要がある。これによって、フォーラム・ショッピングの防止という立法上の趣旨と、難民条約上尊重されているオーストラリアの保護義務の両者が満たされることになるといえる[29]。

このように、第三国での在留期間の満了後に母国での迫害事由が消滅するかどうかではなく、仮に、その間に迫害事由が消滅しない場合でも、在留期間の満了後に、申請者が当該第三国から母国（ないしは他の迫害がある国）へ送還されるかどうかについて検討されなければならないとするものである。

いわゆる「司法審査除外条項」[30]の存在のため、移民法案件においては、裁判所は事実認定に関する判断は行わないことから、この判決自体は、その6か月の在留後の送還の可能性についての判断は示していないが、東アフリカ共同体の諸国が難民条約に加盟していることについて言及し、そこで難民申請を行うことがありうることや、東アフリカ共同体の規則において、在留期間の延長が可能であることを示している[31]。

このように、移民法第36条第3項における「一時的」の適用については、期間そのものの問題ではなく、期間終了後の迫害を受ける地域への送還可能性の観点から検討されなければならないという基準が示されている。

---

29   Ibid., [32].
30   拙著『オーストラリア移民法解説』（日本評論社、2016年）第6章参照。
31   Ibid., [36].

第7節　「安全な第三国」条項の適用（ネパール）

このように、「安全な第三国」条項導入後まもなくの司法判断で、「権利」の解釈をめぐって判断が分かれていたが、実際の審判所の決定においては、「法的に行使可能な権利」という基準が採用されている。これは、この基準が 2001 年 9 月 18 日の連邦裁判所大法廷判決で支持されたこととも関連していると推測される。

実際の「安全な第三国」条項の適用は、とりわけネパール人およびインド人による申請において検討されている。これは、1950 年に締結されたネパールとインドの平和友好条約において、両国民の自由移動が規定されているためである。同条約第 7 条では、以下のように規定されている。

> インドおよびネパール政府は、相互に、他方の国にいる一方の国の国民に対して、居住、資産の保有、貿易および商業への参加、移動に関する同様の特権および、その他の同様の特権を与えることに合意する。

この条約自体は、直接に相互の国民の入国の取扱いについて規定していないものの、審判所による調査においては、インド側の行政的措置として、①インドに入国するネパール人はビザやパスポートが必要ない、②空路でインドに入国するネパール人は、旅券または市民権証明書などの身分証明書が必要、③ネパール以外から入国する場合にはネパール旅券が必要、④有効なネパール旅券を有するネパール人はオーストラリアから直接にインドに入国可能であることが指摘されている[32]。

このため、事実上、ネパール人はインドに自由に入国・在留できるが、この状態が移民法第 36 条第 3 項における、「権利」を意味するかどうかについて、審判所の多くの決定において検討されている。

2002 年 11 月 8 日の審判所決定[33]では、「政治的意見を理由に当局から標

---

[32] 1404235 [2014] RRTA 645 (14 August 2014), [48].

的にされることはない」として、本国における迫害の存在を否定した。そのうえで、移民法第 36 条第 3 項の権利について 2001 年 3 月 12 日の連邦裁判所判決の「法的に行使可能な権利」という基準を採用したうえで、インドで効果的な保護を得られるために、保護義務を負わないと結論づけた。

このように、本国での迫害の可能性はないと判断したうえで、さらにインドにおいて在留できることから、保護義務を負わないとする決定の存在が確認できる。

2007 年 5 月 31 日の審判所決定[34]は、マオイストからの献金要求があり、これを断ったために迫害されると主張する事案で、審判所は、申請者の政治的意見により寄付金を要求しているのではないとして条約上の事由であることを否定した。そのうえで、申請者はインドにおいて居住する「法的に行使可能な権利」を有しており、平和友好条約は、インドの国内法に包含されているともしている。

同様に、2011 年 10 月 27 日の審判所決定[35]は、父親が君主制支持者であり、マオイストにより迫害されると主張する事案で、審判所は、マオイストが注視するほどのものではないと判断したうえで、インドで居住可能であるとして、該当性を否定した。

さらに、2012 年 1 月 26 日の審判所決定[36]も、君主制支持者で RPP の党員のためマオイストに迫害されると主張する事案で、審判所は、真摯に政治活動を行っておらず、マオイストが注視するものではないと判断したうえで、インドに在留できる、法的に行使可能な権利を有しているとして、該当性を否定した。

一方で、ネパールにおける迫害について判断することなく、インドでの在留が可能であることを根拠に申請を棄却した決定もみられる。

2011 年 12 月 12 日の審判所決定[37]は、コングレス党の党員であり、マオ

---

[33] N02/42423 [2002] RRTA 997 (8 November 2002).
[34] 071176241 [2007] RRTA 89 (31 May 2007).
[35] 1107609 [2011] RRTA 909 (27 October 2011).
[36] 1111457 [2012] RRTA 465 (26 January 2012).
[37] 1104468 [2011] RRTA 1067 (12 December 2011).

イストに迫害されると主張する事案で、審判所は、本国での迫害について判断をせず、インドで在留できる、法的に行使可能な権利を有しているとして、保護ビザ拒否の原決定を支持した。

同様に、2012年7月23日の審判所決定[38]も、君主制支持者のためにマオイストに迫害されると主張する事案で、審判所は、本国での迫害についての判断を示さず、インドで在留できる、法的に行使可能な権利を有しているとして、保護ビザ拒否の原決定を支持した。

また、2002年11月12日の審判所決定[39]において、審判所は、帰国すれば申請者がマオイストから標的にされると判断しながらも、インドにおいて効果的な保護が得られるとして、保護ビザ拒否の原決定を支持した。

ただし、すべてのネパール人申請者について、インドの在留が検討されているわけではなく、2009年11月22日の審判所決定[40]は、インドでの在留の可否を検討せず、そもそも申請者の主張の信憑性に疑義があり、迫害を受けることはないと判断している。

いずれにしても、これらの決定においては、移民法第36条第3項の「権利」について、「法的に行使可能な権利」との基準を採用し、そのうえで、平和友好条約に基づいて事実上インドで在留できることが、「法的に行使可能な権利」としていた。

一方、難民該当性を認めたネパール人事案をみてみる。

2006年8月31日の審判所決定[41]は、コングレス党の活動家であるためにマオイストから迫害されると主張する事案で、審判所は、マオイストから標的にされると判断した。そのうえで、インドでの在留について検討し、これが「法的に行使可能な権利」ではないとした。その理由は、平和友好条約においては相互に特権を付与すると規定されているものの、これによってネパール人の自由な入国をインド政府に義務づけてはいない、というものであっ

---

[38] 1201040 [2012] RRTA 638 (23 July 2012).
[39] N02/42543 [2002] RRTA 1003 (12 November 2002).
[40] 0906573 [2009] RRTA 1114 (22 November 2009).
[41] 060576110 [2006] RRTA 130 (31 August 2006).

た。このため、該当性を認めた。

また、2007年3月30日の審判所決定[42]も、マオイストの支援者として疑われているため当局から迫害されると主張する事案で、審判所は、当局が標的にするものであると判断したうえで、インドにおいて「法的に行使可能な権利」として在留できないとして、該当性を認めた。

同様に、2010年9月13日の審判所決定[43]も、RPPの党員であるためにマオイストから迫害されると主張する事案で、審判所は、マオイストが標的にするものであると判断し、インドにおいて「法的に行使可能な権利」として在留できないとして、該当性を認めた。

このように、移民法第36条第3項の「権利」につき、同様に「法的に行使可能な権利」という基準を採用しながらも、審判所においては、ネパールとインドの平和友好条約に基づく相互の国民の在留の承認については判断が分かれている。一方は、この条約がインドで国内法化されていないために、「法的に行使可能な権利」でないとし、一方は、実際の運用上は自由な入国・在留が認められているとして、それに該当するとしている。

このように、同様の基準をめぐって審判所の判断が分かれるなか、2013年8月14日の連邦裁判所大法廷判決[44]では、「法的に行使可能な権利」という基準を否定した。これは、ネパール人の事案で、審判所において、インドにおいて「法的に行使可能な権利」とした在留ができるとして棄却されたものである。この判決では、2001年3月12日の連邦裁判所判決の「法的に行使可能な権利」の基準を否定し、2001年8月3日の連邦裁判所判決の基準である「特定の義務を生じさせないような自由、許可または特権」という、緩やかな基準を支持している[45]。

ただし、判決自体は、審判所が「法的に行使可能な権利」という誤った基準を採用したために、決定が違法であり、事件を審判所に差し戻す決定をし

42　061053979 [2007] RRTA 58 (30 March 2007).
43　1004725 [2010] RRTA 798 (13 September 2010).
44　Minister for Immigration, Multicultural Affairs and Citizenship v SZRHU [2013] FCAFC 91 (14 August 2013).
45　Ibid., [89].

ている。

　このため、これ以降の審判所の決定では、2013年8月14日の連邦裁判所大法廷判決に沿って、第36条第3項の「権利」についての緩やかな基準が採用されている。

　こうしたことからも、過去のように、平和友好条約がインドにおいて国内法化されておらず、このため「法的に行使可能な権利」としてインドに在留できないために、「安全な第三国」条項が適用されないという判断を下すことは困難になったと考えられる。

　この判決以降、ネパール人申請者について、保護ビザに該当すると審判所が判断した事案がある。これは、2014年7月22日の審判所決定[46]で、ネパール人女性が別れた夫とその家族から暴力を受けると主張するもので、審判所は、「ネパールの女性」として特定の社会的集団を構成し、家庭内暴力を当局が放置しており迫害を受けると判断した。そのうえで、元夫が女性をインドまで追いかける可能性がある、離婚したネパール人女性としてインドにおいて迫害されるとして、「安全な第三国」条項の適用を否定し、該当性を認めている。

　このことと密接に関連して、前述のように、移民法第36条第3項には、除外条項があり、当該第三国において条約上の事由で迫害を受ける場合（第4項）、当該第三国が条約上の事由で迫害を受ける他国へ送還する場合（第5項）がある。

　この除外条項が発動された決定も確認できる。

　2006年11月21日の審判所決定[47]は、「ネパールにおける未婚の女性」として特定の社会的集団を構成し、このために迫害を受けるとしたものである。ここでは、インドにおいても同様に女性として迫害を受けると判断し、移民法第36条第4項を理由に、「安全な第三国」条項の適用を否定している。

　2011年4月12日の審判所決定[48]は、夫と別れた女性について、「ネパールの女性」として特定の社会的集団を構成し、元夫から迫害を受け、さらに

46　1406853 [2014] RRTA 581 (22 July 2014).
47　060779039 [2006] RRTA 187 (21 November 2006).
48　0903917 [2011] RRTA 299 (12 April 2011).

国家が効果的な保護を与えないとした。そのうえで、インドにおいても「ネパール人女性」として迫害を受けるとして、「安全な第三国」条項の適用を否定した。

なお、平和友好条約に基づくネパールとインドでの両国民の在留の承認は相互であるために、逆にインド人申請者についてネパールでの在留の可否について検討された事例もある。

2015年9月24日の審判所決定[49]は、異なるカーストの女性と婚姻したために家族から迫害されると主張するインド人男性の事案で、審判所は、インドでの迫害についての判断はせず、ネパールにおいて在留が可能であり、また、そこでも迫害はなく、本国へも送還はされないとして、保護ビザ拒否の原決定を支持した。

一方、2017年3月16日の審判所決定[50]は、異なるカーストの男性と婚姻したために家族から迫害されると主張するインド人女性の事案で、審判所は、家族から重大な危害を受け、インド全体でも危害を受けるとした。さらに、ネパールにおいては、その家族がネパールのインド人コミュニティとつながりがあり危険であること、そして、ネパールでは効果的保護を受けないとして、「安全な第三国」条項の適用を否定し、該当性を認めた。

以上、平和友好条約によって両国民間の自由な入国・在留が認められている、ネパールとインドの事例をみた。「法的に行使可能な権利」の基準が採用されていた段階では、審判所の判断が分かれ、それがないとした決定もあったが、2013年8月14日の連邦裁判所大法廷判決によって、緩やかな基準が採用されたために、インドとネパールの両国においても迫害が確認されないかぎり、「安全な第三国」条項の適用を排除することに困難になったと考えられる。

---

[49]　1419177 (Refugee) [2015] AATA 3406 (24 September 2015).
[50]　1604503 (Refugee) [2017] AATA 519 (16 March 2017).

第8節　「安全な第三国」条項の適用（その他）

　他国の申請者について、「安全な第三国」条項が適用された事例をみてみる。

　2000年6月30日の審判所決定[51]はコロンビア人の事案で、「安全な第三国」条項が挿入されて間もない時期のものであった。この決定自身も、当時の段階で、この条項に関する司法判断は示されていないとしている。審判所は、申請者がアルゼンチンに観光目的であれば期限なく滞在できること、そしてアルゼンチンが難民条約加盟国であり、保護を求めることが可能であり、迫害を受ける国へ送還されることがないことを理由として、本国における迫害を検討することなく、移民法第36条第3項に該当するとして、保護ビザ拒否の原決定を支持した。

　2003年3月17日の審判所決定[52]もコロンビア人の事案で、チリで数か月間在留している間にオーストラリア入国のビザを取得したうえで入国したもので、本国で民兵組織への加入を要求され、それを断ったために危害を加えられると主張していた。審判所は、コロンビアでの迫害を検討することなく、申請者がチリでの在留の権利について、「自ら活用するためのあらゆる手段をとらなかった」とし、また、申請者が再びチリに入国する「法的に行使可能な権利」を有しており、チリは難民条約加盟国であるため、申請者をコロンビアに送還することはないとして、移民法第36条第3項を適用し、保護ビザ拒否の原決定を支持した。

　2016年3月18日の審判所決定[53]は、ミャンマーのロヒンギャ族の事案で、政府から認められたヤンゴンでの滞在期間を超過したこと、また、無許可で婚姻したことなどを理由として、ミャンマー政府から迫害されると主張していた。審判所は、ある国の永住権を有しており、その反映として、その国が発行した再入国許可証を有しており、その国への再入国が可能であることから、移民法第36条第3項に該当するとして、保護ビザ拒否の原決定を支持

51　N00/31751 [2000] RRTA 708 (30 June 2000).
52　N01/37987 [2003] RRTA 237 (17 March 2003).
53　1415015 (Refugee) [2016] AATA 3651 (18 March 2016).

した。

　2015年1月19日の審判所決定[54]は中国のチベット人の事案で、13歳で僧となり、15歳で中国のチベット占領に反対する平和的抗議活動に参加したことで、約1年ほど収容された経験をもつ。釈放後、国境を越えてネパール経由でインドにたどり着いた。申請者は2001年に、インド当局からインド在留のチベット人の海外渡航が可能となる身分証明書の発行を受けた。また、2005年には、インド政府から、外国人がインドに在留できる権利を証明する登録証明書の発行を受けている。

　審判所は、申請者が中国（チベット）に帰国した場合の迫害の可能性についての検討を行わず、インドでの在留の可否についてのみ検討した。申請者は登録証明書の再発行を受けることが可能であること、申請者の所持する身分証明書に基づいて、インド再入国のためのビザの発給が可能であることから、審判所は現実の問題として、インドに入国在留できる権利を有していると判断した。このため、保護ビザ拒否の原決定を支持した。

　2016年2月19日の審判所決定[55]はシリア人の事案で、審判所は、申請者がシリアに帰国すれば重大な危害を受けると判断したうえで、申請者がある国において永住権を有しており、さらにその国に家族と友人がおり、その国に入国するための旅券を有していることから、移民法第36条第3項を適用し、保護ビザ拒否の原決定を支持した。

　2009年6月12日の審判所決定[56]は、ロマ族のために本国で迫害を受けると主張したチェコスロバキア人の事案である。審判所は、申請者がEU加盟国の国民として他のEU諸国に3か月間滞在できることを指摘し、とりわけスペインにおいては3か月以上、さらに就労の制限なく滞在できることを指摘した。そのうえで、スペインにおいて、生活上の困難はありうるものの、難民条約上の迫害はないとして、保護ビザ拒否の原決定を支持した。

　2011年3月17日の審判所決定[57]は、少数派のロシア系住民でロシア正教

---

[54] 1407031 [2015] RRTA 35 (19 January 2015).
[55] 1416478 (Refugee) [2016] AATA 3383 (19 February 2016).
[56] 0901933 [2009] RRTA 593 (12 June 2009).
[57] 1009851 [2011] RRTA 218 (17 March 2011).

を信仰しているために迫害されると主張したリトアニア人の事案である。審判所は、リトアニアでの迫害の可能性を検討することなく、申請者がEU加盟国の国民として、他のEU加盟国に3か月間滞在できる権利があり、とくにイギリスとスウェーデンでは就労制限がないことから、在留できる「法的に行使可能な権利」を有していると判断し、保護ビザ拒否の原決定を支持した。

2011年4月6日の審判所決定[58]は、元カメルーン人の南アフリカ人で、カメルーンに生まれ、2003年に南アフリカに移り、2008年に南アフリカ国籍を取得したが、外国出身のため差別され、迫害されると主張した事案である。審判所は、カメルーンの国籍離脱者としてカメルーン国籍の回復を申請可能であり、これが「法的に行使可能な権利」とされ、さらに同国で難民条約上の迫害を受けず、迫害を受ける国へ送還もされないとして、保護ビザ拒否の原決定を支持した。

2010年3月12日の審判所決定[59]は、法輪功の信仰者であるために迫害されると主張する中国人の事案である。審判所は、中国において迫害を受けることはないとするとともに、申請者が日本に居住する日本人の配偶者を有しており、「日本人の配偶者等」の在留資格があることや、永住許可申請が可能であることを理由に、移民法第36条第3項を適用し、保護ビザ拒否の原決定を支持した。

2012年12月11日の審判所決定[60]は、父親が借金をしているために危害に遭う、足の障害があるために失業すると主張した香港出身の中国人の事案である。審判所は、本国での迫害について検討することなく、申請者がイギリス海外国民旅券（British national (overseas) passport）を所持しており、このため、イギリスに半年間在留できることを理由に、移民法第36条第3項を適用し、保護ビザ拒否の原決定を支持した。

このように、「安全な第三国」条項が適用された事例では、多国間協定（例としてEU）や二国間協定などによって、その国の国民が、短期間（ないしは

---

[58] 1010560 [2011] RRTA 268 (6 April 2011).
[59] 0910146 [2010] RRTA 162 (12 March 2010).
[60] 1216126 [2012] RRTA 1105 (11 December 2012).

長期間）ビザなしで入国在留できる場合と、申請者個人が第三国に永住権や居住権、国籍回復権を有している場合とに大別される。申請者個人が第三国で権利を有する場合には、その権利の内容が検討され、申請者の国民としての権利の場合には、他国との協定の内容や実際の運用が検討されている。

おわりに

　以上、本章では、「安全な第三国」条項について検討した。

　原則的に、難民条約上、難民に該当する者について加盟国が在留を認められなければならないという規定はなく、通常、本国で迫害を受けるため在留できないのであれば、保護を求める国が在留を認めなければ、他のどの国にも在留できないという事情の下で、事実上、その国での在留を認められるといえる。

　このため、国籍国以外の第三国において在留する権利を有しているのであれば、たとえ難民該当性があっても、その国は在留を認める義務がないという考え方を反映させたのが「安全な第三国」である。この考え方は、第1章でみたように、全権会議の場面でも、難民が任意に保護する国を求めて移動することを認めないという主張がみられたことが反映されているといえるだろう。

　オーストラリアにおける「安全な第三国」の適用は、まずは条約第1条Eの除外条項を用いることで、他国で難民認定を受けた者を除外することで行われていた。当初の司法判断では「国籍よりも劣位のもの」という基準が示され、「国民となることのできる準備段階」という内容であった。しかし、その後の司法判断で「国民としてのすべての権利及び義務」という厳格な基準が示された結果、条約第1条Eに依拠して除外することは実質上きわめて困難になった。

　後に、「安全な第三国」の根拠を条約第33条の送還禁止義務に求め、第三国での「効果的な保護」を基準とする司法判断がなされ、大幅に適用の基準が下げられた。しかしながら、この効果的保護基準についても、最高裁判所による移民法上の「保護義務」の厳格な解釈により、適用ができなくなった。

　その間、明示的に第36条第3項の「安全な第三国」条項が移民法に挿入

されるに至った。ここでの、他国での在留の「権利」についての司法判断では、当初は「法的に行使可能な権利」とされていた。ただ、ネパールとインドの二国間条約に基づく在留の権利について、審判所はこの基準を採用しながらも、判断が分かれていた。しかし近年の司法判断では、「特定の義務を生じさせないような自由、許可または特権」という緩やかな基準が示されている。

　条約第33条の解釈から導き出される「効果的な保護」としての「安全な第三国」と、移民法第36条第3項から導き出される「他国での在留の権利」としての「安全な第三国」について、どちらの基準がより厳格かについては、必ずしも判然とはしない。それは、移民法第36条第3項についても、同条第4項および第5項の適用除外があり、その第三国において条約上の迫害を受ける場合およびその第三国が条約上の迫害を受ける他の国へ送還する場合は適用が除外されているからである。

　ただ、移民法第36条第3項については、「(在留の権利が)一時的であれ永住であれ」と規定されていることから、少なくとも、永住だけではなく一時的な在留の権利も含まれていることから、相当に広範なものであると考えられる。実際に永住だけではなく、短期間の在留の権利であっても適用される事例もみられた。事実、期間の長短自体が問題とはされない司法判断も存在している。

　近年の司法判断で「権利」について緩い基準が示されたこともあり、また、世界的に、近隣諸国相互間（たとえばEU）で短期間の制限のない入国在留を認めることが増加している傾向にあることから、「安全な第三国」条項の適用の場面は相当数にのぼると推測される。また、これは、「任意に保護する国を選ぶことはできない」という難民条約の本来の趣旨が、現代においても具現化しているものであるともいえる。この意味では、オーストラリアの「安全な第三国」条項の運用はおおいに参考となるものといえよう。

　加えて、オーストラリアの「安全な第三国」条項の難民該当性判断における機能について指摘する。本国での迫害については、申請者の主張および出身国情報からの判断が必要であり、とくに申請者の主張については、その真偽を厳密に確認することが困難であることが指摘できる。一方、「安全な第

三国」条項に依拠する場合、申請者が他の第三国に入国・在留できるかどうかは、当該第三国の国内法や諸制度、さらに、ネパールやインド、EU にみられるような国際的条約・協定から客観的かつ確実に確認することが可能であり、本人の主張の検討と比較して、立証の確実性が高いといえる。実際にいくつかの審判所の決定において、関連する第三国の在外公館に照会し、情報を得ていたものもある。

仮に申請者に、ほかに在留できる第三国がある場合については、それが可能であることが立証されれば、そもそもの本国での迫害について検討することなく申請を棄却できるという効果があるといえる。前述したように、本国での迫害についての判断はどうしても主観的な要素が多いといえるが、第三国での在留については客観的情報に基づく、いたって客観的な判断が可能となるという利点がある。このように「安全な第三国」条項は、難民に該当しないという立証を別の文脈から容易ならしめる機能もあると考えられる。

最後に、本章でみたように、オーストラリア移民法に存在する「安全な第三国」条項のために、本国における迫害の可能性すら検討せずに、第三国で在留が可能であるとして、保護ビザ拒否の原決定を支持した決定が相当数あった。日本においては、「安全な第三国」条項自体が存在していないため、仮に「安全な第三国」があろうがなかろうが、本国での迫害の可能性の検討を欠くことはできない。この意味で、「安全な第三国」の存在により、いわば申請を「門前払い」にできるオーストラリアの制度は、日本と比較しても相当に「厳しい」ものであるといえる。

第10章

保護ビザの取消し

はじめに

本章では、保護ビザの取消しの事例について考察する。

難民該当性の判断は、そもそもが「迫害を受けるという十分に理由のある恐怖」を有していることが主要な要件のひとつとなっているように、申請者の主観によるところが大きな位置を占めている。このため、申請者の供述に依拠するところが相当に大きい。たしかに、「迫害を受けるという十分に理由のある恐怖」については客観的要素も伴うことが必要であるが、この客観性についても、出身国情報との照合などにより行われるものの、申請者個人の事実関係について、客観的に立証することは難しく、やはり申請者の供述に依拠するところが相当に大きい。

このように、申請者の申立内容の事実関係について、それを客観的に立証することが困難であり、申請者の供述に相当部分を依拠しなければならないため、申請者が難民該当性を高めるために、虚偽の供述を行うことも十分にありうる。

このために、保護ビザ付与後の申請者の行動などから、結果として申請時の申立内容が虚偽であると判断された場合に、保護ビザが取り消される場合がありうる。この事後的な取消しは、難民該当性の判断において、申請者が意図的に意思決定者を欺く可能性も十分にありうるなかでの、難民認定制度の一貫性を維持するための重要な濫用防止策のひとつである。

第1節　取消規定

　移民法上、さまざまな根拠での取消規定が存在しているが、保護ビザの取消しについては、ほとんどが「虚偽情報の提供による取消し」となっている。なお、オーストラリアにおける難民認定は、保護ビザの付与というかたちで行われるため、ビザのひとつとして、一般的なビザの取消規定が適用されており、別途の取消規定は存在していない。なお、日本の入管法においては、難民認定手続そのものが存在しており、別途、第61条2の7において、難民認定の取消規定が設けられている。

　移民法第101条において「外国人は、申請書のすべての質問に回答し、かつ虚偽の回答をせず、または提供しないように、自らの申請書を記入し、完成させなければならない」と規定されている。そして、第107条において、虚偽情報の提供という違反があったと思料される場合には、ビザを取り消す旨の通告がなされ、ビザ保持者に反論の機会を与えることとなっている。このうえで、第109条において、第107条による取消通告に対する反論を考慮したうえで、虚偽情報の提供、すなわち第101条の違反があった場合において、ビザを取り消す権限を大臣に与えている。

　ただしこれは裁量的権限であり、仮に虚偽情報の提供という違反があった場合においても、ビザを取り消すべきかどうかという、別の観点からの検討も必要とされる。取消しに際しては、第109条第1項(c)号において「規則で規定された状況」について検討することが求められている。「規則で規定された状況」は、規則2.41に規定されており、以下のものとなっている。

①虚偽の情報や偽造文書が、ビザの付与の決定について、一部の根拠となったのか、すべての根拠となったのか　((c)号)
②ビザ所持者の現在の状況　((e)号)
③違反が起こった状況　((d)号)
④第2章第3節第C款上における義務への対応の態様　((f)号)
⑤違反からの時間の経過　((h)号)

⑥所持者による社会への貢献（(k)号）

　以上のことから、保護ビザの取消しに際しては、①そもそも申請時に虚偽情報の提供があったのか、②仮に虚偽情報の提供があった場合において、ビザを取り消すべきかどうか、という観点から検討されることになる。

　これまでの審判所の決定において、虚偽情報の提供を理由として保護ビザの取消しについて検討された事案が46件確認された。これらは大臣の代理人（移民所職員）が、保護ビザを取り消したところ、ビザ保持者がその取消しの破棄を求めて、審判所に申し立てたものである。

　これらのうち、取消しの事由別によると、他人になりすましたとして取り消された事案が16件、保護ビザの付与後に一時帰国したとして取り消された事案が20件、同性愛者を偽ったとして取り消された事案が3件、その他の虚偽情報の提供により取り消された事案が7件となっている。以下、事由別にみてみる。

第2節　なりすましによる取消し

　なりすましが行われる理由は、本来は難民該当性がないものの、難民該当性の高い国民や集団になりすますことで保護ビザが付与されることを目的とするためである。審判所による検討の結果、なりすまし案件16件のうち、取消しの原決定が支持された事案が7件、取消しの原決定を破棄した事案が9件となっている。

(1)　取消しが支持された事案

　1997年5月7日の審判所決定[1]は、1989年バルバドス旅券で入国し、リベリア難民として1994年に保護ビザが付与されたものの、本来はガーナ人

1　V97/05632 [1997] RRTA 1745 (7 May 1997).

であることが判明した事案である。申請者は、本国のガーナにおいて徴兵を忌避したことから帰国すれば迫害されると主張したものの、ガーナにおいては徴兵制がなく、信憑性が欠如しており、本国に帰国しても迫害を受けることはないとして、審判所は取消しを支持した。

　1998年5月26日の審判所決定[2]は、ソマリア人であるとして1991年に船舶で入国し、1992年9月に保護ビザを申請し、1994年8月に付与され、1997年5月に市民権を申請するも、1997年8月に取り消された事案である。市民権の申請前に氏名を変更し、市民権申請書に別の国の国民である旨の記載をしたことから発覚した。審判所は、ソマリア人であると申告したことが虚偽であり、本来の国籍について申告していれば保護ビザが付与されていなかったとして、取消しを支持した。

　2012年8月31日の審判所決定[3]は、2006年3月に申請し、同年12月に付与されたモンゴル人女性に関する事案である。申請者は、レズビアンであるために迫害を受けると主張していたが、じつはその姉であることを装っており、実際には夫とともに生活しており、子どももうけていた。審判所は、申請者が虚偽の情報を提供していたと認定したうえで、その子どもはオーストラリア国籍を有するものの、両親とともにモンゴルに行くのであれば、幼少のためモンゴルの環境に馴染むことは可能であるとした。そして、両親やオーストラリアにはいない親族とともに育つことが子どもにとっての利益であるとして、取消しを支持した。

　2015年5月20日の審判所決定[4]は、ケニア人で2011年1月に入国して保護ビザを申請し、2012年1月に付与された事案である。この者が、2001年から2009年に別の氏名を用いオーストラリアに入国し、保護ビザを申請したものの拒否されていたことが発覚した。付与された保護ビザ申請の根拠となる迫害について、真にはオーストラリア滞在中の期間に発生した事件を申告しており、保護ビザ付与の根拠が虚偽であったことから、審判所は取消しを支持した。

2　V97/07762 [1998] RRTA 2817 (26 May 1998).
3　1205759 [2012] RRTA 742 (31 August 2012).
4　1500540 [2015] RRTA 286 (20 May 2015).

2015年8月7日の審判所決定[5]は、ある国出身の者が、スウェーデンに入国し、そこで難民認定申請をして認められ、後に同国国籍を取得した事案である。この者は、2004年2月にスウェーデン旅券を使用してオーストラリアに入国していたにもかかわらず、元の本国出身の他人を装って保護ビザ申請を行い、付与され、2012年に市民権を申請していた。保護ビザ申請時および市民権申請時に虚偽情報の提供があるとされた。

審判所は虚偽情報の提供があり違反があったと認定したうえで、夫と子どもがいるも、スウェーデン国民の配偶者と子どもとして、同国で在留できるため家族が分離されることはないこと、本来の情報が提供されていれば保護ビザが付与されていなかったことから、取消しを支持した。

2016年3月14日の審判所決定[6]は、アフガニスタン人として保護ビザを付与されていたものの、じつは別の国の国民としてその国の旅券を用いてオーストラリアに入国していたことが判明したものである。またさらに別の国においてアフガニスタン人として難民認定申請をして拒否されていたことも判明している。

審判所は、申請時にこうした事実を申告しなかったとして、違反があったと認定した。このうえで、本来の国の国民であると申告していれば保護ビザが付与されていなかったであろうとしている。さらに、オーストラリアで出生した2名の子どもについて検討し、両親の本国の国籍を有していること、出生からさほど時間が経過していないことなどを指摘したうえで「オーストラリアで子どもが出生したことと、その後オーストラリア国籍を付与されたことは、申請者の大臣を騙すという偽りの行為に完全に依拠するものである。ビザの取消しは、子どものオーストラリア国民としての権利を上回ると考える。なぜなら、オーストラリアが真の庇護申請者に与える保護ビザ制度の有効性を維持することは重要だからである」[7]として、取消しを支持した。

2017年6月1日の審判所決定[8]は、2011年11月に船舶により不法入国し、

---

[5] 1412533 (Refugee) [2015] AATA 3258 (7 August 2015).
[6] 1506033 (Refugee) [2016] AATA 3608 (14 March 2016).
[7] ibid., [95].
[8] 1703271 (Refugee) [2017] AATA 981 (1 June 2017).

2012年6月にクウェート在住の無国籍者として迫害されると主張して申請した者の事案である。保護ビザ付与後、妻子のビザをスポンサーした際に、イラクの身分証明書を提出し、また付与後イラクとクウェートに一時帰国したことから、じつのところイラク人であることが発覚した。審判所は、申請者が就労せず社会保障給付を受給していること、息子がいるものの、そのビザは申請者の虚偽情報を基に付与されたものであること、帰国しても容易にイラク社会に再統合されることを理由に、取消しを支持した。

これらの事案では、本来の国籍などの身分事項を明らかにしていれば保護ビザが付与されていなかったという、保護ビザ付与の根幹にかかわる部分での虚偽情報の提供があったことから、取消しが支持されている。また、船舶による不法入国が行われ、旅券等の身分証明書を破棄した場合において、その者の国籍等の情報は本人の供述に依拠せざるをえず、なりすましが発生しやすい状況となっている。また子どもがいる場合は、子どもの権利条約を念頭に、父母からの分離の回避という観点からの検討も行われている。

(2) **取消しが破棄された事案**

なりすまし事案のうち、審判所の検討により取消しが破棄された事例は9件で、このうち虚偽情報の提供はなく、そもそも違反がなかったとされたものが5件、違反はあったものの裁量的権限により取り消すべきではないとしたものが4件であった。

2003年4月15日[9]、2003年10月22日[10]、2004年10月22日[11]の審判所決定は、いずれもハザラ族のアフガニスタン人でありタリバンに迫害されると主張していたものの、真にはパキスタン人であるとされた事案である。審判所は、いずれもアフガニスタン人であることに間違いなく、虚偽情報の提供はなかったとして、取消しを破棄した。

2009年12月23日の審判所決定[12]は、保護ビザを拒否され送還された者が、

---

9 N02/45490 [2003] RRTA 345 (15 April 2003).
10 N03/47021 [2003] RRTA 1003 (22 October 2003).
11 N03/47484 [2004] RRTA 678 (22 October 2004).

申請者と氏名は異なるものの、じつはその者と申請者が同一人物であるとされた事案である。過去に送還された事実を記載しなかったこと、そして、迫害の根拠として当局によって身柄が拘束されていたとするも、その時期にオーストラリアに滞在していたことから、申請時に虚偽情報の提供があったとされた。しかし、審判所は、送還された人物と申請者は同一人物とはいえないとして、取消しを破棄した。

2010年12月1日の審判所決定[13]は、バングラデシュ人でイスラム教徒の者が、ヒンズー教徒と結婚したために迫害されると主張するも、妻はヒンズー教徒ではなくイスラム教徒であったことから、虚偽情報の提供があったとする事案である。これは付与後、配偶者ビザを申請した際に、在バングラデシュ大使館の館員がその配偶者を訪問調査したことから発覚したものである。しかし、審判所は、妻がヒンズー教徒ではないとする調査結果が誤りであり、虚偽情報の提供はなかったとして、取消しを破棄した。

このように、虚偽情報の提供がないという事実が認定されれば、当然に取消しが破棄されることになる。

一方、ビザの取消しがあくまでも裁量的権限であることから、虚偽情報の提供という事実が認定されても、裁量的に取消しが破棄される場合がある。

2003年5月13日の審判所決定[14]は、パキスタン人がアフガニスタン人であることを装ったとされる事案である。インドネシアから船舶により不法入国したものであるところ、インドネシアへの入国の際に偽造のパキスタン旅券を使用したことがあったものの、申請書の他の旅券の使用の有無についての欄に記載をしなかった。このため審判所は申請時に虚偽情報の提供があったと認定した。しかし、申請者は真にアフガニスタン人であり、そして仮に偽造パキスタン旅券の使用について申告されていたとしても、保護ビザが付与されており、虚偽情報の提供が保護ビザ付与の根拠となっていないことから、取消しを破棄した。

---

12 0907766 [2009] RRTA 1162 (23 December 2009).
13 1002528 [2010] RRTA 1090 (1 December 2010).
14 N03/45769 [2003] RRTA 433 (13 May 2003).

2015年3月5日の審判所決定[15]は、ソマリア人で、2008年7月に偽造旅券で入国し、同年8月に保護ビザを申請し、2010年5月に付与された者が、2008年6月に別の氏名を用いて短期滞在ビザで入国していたことが発覚した事案である。さらに、別の国において難民申請し、認定されていた事実も発覚した。審判所はこうした事実を申告しなかったとして、虚偽情報の提供があったと認定した。しかし審判所は、申請者が本国において迫害を受けることには変わりなく、かつ、別の国での居住権も失効していることから、取消しを破棄した。

2016年10月13日の審判所決定[16]は、パキスタン人で2010年2月に船舶により不法入国し、2010年3月に保護ビザを申請し、2010年12月に付与され、2014年3月に市民権を申請した者の事案である。真にはパキスタン人であるにもかかわらず、アフガニスタン国籍のハザラ族を装って保護ビザを申請、付与されており、審判所は虚偽情報の提供があったと認定した。しかし審判所は、申請者がパキスタン人であるもののハザラ族であることには変わりなく、出身地域で補完的保護の観点から深刻な危害を受けると判断した。このうえで、国家による効果的な保護がないこと、そして国内移転が不合理であることから、送還禁止義務が発動されるとして、取消しを破棄している。

2017年2月28日の審判所決定[17]は、船舶で不法入国し、2010年5月に保護ビザを申請し付与された者の事案で、申請時には無国籍であると申告していた。付与後に妻の配偶者ビザのスポンサーとして申請したところ、その際にイラクの国民登録証が提出されたことから発覚している。審判所は、国籍についての虚偽情報の提供を認定した。なお、2012年に3か月間一時帰国していたことも発覚しているが、申請時には迫害の恐怖を有していたとして、この点での虚偽情報の提供は認定しなかった。しかし、申請者がスンニ派のイスラム教徒として、とくにイスラム国といったシーア派の過激組織から補完的保護の文脈における深刻な危害を受けることを認定し、送還禁止義務が発動されるとして、取消しを破棄している。

---

[15] 1420619 [2015] RRTA 115 (5 March 2015).
[16] 1607767 (Refugee) [2016] AATA 4559 (13 October 2016).
[17] 1616481 (Refugee) [2017] AATA 380 (28 February 2017).

なお、国内移転に関する第8章で述べたように、2014年の移民法改正において難民条約への言及が削除され、「迫害の真の可能性が受入国のすべての領域に存在すること」（第5J条第1項(c)号）が挿入されたことから、過去の最高裁判例に立脚した国内移転の合理性についての検討が不要となっている。ただしこれは、「難民」としての要件で検討する場合に適用されるもので、補完的保護の要件で検討する場合には、別の条文が適用されることになっている。移民法第36条第2B項(a)号では、「深刻な危害を受けない国内他地域へ移転することが合理的であるのであれば、深刻な危害を受けるという真の可能性はあるとはされない」という趣旨の規定となっており、補完的保護に立脚する場合においては、国内移転が合理的かどうかが検討されなければならないことになっている。

この事案で、あえて審判所が補完的保護を適用したのは、仮に難民要件を適用していれば、国内移転の合理性の検討は不要であるため、取消しの破棄という結論に導こうとしたためという可能性も排除できない。

以上、なりすまし事案における取消しの破棄の事例では、虚偽情報の提供がなかったと認定された場合、そして虚偽情報の提供があった場合においては、主に申請者が送還された場合に迫害を受けるかどうかが、重要な判断の基準となっている。

第3節　一時帰国による取消し

保護ビザの付与後の本国への一時帰国が発端となって取り消された事例は20件確認できる。このうち3件が取消しを支持し、他の17件は取消しを破棄している。

(1)　取消しが支持された事案

2016年9月16日の審判所決定[18]は、2011年10月に船舶により不法入国し、2012年10月に保護ビザが付与されたイラク人に関するものである。保護ビ

ザの付与後、2回一時帰国しており、それぞれ期間は3か月と5か月であり、1回目は付与の8週間後であった。審判所は、2回にわたり一時帰国したという事実から、申請時には迫害の恐怖を有しておらず、虚偽情報の提供があったとして、取消しを支持した。

2017年9月28日の審判所決定[19]は、シーア派のため迫害されると主張するも、一時帰国していたイラク人の事案である。審判所は、申請当時、危害のおそれがなかったとして、虚偽情報の提供があったとした。そのうえで、帰国可能であるとして、取消しを支持した。

2017年11月23日の審判所決定[20]は、イラン政府に迫害されると主張するも、イラン旅券を使用し一時帰国したイラン人の事案である。審判所は、そもそも、真正な自己名義旅券で出国しているとこからも、政府から迫害を受けるおそれがなかったとして、申請時に虚偽情報の提供があったとした。そのうえで、帰国しても政府から危害を受けることはないとして、取消しを支持した。

(2) 取消しが破棄された事案

2001年2月14日の審判所決定[21]は、付与後に数回にわたり一時帰国をしたスリランカ人の事案である。審判所は、一時帰国については移民省に申告しており、虚偽情報の提供はなかったとして、取消しを破棄した。

2004年1月30日の審判所決定[22]は、アフマディア教徒であるため迫害されると主張するパキスタン人に関するもので、付与後1年間ほど一時帰国していた事案である。審判所は、どの情報が虚偽であり、それが一時帰国とどう関連しているのかが不明であるとし、さらに、アフマディア教徒が迫害されているという一般的な状況においては、そもそも申請者は保護ビザを付与

18　1609220 (Refugee) [2016] AATA 4423 (16 September 2016).
19　1706559 (Refugee) [2017] AATA 2010 (28 September 2017).
20　1701319 (Refugee) [2017] AATA 2968 (23 November 2017).
21　N00/34370 [2001] RRTA 137 (14 February 2001).
22　N03/47276 [2004] RRTA 93 (30 January 2004).

されていたであろうとして、取消しを破棄した。

2016年3月3日の審判所決定[23]は、2008年3月に一時的ビザで入国後、2008年4月に保護ビザを申請し、2009年6月に付与されたイラク人の事案である。この申請者は2009年9月に一時帰国し、さらに2011年3月にも一時帰国し、結果として2009年9月から2012年2月までの大半をイラクで過ごしていた。また、2012年12月に配偶者ビザのスポンサーとして申請している。移民省は、長期間母国に滞在していたために、すでに国籍国の保護を回復していることから、過去に迫害の恐怖を有していることはなかったとして、保護ビザを取り消した。しかし、審判所は、申請時に具体的にどのような虚偽の情報の提供があったのかの詳細が不十分であるとして、取消しを破棄した。

2016年8月1日の審判所決定[24]は、2010年6月に船舶で不法入国し、2011年4月に保護ビザを付与されたイラク人に関するものである。移民省は、付与後3回にわたり、妻子とともにイラクに一時帰国したとして保護ビザを取り消していたが、審判所は、具体的にどの情報が虚偽であったのかを明示していないとして、取消予定通告は無効であるとした。そのうえで、申請者がオーストラリア政府が発行する難民旅行証明書でイラクに入国していたために、国籍国の保護を回復したとはいえないこと、申請時においては迫害の恐怖を有していたことを理由に、取消しを破棄した。

2017年2月2日の審判所決定[25]は、2011年9月に保護ビザを申請し、2013年3月に付与されたイラク人が、2014年3月から6月にかけて一時帰国した事案である。審判所は、具体的にどの情報が虚偽であったのかを明示していないとして取消予定通告は無効であるとした。このうえで、申請から2年半後に一時帰国していることから、申請時には虚偽がなかったこと、迫害の理由がイラク政府職員であるという特定の社会的集団であることに立脚していたことから、一時帰国時にはすでにその職にはなかったことを理由に、取消しを破棄した。

23　　1511806 (Refugee) [2016] AATA 3390 (3 March 2016).
24　　1514049 (Refugee) [2016] AATA 4243 (1 August 2016).
25　　1617889 (Refugee) [2017] AATA 213 (2 February 2017).

2017年2月2日の別の審判所決定[26]は、2007年10月に入国し、2009年9月にビザが失効した後も在留を続け、2011年8月に保護ビザを申請したパキスタン人に関するものである。父親の政治活動のために迫害されると主張するも、母親の病気のために2013年および2015年に一時帰国していた。審判所は、申請者が一時帰国中に恐怖を有していたことは事実であり、警備員を雇ったり、可能なかぎり屋内に滞在するなど細心の注意を払っていたとした。このため、申請時に虚偽の情報の提供はなかったとして、取消しを破棄した。

2017年2月5日の審判所決定[27]は、2011年10月に入国し、2011年12月に保護ビザを申請し、2012年7月に付与されたエジプト人の事案である。キリスト教徒であるため迫害されると主張していたが、妻子に会うために2014年1月から7月まで一時帰国していた。審判所は、迫害の恐怖は申請者が宗教活動を行うことによって生じるものであり、一時帰国中には宗教活動を行わなかったために、単に在留していただけでは迫害を受けなかったことに整合性があるとして、取消しを破棄した。

2017年4月6日の審判所決定[28]は、2010年8月に入国し、2010年9月に保護ビザを申請し、2012年12月に付与されたイラク人女性の事案である。付与後5回にわたって一時帰国し、さらに、申請時に夫に別の妻がいることを申告しなかったため、虚偽情報の提供があったとされた。審判所は、申請時には迫害の恐怖を抱いており、虚偽情報の提供はなかったとして取消しを破棄した。さらに、ビザが付与された状況が存在しなくなったことを根拠とする取消しについて、移民法第116条に照らして検討し、申請者の夫は障害をもっていることから、申請者が永住帰国した場合には保護することはできないことから、第116条に依拠しても取り消されるべきではないとした。

2017年6月5日の審判所決定[29]は、2012年8月に保護ビザを付与されたパキスタン人の事案で、アフマディア教徒のために迫害されると主張するも、

---

[26] 1621309 (Refugee) [2017] AATA 226 (2 February 2017).
[27] 1619674 (Refugee) [2017] AATA 222 (5 February 2017).
[28] 1619833 (Refugee) [2017] AATA 717 (6 April 2017).
[29] 1703405 (Refugee) [2017] AATA 983 (5 June 2017).

2015年に2回一時帰国していた。審判所は、申請者は一時帰国中、アフマディア社会の外との接触を断ち、公然とは信仰をしないようにしたために迫害を回避できたことを指摘した。このうえで、2003年12月9日の最高裁判決[30]を援用し、永住帰国した場合、迫害回避のために信仰を抑制するという行動の変更自体が迫害を構成するとして、取消しを破棄した。

2017年5月26日の審判所決定[31]は、2010年4月に船舶で不法入国し、保護ビザの付与後、2回氏名を変更し、3回にわたって本国に一時帰国したイラク人の事案である。父親がバース党員であり、フセイン政権の崩壊後、父親が殺害され、本人にも危害が及ぶと主張していた。審判所は、取消予定通告において、どの情報が虚偽であるのかという明確な指摘がないため、無効な取消予定通告であったとして、取消しを破棄した。

2017年6月26日の審判所決定[32]は、父親がバース党員であり、フセイン政権の崩壊後、父親が殺害され、本人にも危害が及ぶと主張していたイラク人が、11か月間にわたり一時帰国していた事案である。審判所は、そもそも申請時に虚偽情報は提供しておらず、一時帰国は病気の母親のためであり、合理的であるとして取消しを破棄した。

2017年9月5日の審判所決定[33]は、2008年12月に学生ビザで入国し、2012年3月に保護ビザを申請し、2013年7月に付与されたリビア人の事案である。旧カダフィ政権を支持するとみなされる少数派民族であるため、軍事勢力に迫害されると主張していたが、一時帰国していた。審判所は、一時帰国は母親の病気のためであり、軍事組織の支配地域を回避していたため危害を受けることはなかったとし、申請時に虚偽情報の提供はなく、かつ、現在において送還されれば危害を受けるとして、取消しを破棄した。

2017年9月28日の審判所決定[34]は、2010年9月に船舶により不法入国したイラク人が、父親がバース党員であり、フセイン政権の崩壊後、父親が殺

---

30 S395/2002 v Minister for Immigration and Multicultural Affairs [2003] HCA 71 (9 December 2003).
31 1621155 (Refugee) [2017] AATA 1015 (26 May 2017).
32 1706817 (Refugee) [2017] AATA 1115 (26 June 2017).
33 1702014 (Refugee) [2017] AATA 1609 (5 September 2017).
34 1706997 (Refugee) [2017] AATA 1683 (28 September 2017).

害され、本人にも危害が及ぶと主張していたものの、2回にわたり一時帰国していた事案である。審判所は、イラク旅券を使用して一時帰国しているものの、そもそも迫害主体はイラク政府ではないと主張していたこと、一時帰国した事実によって、申請時に虚偽情報を提供していたとはいえないとして、取消しを破棄した。

　2017年11月1日の審判所決定[35]は、2012年4月に船舶により不法入国したイラク人が、スンニ派のためにシーア派に迫害されると主張するも一時帰国していた事案である。審判所は、一時帰国は妻子に会うためであり、一時帰国時には慎重に行動していたこと、一時帰国した事実によって、申請時に虚偽情報を提供していたとはいえないとして、取消しを破棄した。

　2017年11月23日の審判所決定[36]は、息子が反体制運動をしていたために政府から迫害されると主張していたイラン人が、イラン旅券を用いて一時帰国していた事案である。審判所は、帰国時には慎重に行動していたために危害を回避できたとして、一時帰国した事実によって、申請時に虚偽情報を提供していたとはいえないとして、取消しを破棄した。

　2017年12月22日の審判所決定[37]は、米軍のために働いたことで迫害されると主張していたイラク人が一時帰国していた事案である。審判所は、付与後、相当期間が経過したのちの一時帰国であることから、申請時に虚偽情報の提供はなかったとして、取消しを破棄した。

　これらの一時帰国事案では、その一時帰国によって、申請時に迫害の恐怖を有していたとする申告が虚偽であるとはいえないと判断されたもの、また、一時帰国中は、迫害が生じないように、たとえば宗教活動をあえて行わないようにしていたことなどからも、迫害の恐怖を有していなかったとはいえず、したがって虚偽情報の提供があったとはいえないとして、取消しが破棄されている。またそもそも取消予定通告が無効であるという手続的な理由から取消しが破棄された事案もあった。

35　1708728（Refugee）[2017] AATA 2463（1 November 2017）.
36　1703730（Refugee）[2017] AATA 2818（23 November 2017）.
37　1703474（Refugee）[2017] AATA 2985（22 December 2017）.

一方、虚偽情報の提供があったとされながらも、取消しが破棄された事例がある。
　2017年4月18日の審判所決定[38]は、2005年11月に入国し、2010年12月に保護ビザを申請し、2011年10月に付与されたエジプト人の事案である。この者は福音協会を信仰し、イスラム教徒を改宗させたため情報機関に尋問されると主張するも、付与から2か月後の2011年12月から2012年3月まで一時帰国していた。審判所は、申請時の主張は正しくなく、虚偽情報の提供があったことを認定した。そのうえで、申請者には子どもが3人おり、そのうちのひとりはオーストラリア出生のオーストラリア国民であり、ビザが取り消され、帰国する事態となれば、家族の分離の可能性があり、もしその子どもが親とともにエジプトに在留することとなれば、国民としての自国で滞在する権利が否定されるとして、取消しを破棄した。

　なりすまし事案において、15件中9件の取消しが破棄されていることと比較して、一時帰国事案では20件中17件の取消しが破棄されていることにみられるように、一時帰国を理由とする保護ビザの取消しはハードルが高いことが示されている。なりすましの場合においては、本来の身分事項では、そもそも保護ビザが付与されていなかった可能性が非常に高い。しかし、一時帰国の場合においては、単にその事実のみによっては、申請時にそもそも迫害の恐怖を有していなかったとは必ずしもいえないことや、一時帰国中に迫害回避のための行動をとっていたために危害を回避できたとの説明もありうることから、多くの事例において取消しが破棄されている。
　なお、2017年5月、保護ビザを付与された6名のイラン人が一時帰国を理由に保護ビザを取り消されていたものの、審判所によって取消しが破棄されていたことが報じられた[39]。移民大臣は、移民法第109条による取消しについて審判所が取消しを破棄した場合において、大臣の権限でそれを破棄してビザを取り消すことができる第133A条を用いて、改めてこれらの者のビ

38　1701668（Refugee）[2017] AATA 772 (18 April 2017).
39　Refugees holidaying at home, *The Australian*, 17 May 2017.

ザを取り消している[40]。このように、保護ビザ制度の一貫性を維持し、濫用を防止するため、虚偽の申請に対する事後的な取消しが今後も継続的に用いられていくものと考えられる。

また、2013年6月3日以降に付与された保護ビザには、「条件8559」が付されることとなった。これは保持者または保持者の同一家族単位の保持者が、大臣による書面の許可を得ないかぎり、その者についてオーストラリアが保護義務を負うとされた国への入国を禁止するものである。すなわち、迫害を受けると主張していた本国への一時帰国を抑止しようとする目的があると考えられる。この条件に違反した場合、移民法第109条ではなく、第116条の条件違反に基づく取消しの対象となりうる。これは、なりすまし事案と比較して、一時帰国事案については、審判所の段階で取消しが破棄されることが多いことに対応するためであると考えられる。なお、現在のところ、条件8559違反による取消しに関する審判所の決定は確認されていない。

第4節　同性愛者をめぐる取消し

同性愛者であるとして迫害を受けると主張していたが、じつは同性愛者ではなかったとして保護ビザを取り消された事例が3件確認できる。2件の取消しが支持され、1件の取消しが破棄されている。

(1) 取消しが支持された事案

2015年7月20日の審判所決定[41]は、2007年に入国し、そのまま不法滞在し、2009年に保護ビザを申請し、2010年12月に付与されたヨルダン人の事案である。同性愛者であるため迫害されると主張していたが、付与後に妻の配偶者ビザのスポンサーとなったことから発覚した。また、2013年に一時

---

[40] Minister for Immigration and Border Protection, Interview with Mike Williams, Radio 2GB, 17 June 2017.
[41] 1505552（Refugee）[2015] AATA 3158（20 July 2015）.

帰国もしている。審判所は、申請の時点で申請者は同性愛者ではなく、このため、保護ビザ付与の根拠の全体が虚偽の情報に立脚していたと判断し、取消しを支持した。

2017年4月20日の審判所決定[42]は、2010年9月に入国し、同年12月に保護ビザを申請し、2011年9月に付与されたウズベキスタン人の事案である。同性愛者のため迫害を受けると主張していたが、2014年3月、妻子のビザのスポンサーとなったために発覚しており、また本国に一時帰国もしている。審判所は、申請者がビザの付与を目的に同性愛者を装ったと判断し、取消しを支持した。

(2) 取消しが破棄された事案

2017年4月6日の審判所決定[43]は、2013年12月に保護ビザを付与されたナイジェリア人の事案である。同性愛者であるとして迫害を受けると主張していたが、付与後、別のビザを申請し、その申請書に女性のパートナーが存在する旨記載したために発覚している。すでに保護ビザを付与されているにもかかわらず、別のビザを申請する行為自体がきわめて不自然であるが、審判所は、この申請について、女性のパートナーを申請に含めることによって、本国の親族に自分が同性愛者ではないことを証明しようとしたものと判断した。そのうえで、申請者は真に同性愛者であり、申請時に虚偽情報の提供はなかったとして、取消しを破棄した。

同性愛者を装うことについての事例は少数しかないために一般化はできないが、なりすまし事案と同様に、迫害の主張の根底部分に関する虚偽であることからも、虚偽であることが認定されれば、取消しの重要な根拠となるといえる。

---

[42] 1621289（Refugee）［2017］AATA 770（20 April 2017）.
[43] 1700787（Refugee）［2017］AATA 771（6 April 2017）.

第 5 節　その他の虚偽情報の提供による取消し

(1) 取消しが支持された事案

2016 年 9 月 20 日の審判所決定[44]は、2008 年 4 月に学生ビザで入国後、2011 年 4 月に保護ビザを申請し、付与されたエジプト人の事案で、キリスト教徒のために迫害されると主張していた。この申請者は、迫害を受ける重要な根拠のひとつとして、自分の兄が殺害されたと主張していたが、じつは殺害されていなかったことが発覚した。また当局に身柄を拘束されたことや、友人をキリスト教に改宗させたという申告も虚偽であったことが発覚している。審判所は、申請者はキリスト教徒であることには相違ないが、迫害を受けたことはなかったとして取消しを支持した。

2016 年 11 月 11 日の審判所決定[45]は、2010 年 7 月に入国後、2011 年 10 月に保護ビザを申請し、付与されたパキスタン人の事案である。シーア派のために迫害されると主張し、その証拠のひとつとして、父親の経営する店が襲撃され、暴行を受けたと述べていた。その事件について記載した警察の FIR（First Incident Report）を提出していたが、これが偽造文書であることが発覚した。これは 2014 年 6 月に申請者の父親がビザ申請をし、その際のインタビューにおいて交通事故について FIR を提出したと述べたことから判明したものである。こうしたことから、この申請者は、父親についてシーア派社会での重要人物と述べていたが、実際にはそうではなく、この点において申請時に虚偽情報の提供があったと認定した。そのうえで、真の情報が申告されていたのであれば、本来保護ビザは付与されていなかったであろうとして、取消しを支持した。

2017 年 6 月 29 日[46]および 2017 年 7 月 21 日[47]の審判所決定は、船舶で不

---

[44]　1605762 (Refugee) [2016] AATA 4499 (20 September 2016).
[45]　1607110 (Refugee) [2016] AATA 4721 (11 November 2016).
[46]　1704773 (Refugee) [2017] AATA 1172 (29 June 2017).
[47]　1705088 (Refugee) [2017] AATA 1288 (21 July 2017).

法入国し、無国籍者と主張するも、じつはイラク国籍保持者であった者の事案である。審判所は、虚偽情報の提供があり、虚偽情報に依拠して保護ビザが付与されており、帰国しても迫害を受けることがないことから、取消しを支持した。

(2) 取消しが破棄された事案

2017年3月21日の審判所決定[48]は、2011年11月に船舶で不法入国し、2012年7月に保護ビザを付与されたアフガニスタン人の事案である。ハザラ族のため迫害されると主張し、父親と妻子が殺害されたと申告していた。しかし父親は2010年にすでにオーストラリアに入国しており、さらに2013年、申請者が妻の配偶者ビザのスポンサーとなったため、虚偽情報の提供があったとされた。審判所は、申請時に虚偽情報の提供があったと認定した。しかし、補完的保護を適用し、帰国すればハザラ族として危害を受けること、さらに、国内移転も不合理であるため、オーストラリアの保護義務が発動されること、また、申請時には妻子が亡くなったものと申請者が真に信じていたことを指摘し、取消しを破棄した。ここにおいても、国内移転の合理性との関係で、あえて補完的保護要件が適用されていると考えられる。

2017年6月8日の審判所決定[49]は、アフマディア教徒のために迫害されると主張するパキスタン人の事案で、保護ビザの付与後の配偶者ビザの申請において、息子の誘拐と夫の傷害に関する申告内容に齟齬が発覚している。審判所は、息子が誘拐され、夫が傷害を受けたことはなく、虚偽情報の提供があったとした。しかしながら、アフマディア教徒であるため、帰国すれば迫害を受けるおそれがあるとして、取消しを破棄した。

2017年9月13日の審判所決定[50]は、2007年7月にバングラデシュ旅券を用いて入国し、2010年3月に保護ビザを申請した者で、ミャンマー出生のロヒンギャ族と主張していた事案である。審判所は、申請時に偽造文書を提

---

48 1621222 (Refugee) [2017] AATA 587 (21 March 2017).
49 1703045 (Refugee) [2017] AATA 1046 (8 June 2017).
50 1517042 (Refugee) [2017] AATA 1686 (13 September 2017).

出するなど、虚偽情報の提供があったとしながらも、ミャンマー出生のロヒンギャ族であることは事実で、このため帰国すれば迫害を受けることから送還できないとして、取消しを破棄した。

これら取消しが破棄された事案については、たしかに申請時には虚偽情報の提供があったものの、現段階で送還されれば迫害を受けるとして、そもそもの難民該当性を前提として取消しが破棄されたものが目立った。

第6節　人定事項に関する疑義

これまでの事案は、すべて、申請時に虚偽情報の提供があったことを理由として、保護ビザが取り消されたものであり、移民法第109条の取消権限に依拠したものであった。

これとは別に、移民法第116条第1AA項では、ビザ所持者の人定事項に関して疑義があり、真偽が確認できない場合には、そのビザを取り消すことができると規定されており、これに依拠して保護ビザが取り消された事案が2件確認された。この権限によるビザ取消しは、ビザ申請時に偽造書類を提出し、本来であればその者の人定事項が確認できなかったことが事後的に発覚した場合に、取り消すことを可能にするものである。

2017年9月12日の審判所決定[51]は、2009年5月に船舶により不法入国したアフガニスタン人が、ハザラ族ではあるがアフガニスタン人であるという証拠がなく、パキスタン人である可能性があるとして、保護ビザが取り消された事案である。審判所は、実際にアフガニスタン国籍者であると確認し、取消しを破棄した。

2017年11月6日の審判所決定[52]は、2010年2月に船舶により不法入国したアフガニスタン人が、保護ビザ申請時には身分証明書がないとしていたものの、市民権申請時に偽造の本国の運転免許証の写しを提出したため、人定

51　1700919（Refugee）[2017] AATA 1617（12 September 2017）.
52　1711459（Refugee）[2017] AATA 2893（6 November 2017）.

事項に疑義があるとして保護ビザが取り消された事案である。審判所は、実際にアフガニスタン国籍者であると確認し、取消しを破棄した。

おわりに

　以上、本章では保護ビザの取消しについて検討した。難民該当性の判断が申請者の供述に大幅に依拠しなければならず、客観的な資料や文書の提出も困難であるという状況から、ビザの付与を目的として虚偽の情報を提供することがおおいにありうる。主な手段としては、難民該当性が高い他の者になりすますこと、そして、付与後に一時帰国していたために、帰国すれば迫害を受けるとの主張が真実ではなかったとされたものであった。

　なりすましについては、難民該当性のそもそもの根拠が虚偽であることから、審判所の判断でも取消しが支持されたものが存在したが、一時帰国については、申請時においては迫害の恐怖を有していたとされたことや、その一時帰国時に慎重に行動したために迫害を受けなかったとされたことなどを理由に、多くの事案について審判所が取消しを破棄している。加えて、人定事項に疑義があるとして取り消された事案についても、審判所が取消しを破棄していた。

　また、ビザの取消しが裁量的な権限のため、虚偽情報の提供が確認されたとしても、その者が、補完的保護に関するものも含めて、帰国すれば迫害を受けることや、オーストラリア国民の子どもの利益や家族の分離の回避の観点から、取消しが破棄された事案も存在した。

　ビザの取消しそのものが不利益処分であり、虚偽情報の提供に関する立証責任が大臣（審判所）側にあることや、たとえ虚偽情報の提供があったとしても、その段階で帰国すれば迫害の可能性がある場合もあり、必ずしも取消しが審判所においても支持されるとは限らない。

　しかしながら、取消しの権限を行使することにより、少数ながらも送還される事例が存在すれば、なりすましを含む申請時における虚偽情報の提供に対する抑止効果となりうるであろう。その意味でも、事後的な保護ビザの取消しは、難民認定制度全体のなかにおいて、その濫用防止策として、重要な役割を果たしているといえる。

また本国への一時帰国を禁止する条件 8559 の影響も今後注目すべきところである。

第11章

偽造文書の提出による保護ビザ拒否

はじめに

保護ビザの取消しに加えて、さらなる濫用防止策のひとつとして、偽造文書が提出されたことをもって保護ビザ申請を拒否する措置が導入されている。本章はこれについて考察する。

第1節　移民法第91WA条の挿入

2015年の移民法改正[1]で、第91WA条が挿入されている。これは、2013年まで船舶による不法入国者が多数にのぼったなか、正規の旅行文書を所持していない、または破棄したうえで、自らの申請にとって有利となりうる偽造文書を提出する者が存在していたことが念頭にあったと考えられる。

> **第91WA条　偽造文書の提出または身分文書の破壊**
> **第1項**　大臣は以下の場合おいて、申請者に対して保護ビザの付与を拒否しなければならない。
> 　(a)　申請者が申請者の身分、国籍または市民権の証明として偽造文書を

1　Migration Amendment (Protection and Other Measures) Act 2015, No. 35 of 2015.

> 提出する場合、または
> (b) 大臣が、申請者について以下のいずれかを認める場合
> (i) 申請者の身分、国籍または市民権の文書的証明を破壊または破棄したこと、または
> (ii) そのような文書的証明を破壊または破棄しようとすること
>
> 第2項　第1項は、大臣が、申請者が以下であると認める場合には適用しない。
> (a) 偽造文書の提出または文書的証明の破壊または破棄に関して合理的な説明がある場合、かつ
> (b) 次のいずれかの場合
> (i) 申請者の身分、国籍または市民権についての文書的証明を提出する場合、または
> (ii) そのような証明を提出するための合理的手段を講じた場合
>
> 第3項　本条の目的において、ある者が文書を提出する、引き渡す、提示する、またはその文書を提出し、引き渡し、提示しようとする場合において、その者は文書を提出するものとする。

　第91WA条では、あらゆる種類の偽造文書ではなく、「申請者の身分、国籍または市民権」についての偽造文書の提出に限定されている。これは、申請者自身の身分事項や国籍を偽ることによって、保護ビザ申請を有利に導こうとすることを防ぐ趣旨であると考えられる。

　また、第1項においては、そうした偽造文書が提出された場合においては、「保護ビザの付与を拒否しなければならない」と規定されており、裁量の余地なく自動的に保護ビザを拒否するという権限の強いものとなっている。

　ただし、第2項においては、偽造文書の提出について「合理的な説明がある場合」においては、第1項を適用しないとなっており、セーフガードの役割を果たしている。ここにおいて、偽造文書の提出にもかかわらず、難民該当性がある場合において、第1項が適用されないというわけではないが、「合理的な説明」であるかどうかを判断するにあたり、難民該当性の有無はひと

つの要素となりうると考えられる。

さらに、ここでの「偽造文書」については、移民法第5条第1項で定義されている。

第5条
第1項（抄）**「偽造文書」** は、ある者との関係において、大臣が以下であると合理的に疑う文書を意味する。
　(a)　その者に関して、発行されてはいないものの、発行されたとされるもの、または
　(b)　虚偽または変更する権限のない者によって変更がなされたもの、または
　(c)　知りながらであるかどうかにかかわらず、虚偽または誤解を導くような陳述によって得られたもの

(a)号は、表面上はその者についての文書であるが、記載内容が真正ではなく、本当の意味でその者について発行されたとはいえない場合、(b)号は違法な変造、(c)号は官公庁などに虚偽の情報を提供して発行せしめた場合が考えられる。

第2節　移民法第91WA条の適用事例

移民法第91WA条の施行は2015年4月18日であった。本条は、あくまでも大臣の義務として、偽造文書の提出があった場合には保護ビザを拒否しなければならないと規定されていることから、その日以降の、移民当局の原審、審判所も含む保護ビザの意思決定において適用されている。このため、保護ビザの申請日が2015年4月18日以降である必要はない。

審判所の決定において、第91WA条に依拠して保護ビザの拒否を支持したものが確認できる。

2015年12月16日の審判所決定[2]は、船舶不法入国者であると推測されるパキスタン人の事案で、審判所は、保護ビザ申請時に変造されたパキスタン旅券を提出し、これについて合理的な説明がなされていないことから、本国における迫害を検討せず、保護ビザ拒否の原決定を支持した。

2016年3月18日の審判所決定[3]は、バングラデシュ人の事案で、審判所は、保護ビザ申請時に生年月日の記載が正しくない出生証明書を、身分事項を示すものとして提出したため、また、それについての合理的説明がなされていないため、第91WA条を適用し、保護ビザ拒否の原決定を支持した。

2016年4月4日の審判所決定[4]は、Jamaat-e-Islami（JI）の政治活動をしたため、アワミリーグに迫害されると主張するバングラデシュ人の事案で、審判所は、保護ビザ申請時に記載内容が齟齬する2通の出生証明書が提出されたとして、保護ビザ拒否の原決定を支持した。なお、本国の迫害についての判断はしていないものの、主張に疑義があると指摘している。

2016年5月4日の審判所決定[5]は、偽造の出生証明書を提出したバングラデシュ人の事案で、審判所は、バングラデシュ当局により発行されたものではなく、偽造文書の提出に合理的理由はないとして、保護ビザ拒否の原決定を支持した。

2017年10月10日の審判所決定[6]は、法輪功を信仰しているために迫害されると主張する中国人の事案で、審判所は、虚偽の氏名と生年月日が記載された旅券を使用してオーストラリアに入国しており、迫害に関する主張の信憑性も欠如しているとして、保護ビザ拒否の原決定を支持した。

このように、保護ビザ申請時において、自らの身分を証明する文書が偽造であったために、第91WA条が適用された事例に加えて、保護ビザ申請の過去において偽造文書を提出したことから、第91WA条が適用された事例

---

[2] 1417964 (Refugee) [2015] AATA 3959 (16 December 2015).
[3] 1502912 (Refugee) [2016] AATA 3611 (18 March 2016).
[4] 1500481 (Refugee) [2016] AATA 3669 (4 April 2016).
[5] 1506658 (Refugee) [2016] AATA 3810 (4 May 2016).
[6] 1515772 (Refugee) [2017] AATA 1974 (10 October 2017).

もある。

2015年8月18日の審判所決定[7]は、2003年3月に他人名義旅券で入国し、2003年7月の保護ビザ申請時に他人名義の運転免許証を提示したアルバニア人に関する事案である。保護ビザが拒否された後も在留を続け、2013年10月に補完的保護に依拠して再申請（第7章参照）したものである。審判所は、2003年の保護ビザ申請時に偽造文書の提出があったとして、本国における迫害を検討せず、保護ビザ拒否の原決定を支持した。

2016年4月20日の審判所決定[8]は、イスラム教からキリスト教に改宗したために迫害されると主張するアルバニア人の事案で、2012年10月に他人名義旅券を使用して入国したことから、第91WA条を適用し、本国における迫害を検討することなく、保護ビザ拒否の原決定を支持した。

2017年4月7日の審判所決定[9]は、イスラム教にのっとった見合い婚を強要されると主張するアルバニア人女性の事案で、迫害の主張に関しても信憑性に疑義を呈したうえで、2013年3月に他人名義旅券を使用して入国したとして、第91WA条を適用し、保護ビザ拒否の原決定を支持した。

同様に、2017年4月19日の審判所決定[10]は、同性愛者であると主張するアルバニア人の事案で、審判所は、申請者が同性愛者であることを否定したうえで、入国時に他人名義旅券を使用したことから、第91WA条を適用し、保護ビザ拒否の原決定を支持した。

このように、第91WA条の適用は、単に保護ビザ申請時における偽造文書の提示のみならず、入国時も含めた、あらゆる場面での偽造文書の提示の事実に適用されるものとなっている。

この点については、司法判断もなされている。2016年9月2日の連邦巡回裁判所判決[11]は、アルバニア人でありながらも、他人名義のギリシャ旅券

7　1501366 (Refugee) [2015] AATA 3338 (18 August 2015).
8　1514881 (Refugee) [2016] AATA 3790 (20 April 2016).
9　1511924 (Refugee) [2017] AATA 619 (7 April 2017).
10　1604230 (Refugee) [2017] AATA 679 (19 April 2017).
11　BGM16 v Minister for Immigration & Anor [2016] FCCA 2297 (2 September 2016).

を使用して入国した者が、入国後、何回かビザを取得していたものの、拒否されたために不法滞在となり、警察に摘発され、保護ビザ申請に及んだ事案である。審判所は第91WA条を適用して、保護ビザ拒否の原決定を支持していた。

原告は、第91WA条の適用は保護ビザ申請時に限定されるべきであるから、審判所の決定は違法であると主張していたが、判決では、第91WA条の適用は保護ビザ申請時に限定されたものでもなく、また、適用に時間的制限もないことから、過去における偽造文書の提出についても適用されると判断している。

このため、今後、第91WA条について、保護ビザ申請時に限定されないことや、過去の他人名義旅券による不法入国にも適用されることからも、幅広く適用されていく可能性があると考えられる。

ただし、第91WA条第2項の「合理的な説明」がなされる場合の適用除外条項が適用された事例もある。

2015年8月31日の審判所決定[12]は、バングラデシュ人女性の事案で、女性の自立のための活動を行ったために、原理主義者の男性から危害を加えられると主張していた。審判所は、申請者が偽造の本国の運転免許証を提出したことを認めたものの、身分の証明として真正な出生証明書が提出されていること、バングラデシュでは運転免許証発行機関の不正などにより運転免許証が不正に発行されている事実があり、申請者は運転免許証が偽造であったことは知らなかったと主張し、これが「合理的な説明」であるとして、第91WA条は適用されないと判断した。

そのうえで、本国の迫害について検討し、実際に身体的危害を受けるとした。これは個人的な理由によるものであるとしながらも、2002年4月11日の最高裁判決を援用し、本国の機関が女性に対する危害を放置しており、こうした意図的な放置によって「特定の社会的集団」として難民条約上の事由を構成すること、また国内移転も不合理であるとして、難民該当性を認め、

---

12 1409316 (Refugee) [2015] AATA 3536 (31 August 2015).

差戻しの決定をしている。

おわりに

　保護ビザ申請時、さらにはそれ以前も含めて、身分事項に関して偽造文書の提出や提示があったという事実のみによって、本国での迫害の可能性すら検討することなく保護ビザを拒否することを可能にする移民法第91WA条は、濫用防止策として、相当に毅然としたものであるといえる。このことは、船舶による不法入国者が、なんらの身分証明書を有さずして物理的に入国可能であるため、保護ビザ申請時に、該当性を意図的に高めようとして有利になるような偽造文書を提出することが頻発したことと、密接に関連していると思われる。

　ただし、第91WA条の施行が、2015年4月18日であることから、これを適用した事例はまだ多くない。また、第91WA条が単に保護ビザ申請時に限定されず、過去の入国やビザ申請時も含めて適用されるという司法判断がなされている。今後、この適用事例が増加するにしたがって、同条第2項の「合理的な説明」に関する審判所の決定が増加し、司法判断がなされる可能性もある。

　なお、日本においても偽造旅券や他人名義旅券などを用いて不法入国した者が、難民認定申請をする事案がある。オーストラリアでは、移民法第91WA条の適用により、難民該当性の検討すらなく、保護ビザ申請が拒否されるが、日本においては、そうした申請者の難民該当性を検討しないということはありえない。この点では、日本と比較して、オーストラリアの措置は相当に厳格だといえる。

資料

● 資料1　差戻し事案（難民該当性を認めた事案）……177件

No.	事件番号	国籍	事由
001.	N05/51625 [2005] RRTA 230 (13 September 2005)	ネパール	宗教
002.	060576110 [2006] RRTA 130 (31 August 2006)	ネパール	政治的
003.	060779039 [2006] RRTA 187 (21 November 2006)	ネパール	特定
004.	061053979 [2007] RRTA 58 (30 March 2007)	ネパール	政治的
005.	071728809 [2007] RRTA 324 (19 December 2007)	ネパール	政治的
006.	1004725 [2010] RRTA 798 (13 September 2010)	ネパール	政治的
007.	0903917 [2011] RRTA 299 (12 April 2011)	ネパール	特定
008.	1102781 [2011] RRTA 458 (2 June 2011)	ネパール	特定
009.	1203480 [2012] RRTA 730 (23 August 2012)	ネパール	政治的
010.	1406853 [2014] RRTA 581 (22 July 2014)	ネパール	特定
011.	1412234 [2015] RRTA 272 (4 May 2015)	ネパール	特定
012.	1409316 (Refugee) [2015] AATA 3536 (31 August 2015)	バングラデシュ	特定
013.	1414394 (Refugee) [2016] AATA 3013 (6 January 2016)	インド	特定
014.	1419686 (Refugee) [2016] AATA 3067 (8 January 2016)	スリランカ	政治的
015.	1401381 (Refugee) [2016] AATA 3016 (11 January 2016)	アフガニスタン	特定
016.	1412441 (Refugee) [2016] AATA 3214 (22 January 2016)	エジプト	宗教
017.	1414693 (Refugee) [2016] AATA 3235 (1 February 2016)	エジプト	政治的
018.	1512208 (Refugee) [2016] AATA 3242 (3 February 2016)	パキスタン	人種、宗教
019.	1405982 (Refugee) [2016] AATA 3243 (4 February 2016)	パキスタン	特定、政治的
020.	1417464 (Refugee) [2016] AATA 3298 (5 February 2016)	マレーシア	宗教
021.	1407642 (Refugee) [2016] AATA 3302 (9 February 2016)	アフガニスタン	特定
022.	1419940 (Refugee) [2016] AATA 3378 (12 February 2016)	パキスタン	宗教
023.	1417971 (Refugee) [2016] AATA 3319 (15 February 2016)	中国	宗教
024.	1410839 (Refugee) [2016] AATA 3367 (22 February 2016)	スリランカ	政治、特定
025.	1515236 (Refugee) [2016] AATA 3380 (23 February 2016)	アフガニスタン	特定
026.	1417644 (Refugee) [2016] AATA 3389 (29 February 2016)	ヨルダン	特定
027.	1313776 (Refugee) [2016] AATA 3430 (2 March 2016)	アフガニスタン	特定
028.	1414627 (Refugee) [2016] AATA 3535 (4 March 2016)	パキスタン	宗教
029.	1411130 (Refugee) [2016] AATA 3533 (6 March 2016)	バングラデシュ	特定
030.	1413642 (Refugee) [2016] AATA 3534 (8 March 2016)	エジプト	政治的
031.	1417248 (Refugee) [2016] AATA 3539 (15 March 2016)	レバノン	宗教
032.	1413928 (Refugee) [2016] AATA 3650 (15 March 2016)	パキスタン	宗教
033.	1503088 (Refugee) [2016] AATA 3672 (18 March 2016)	バングラデシュ	政治的

No.	事件番号	国籍	事由
034.	1500024 (Refugee) [2016] AATA 3666 (23 March 2016)	インドネシア	特定
035.	1419878 (Refugee) [2016] AATA 3661 (4 April 2016)	バングラデシュ	宗教
036.	1501782 (Refugee) [2016] AATA 3784 (14 April 2016)	パキスタン	宗教
037.	1413749 (Refugee) [2016] AATA 3690 (17 April 2016)	ナイジェリア	特定
038.	1500142 (Refugee) [2016] AATA 3781 (27 April 2016)	メキシコ	特定
039.	1603711 (Refugee) [2016] AATA 3793 (28 April 2016)	イラク	宗教
040.	1420197 (Refugee) [2016] AATA 3924 (6 May 2016)	アフガニスタン	特定
041.	1319759 (Refugee) [2016] AATA 3858 (10 May 2016)	アフガニスタン	宗教
042.	1500084 (Refugee) [2016] AATA 3863 (11 May 2016)	無国籍（ヨルダン生まれパレスチナ人）	特定
043.	1509928 (Refugee) [2016] AATA 3867 (20 May 2016)	ミャンマー	特定
044.	1311769 (Refugee) [2016] AATA 3874 (29 May 2016)	アフガニスタン	宗教
045.	1401348 (Refugee) [2016] AATA 3970 (30 May 2016)	パキスタン	特定
046.	1415259 (Refugee) [2016] AATA 3978 (31 May 2016)	中国	宗教
047.	1403517 (Refugee) [2016] AATA 3922 (1 June 2016)	スリランカ	特定
048.	1413205 (Refugee) [2016] AATA 3973 (7 June 2016)	マレーシア	特定
049.	1421119 (Refugee) [2016] AATA 4007 (9 June 2016)	イラク	特定
050.	1600926 (Refugee) [2016] AATA 3971 (13 June 2016)	アフガニスタン	政治的
051.	1602289 (Refugee) [2016] AATA 3977 (20 June 2016)	中国	宗教
052.	1418945 (Refugee) [2016] AATA 4027 (23 June 2016)	レバノン	宗教
053.	1512270 (Refugee) [2016] AATA 4051 (1 July 2016)	スリランカ	政治的
054.	1420089 (Refugee) [2016] AATA 4056 (4 July 2016)	スーダン	人種、政治
055.	1604829 (Refugee) [2016] AATA 4054 (5 July 2016)	アフガニスタン	宗教
056.	1313436 (Refugee) [2016] AATA 4055 (6 July 2016)	スリランカ	特定
057.	1502282 (Refugee) [2016] AATA 4062 (7 July 2016)	ウズベキスタン	政治的
058.	1502160 (Refugee) [2016] AATA 4136 (11 July 2016)	バングラデシュ	政治的
059.	1415219 (Refugee) [2016] AATA 4167 (13 July 2016)	アフガニスタン	特定
060.	1500666 (Refugee) [2016] AATA 4200 (25 July 2016)	ヨルダン	特定
061.	1410882 (Refugee) [2016] AATA 4267 (29 July 2016)	パキスタン	宗教
062.	1501066 (Refugee) [2016] AATA 4277 (2 August 2016)	シリア	補完的
063.	1502215 (Refugee) [2016] AATA 4274 (3 August 2016)	ヨルダン	宗教
064.	1416155 (Refugee) [2016] AATA 4278 (5 August 2016)	パキスタン	政治的
065.	1415785 (Refugee) [2016] AATA 4268 (11 August 2016)	アフガニスタン	特定
066.	1507350 (Refugee) [2016] AATA 4285 (16 August 2016)	パキスタン	宗教
067.	1416419 (Refugee) [2016] AATA 4307 (18 August 2016)	レバノン	特定
068.	1419893 (Refugee) [2016] AATA 4338 (19 August 2016)	インドネシア	特定
069.	1503376 (Refugee) [2016] AATA 4342 (26 August 2016)	中国	宗教
070.	1517759 (Refugee) [2016] AATA 4348 (26 August 2016)	スリランカ	政治的

資料1　差戻し事案（難民該当性を認めた事案）　243

No.	事件番号	国籍	事由
C71.	1416127 (Refugee) [2016] AATA 4369 (30 August 2016)	エジプト	宗教
C72.	1415373 (Refugee) [2016] AATA 4371 (30 August 2016)	アフガニスタン	特定
C73.	1420100 (Refugee) [2016] AATA 4383 (6 September 2016)	スーダン	特定
C74.	1601328 (Refugee) [2016] AATA 4385 (6 September 2016)	マレーシア	特定
C75.	1609717 (Refugee) [2016] AATA 4386 (6 September 2016)	ベトナム	特定
C76.	1416651 (Refugee) [2016] AATA 4422 (8 September 2016)	インド	特定
C77.	1413440 (Refugee) [2016] AATA 4496 (9 September 2016)	エジプト	宗教、政治的
C78.	1606601 (Refugee) [2016] AATA 4488 (14 September 2016)	無国籍	特定
C79.	1609600 (Refugee) [2016] AATA 4558 (4 October 2016)	トルコ	政治的
C80.	1417846 (Refugee) [2016] AATA 4553 (6 October 2016)	パキスタン	政治的
C81.	1610045 (Refugee) [2016] AATA 4557 (7 October 2016)	ミャンマー	特定
C82.	1513929 (Refugee) [2016] AATA 4560 (18 October 2016)	パキスタン	宗教
C83.	1502525 (Refugee) [2016] AATA 4612 (30 October 2016)	トルコ	政治的
C84.	1506734 (Refugee) [2016] AATA 4639 (1 November 2016)	中国	宗教
C85.	1506100 (Refugee) [2016] AATA 4647 (1 November 2016)	パキスタン	特定
C86.	1504210 (Refugee) [2016] AATA 4657 (4 November 2016)	パキスタン	特定
C87.	1608337 (Refugee) [2016] AATA 4660 (4 November 2016)	レバノン	特定
C88.	1416533 (Refugee) [2016] AATA 4695 (8 November 2016)	スリランカ	政治的
C89.	1517924 (Refugee) [2016] AATA 4741 (14 November 2016)	パキスタン	政治的
C90.	1610190 (Refugee) [2016] AATA 4742 (15 November 2016)	アフガニスタン	宗教
C91.	1510042 (Refugee) [2016] AATA 4743 (15 November 2016)	パキスタン	特定
C92.	1505334 (Refugee) [2016] AATA 4725 (16 November 2016)	バングラデシュ	特定
C93.	1502103 (Refugee) [2016] AATA 4740 (23 November 2016)	コロンビア	政治的
C94.	1507912 (Refugee) [2016] AATA 4780 (2 December 2016)	バングラデシュ	政治的
C95.	1416996 (Refugee) [2016] AATA 4772 (5 December 2016)	アフガニスタン	宗教
C96.	1505496 (Refugee) [2016] AATA 4775 (8 December 2016)	エジプト	宗教
C97.	1613279 (Refugee) [2016] AATA 4806 (9 December 2016)	アフガニスタン	政治的
C98.	1607635 (Refugee) [2016] AATA 4820 (13 December 2016)	パキスタン	特定
C99.	1504203 (Refugee) [2016] AATA 4821 (14 December 2016)	レバノン	宗教
100.	1600491 (Refugee) [2016] AATA 4833 (16 December 2016)	パキスタン	特定
101.	1514520 (Refugee) [2016] AATA 4822 (23 December 2016)	レバノン	宗教
102.	1605812 (Refugee) [2017] AATA 158 (16 January 2017)	パキスタン	政治的
103.	1504646 (Refugee) [2017] AATA 170 (17 January 2017)	アフガニスタン	特定
104.	1506605 (Refugee) [2017] AATA 174 (17 January 2017)	レバノン	特定
105.	1420577 (Refugee) [2017] AATA 171 (20 January 2017)	エジプト	特定
106.	1510019 (Refugee) [2017] AATA 197 (20 January 2017)	中国	宗教
107.	1503204 (Refugee) [2017] AATA 277 (10 February 2017)	バングラデシュ	宗教、政治的
108.	1601961 (Refugee) [2017] AATA 280 (13 February 2017)	レバノン	宗教

No.	事件番号	国籍	事由
109.	1501572 (Refugee) [2017] AATA 304 (13 February 2017)	パプアニューギニア	特定
110.	1614123 (Refugee) [2017] AATA 305 (15 February 2017)	ベトナム	宗教
111.	1508639 (Refugee) [2017] AATA 465 (1 March 2017)	中国	宗教
112.	1512111 (Refugee) [2017] AATA 513 (7 March 2017)	パキスタン	特定
113.	1604503 (Refugee) [2017] AATA 519 (16 March 2017)	インド	特定
114.	1509650 (Refugee) [2017] AATA 540 (17 March 2017)	エチオピア	政治的
115.	1512766 (Refugee) [2017] AATA 591 (22 March 2017)	パプアニューギニア	特定
116.	1413873 (Refugee) [2017] AATA 651 (24 March 2017)	パキスタン	政治的
117.	1507174 (Refugee) [2017] AATA 675 (29 March 2017)	シリア	政治的
118.	1600932 (Refugee) [2017] AATA 678 (31 March 2017)	トルコ	特定
119.	1510084 (Refugee) [2017] AATA 797 (5 April 2017)	中国	宗教
120.	1513666 (Refugee) [2017] AATA 676 (19 April 2017)	フィジー	補完的
121.	1617664 (Refugee) [2017] AATA 832 (24 April 2017)	パキスタン	特定
122.	1508497 (Refugee) [2017] AATA 794 (26 April 2017)	インド	特定
123.	1505506 (Refugee) [2017] AATA 795 (26 April 2017)	マレーシア	補完的
124.	1504740 (Refugee) [2017] AATA 868 (26 April 2017)	エジプト	宗教
125.	1616594 (Refugee) [2017] AATA 826 (1 May 2017)	バーレーン	政治的
126.	1517722 (Refugee) [2017] AATA 902 (8 May 2017)	パキスタン	政治的
127.	1506957 (Refugee) [2017] AATA 922 (11 May 2017)	リビア	政治的
128.	1504963 (Refugee) [2017] AATA 979 (22 May 2017)	エジプト	宗教
129.	1608621 (Refugee) [2017] AATA 982 (23 May 2017)	マレーシア	特定
130.	1510025 (Refugee) [2017] AATA 980 (30 May 2017)	トルコ	特定
131.	1506549 (Refugee) [2017] AATA 1044 (31 May 2017)	中国	宗教
132.	1501015 (Refugee) [2017] AATA 1073 (31 May 2017)	エチオピア	政治的
133.	1601121 (Refugee) [2017] AATA 1028 (6 June 2017)	エジプト	宗教
134.	1606121 (Refugee) [2017] AATA 988 (7 June 2017)	マレーシア	特定
135.	1617142 (Refugee) [2017] AATA 990 (7 June 2017)	無国籍／レバノン	特定
136.	1604863 (Refugee) [2017] AATA 1045 (8 June 2017)	マレーシア	特定
137.	1507734 (Refugee) [2017] AATA 1048 (13 June 2017)	エチオピア	政治的
138.	1612601 (Refugee) [2017] AATA 1209 (26 June 2017)	カンボジア	特定
139.	1610283 (Refugee) [2017] AATA 1116 (27 June 2017)	マレーシア	特定
140.	1504822 (Refugee) [2017] AATA 1195 (29 June 2017)	ベトナム	宗教
141.	1605513 (Refugee) [2017] AATA 1144 (30 June 2017)	パキスタン	特定
142.	1621665 (Refugee) [2017] AATA 1311 (13 July 2017)	マレーシア	特定
143.	1420729 (Refugee) [2017] AATA 1175 (17 July 2017)	エジプト	宗教
144.	1603040 (Refugee) [2017] AATA 1287 (18 July 2017)	マレーシア	特定
145.	1514524 (Refugee) [2017] AATA 1190 (25 July 2017)	カメルーン	特定
146.	1612187 (Refugee) [2017] AATA 1310 (1 August 2017)	マレーシア	特定

No.	事件番号	国籍	事由
147.	1613506 (Refugee) [2017] AATA 1801 (9 August 2017)	ジンバブエ	特定
148.	1704884 (Refugee) [2017] AATA 1446 (11 August 2017)	パキスタン	政治的
149.	1606800 (Refugee) [2017] AATA 1499 (15 August 2017)	アフガニスタン	特定
150.	1509417 (Refugee) [2017] AATA 1485 (17 August 2017)	エジプト	宗教
151.	1619703 (Refugee) [2017] AATA 1522 (24 August 2017)	マレーシア	特定
152.	1615493 (Refugee) [2017] AATA 1670 (4 September 2017)	マレーシア	特定
153.	1511406 (Refugee) [2017] AATA 1786 (7 September 2017)	コンゴ民主共和国	政治的
154.	1509438 (Refugee) [2017] AATA 1819 (13 September 2017)	パプアニューギニア	特定
155.	1603997 (Refugee) [2017] AATA 1927 (13 September 2017)	マレーシア	特定
156.	1610523 (Refugee) [2017] AATA 1673 (19 September 2017)	スリランカ	政治的
157.	1607718 (Refugee) [2017] AATA 1825 (25 September 2017)	マレーシア	特定
158.	1515846 (Refugee) [2017] AATA 1681 (28 September 2017)	エチオピア	政治的
159.	1418139 (Refugee) [2017] AATA 1785 (4 October 2017)	パキスタン	宗教、政治的
160.	1601830 (Refugee) [2017] AATA 1788 (4 October 2017)	ミャンマー	特定
161.	1509377 (Refugee) [2017] AATA 1680 (5 October 2017)	マレーシア	特定
162.	1513665 (Refugee) [2017] AATA 1967 (6 October 2017)	エジプト	宗教
163.	1620364 (Refugee) [2017] AATA 1820 (10 October 2017)	パプアニューギニア	特定
164.	1612819 (Refugee) [2017] AATA 1826 (11 October 2017)	マレーシア	特定
165.	1511751 (Refugee) [2017] AATA 1911 (13 October 2017)	マレーシア	特定
166.	1513818 (Refugee) [2017] AATA 2006 (16 October 2017)	エジプト	宗教
167.	1620706 (Refugee) [2017] AATA 2359 (17 October 2017)	マレーシア	特定
168.	1600725 (Refugee) [2017] AATA 2355 (24 October 2017)	ウクライナ	補完的
169.	1508305 (Refugee) [2017] AATA 2387 (27 October 2017)	タイ	補完的
170.	1620593 (Refugee) [2017] AATA 2143 (31 October 2017)	リベリア	政治的
171.	1703581 (Refugee) [2017] AATA 2664 (1 November 2017)	パキスタン	補完的
172.	1611199 (Refugee) [2017] AATA 2676 (8 November 2017)	マレーシア	特定
173.	1511316 (Refugee) [2017] AATA 2840 (13 November 2017)	リビア	政治的
174.	1511103 (Refugee) [2017] AATA 2937 (15 November 2017)	パキスタン	特定
175.	1716967 (Refugee) [2017] AATA 2967 (21 November 2017)	エリトリア	政治的
176.	1506801 (Refugee) [2017] AATA 2993 (30 November 2017)	アフガニスタン	特定
177.	1515415 (Refugee) [2017] AATA 3010 (14 December 2017)	ウガンダ	特定

● 資料2　保護ビザ拒否の原決定を支持した事案……188件

No.	事件番号	国籍	事由
001.	N96/12833 [1997] RRTA 2424 (26 June 1997)	タイ	政治的
002.	N97/13767 [1998] RRTA 1479 (20 March 1998)	ネパール	政治的
003.	N00/31751 [2000] RRTA 708 (30 June 2000)	コロンビア	明記せず
004.	N02/42423 [2002] RRTA 997 (8 November 2002)	ネパール	政治的
005.	N02/42543 [2002] RRTA 1003 (12 November 2002)	ネパール	政治的
006.	N01/37987 [2003] RRTA 237 (17 March 2003)	コロンビア	政治的
007.	071176241 [2007] RRTA 89 (31 May 2007)	ネパール	政治的
008.	0901933 [2009] RRTA 593 (12 June 2009)	チェコ共和国	特定
009.	0906573 [2009] RRTA 1114 (22 November 2009)	ネパール	政治的
010.	0910146 [2010] RRTA 162 (12 March 2010)	中国	宗教
011.	0910048 [2010] RRTA 911 (20 October 2010)	北朝鮮	政治的
012.	1008585 [2011] RRTA 6 (6 January 2011)	タイ	政治的
013.	1009851 [2011] RRTA 218 (17 March 2011)	リトアニア	宗教
014.	1010560 [2011] RRTA 268 (6 April 2011)	南アフリカ	特定
015.	1107609 [2011] RRTA 909 (27 October 2011)	ネパール	政治的
016.	1104468 [2011] RRTA 1067 (12 December 2011)	ネパール	政治的
017.	1111457 [2012] RRTA 465 (26 January 2012)	ネパール	政治的
018.	1110780 [2012] RRTA 60 (2 February 2012)	ネパール	政治的
019.	1201040 [2012] RRTA 638 (23 July 2012)	ネパール	政治的
020.	1209028 [2012] RRTA 1089 (11 December 2012)	ルーマニア	政治的
021.	1216126 [2012] RRTA 1105 (11 December 2012)	中国	特定
022.	1316117 [2014] RRTA 286 (9 April 2014)	ネパール	政治的
023.	1318374 [2014] RRTA 322 (11 April 2014)	ネパール	政治的
024.	1405532 [2014] RRTA 387 (5 May 2014)	ネパール	宗教
025.	1404235 [2014] RRTA 645 (14 August 2014)	ネパール	宗教
026.	1407031 [2015] RRTA 35 (19 January 2015)	中国	政治的
027.	1501366 (Refugee) [2015] AATA 3338 (18 August 2015)	アルバニア	明記せず
028.	1419177 (Refugee) [2015] AATA 3406 (24 September 2015)	インド	特定
029.	1417964 (Refugee) [2015] AATA 3959 (16 December 2015)	パキスタン	宗教
030.	1416635 (Refugee) [2016] AATA 3066 (5 January 2016)	パキスタン	宗教
031.	1411634 (Refugee) [2016] AATA 3014 (6 January 2016)	レバノン	宗教
032.	1313821 (Refugee) [2016] AATA 3239 (7 January 2016)	アフガニスタン	人種、宗教
033.	1407606 (Refugee) [2016] AATA 3101 (8 January 2016)	スリランカ	政治的
034.	1417637 (Refugee) [2016] AATA 3017 (11 January 2016)	ネパール	政治的
035.	1505876 (Refugee) [2016] AATA 3068 (11 January 2016)	マレーシア	事由外
036.	1315621 (Refugee) [2016] AATA 3069 (11 January 2016)	バングラデシュ	政治的
037.	1506314 (Refugee) [2016] AATA 3071 (13 January 2016)	マレーシア	事由外
038.	1415010 (Refugee) [2016] AATA 3115 (14 January 2016)	バングラデシュ	政治的

資料2　保護ビザ拒否の原決定を支持した事案　247

No.	事件番号	国籍	事由
039.	1415579 (Refugee) [2016] AATA 3116 (17 January 2016)	バングラデシュ	政治的
040.	1516019 (Refugee) [2016] AATA 3110 (18 January 2016)	トンガ	事由外
041.	1514032 (Refugee) [2016] AATA 3238 (18 January 2016)	イラク	宗教
042.	1415480 (Refugee) [2016] AATA 3118 (21 January 2016)	バングラデシュ	政治的
043.	1417727 (Refugee) [2016] AATA 3207 (21 January 2016)	エジプト	宗教
044.	1416470 (Refugee) [2016] AATA 3107 (22 January 2016)	レバノン	宗教
045.	1311130 (Refugee) [2016] AATA 3206 (22 January 2016)	アフガニスタン	特定
046.	1417275 (Refugee) [2016] AATA 3112 (25 January 2016)	パキスタン	政治的
047.	1402705 (Refugee) [2016] AATA 3208 (27 January 2016)	パキスタン	宗教
048.	1512051 (Refugee) [2016] AATA 3210 (28 January 2016)	マレーシア	事由外
049.	1414581 (Refugee) [2016] AATA 3213 (28 January 2016)	バングラデシュ	宗教
050.	1416907 (Refugee) [2016] AATA 3215 (1 February 2016)	パキスタン	政治的
051.	1412001 (Refugee) [2016] AATA 3241 (1 February 2016)	スリランカ	政治的
052.	1516009 (Refugee) [2016] AATA 3289 (3 February 2016)	マレーシア	事由外
053.	1400369 (Refugee) [2016] AATA 3244 (4 February 2016)	スリランカ	政治的
054.	1415574 (Refugee) [2016] AATA 3292 (5 February 2016)	アフガニスタン	特定
055.	1515393 (Refugee) [2016] AATA 3294 (8 February 2016)	マレーシア	事由外
056.	1513345 (Refugee) [2016] AATA 3299 (8 February 2016)	マレーシア	事由外
057.	1504882 (Refugee) [2016] AATA 3297 (9 February 2016)	エジプト	宗教
058.	1419064 (Refugee) [2016] AATA 3324 (17 February 2016)	パキスタン	政治的
059.	1405829 (Refugee) [2016] AATA 3431 (18 February 2016)	パキスタン	宗教
060.	1416478 (Refugee) [2016] AATA 3383 (19 February 2016)	シリア	明記せず
061.	1411598 (Refugee) [2016] AATA 3368 (24 February 2016)	レバノン	特定
062.	1516654 (Refugee) [2016] AATA 3381 (24 February 2016)	マレーシア	政治的
063.	1408755 (Refugee) [2016] AATA 3428 (29 February 2016)	パキスタン	特定
064.	1515356 (Refugee) [2016] AATA 3391 (1 March 2016)	マレーシア	事由外
065.	1512165 (Refugee) [2016] AATA 3386 (3 March 2016)	インド	特定
066.	1416343 (Refugee) [2016] AATA 3536 (7 March 2016)	レバノン	特定
067.	1502912 (Refugee) [2016] AATA 3611 (18 March 2016)	バングラデシュ	明記せず
068.	1415015 (Refugee) [2016] AATA 3651 (18 March 2016)	無国籍	特定
069.	1504601 (Refugee) [2016] AATA 3674 (29 March 2016)	インド	特定
070.	1500481 (Refugee) [2016] AATA 3669 (4 April 2016)	バングラデシュ	政治的
071.	1514881 (Refugee) [2016] AATA 3790 (20 April 2016)	アルバニア	宗教
072.	1506658 (Refugee) [2016] AATA 3810 (4 May 2016)	バングラデシュ	明記せず
073.	1514892 (Refugee) [2016] AATA 3967 (9 June 2016)	中国	宗教
074.	1420930 (Refugee) [2016] AATA 4771 (1 December 2016)	ブラジル	政治的
075.	1602233 (Refugee) [2016] AATA 4777 (1 December 2016)	ベトナム	特定
076.	1507840 (Refugee) [2016] AATA 4747 (2 December 2016)	中国	宗教

No.	事件番号	国籍	事由
077.	1517061 (Refugee) [2016] AATA 4749 (6 December 2016)	レバノン	宗教
078.	1502807 (Refugee) [2016] AATA 4774 (8 December 2016)	ネパール	特定
079.	1418568 (Refugee) [2016] AATA 4803 (9 December 2016)	エジプト	宗教
080.	1608294 (Refugee) [2016] AATA 4819 (15 December 2016)	スリランカ	政治的
081.	1612309 (Refugee) [2016] AATA 4778 (21 December 2016)	セルビア	特定
082.	1605114 (Refugee) [2017] AATA 89 (12 January 2017)	スリランカ	政治的
083.	1616200 (Refugee) [2017] AATA 156 (12 January 2017)	ナイジェリア	宗教
084.	1613923 (Refugee) [2017] AATA 172 (22 January 2017)	ネパール	特定
085.	1611522 (Refugee) [2017] AATA 131 (23 January 2017)	カメルーン	特定
086.	1421008 (Refugee) [2017] AATA 155 (27 January 2017)	モンゴル	特定
087.	1508911 (Refugee) [2017] AATA 199 (2 February 2017)	バングラデシュ	政治的
088.	1504204 (Refugee) [2017] AATA 220 (3 February 2017)	中国	宗教
089.	1617243 (Refugee) [2017] AATA 221 (3 February 2017)	アフガニスタン	宗教
090.	1503815 (Refugee) [2017] AATA 224 (7 February 2017)	パキスタン	政治的
091.	1606177 (Refugee) [2017] AATA 274 (8 February 2017)	スリランカ	政治的
092.	1504818 (Refugee) [2017] AATA 278 (8 February 2017)	中国	補完的
093.	1515521 (Refugee) [2017] AATA 275 (13 February 2017)	スリランカ	政治的
094.	1516745 (Refugee) [2017] AATA 339 (13 February 2017)	パキスタン	特定
095.	1615365 (Refugee) [2017] AATA 370 (14 February 2017)	インド	宗教
096.	1621213 (Refugee) [2017] AATA 360 (17 February 2017)	ニュージーランド	事由外
097.	1503079 (Refugee) [2017] AATA 320 (20 February 2017)	レバノン	政治的
098.	1504472 (Refugee) [2017] AATA 338 (20 February 2017)	サウジアラビア	政治的
099.	1506015 (Refugee) [2017] AATA 454 (23 February 2017)	中国	特定
100.	1509889 (Refugee) [2017] AATA 467 (24 February 2017)	インドネシア	特定
101.	1615173 (Refugee) [2017] AATA 340 (27 February 2017)	インド	宗教
102.	1517184 (Refugee) [2017] AATA 382 (1 March 2017)	ネパール	事由外
103.	1506832 (Refugee) [2017] AATA 500 (2 March 2017)	レバノン	政治的
104.	1613377 (Refugee) [2017] AATA 383 (3 March 2017)	インド	特定
105.	1607141 (Refugee) [2017] AATA 514 (8 March 2017)	タイ	特定
106.	1504754 (Refugee) [2017] AATA 535 (9 March 2017)	中国	政治的
107.	1515436 (Refugee) [2017] AATA 524 (16 March 2017)	パキスタン	特定
108.	1509551 (Refugee) [2017] AATA 521 (17 March 2017)	ナイジェリア	宗教
109.	1504221 (Refugee) [2017] AATA 541 (21 March 2017)	日本	特定
110.	1513679 (Refugee) [2017] AATA 543 (21 March 2017)	レバノン	政治的
111.	1517181 (Refugee) [2017] AATA 544 (21 March 2017)	ネパール	政治的
112.	1517860 (Refugee) [2017] AATA 677 (24 March 2017)	エジプト	宗教
113.	1516222 (Refugee) [2017] AATA 593 (31 March 2017)	ネパール	事由外
114.	1505502 (Refugee) [2017] AATA 800 (31 March 2017)	スリランカ	特定

No.	事件番号	国籍	事由
115.	1517715 (Refugee) [2017] AATA 594 (3 April 2017)	パキスタン	特定
116.	1511924 (Refugee) [2017] AATA 619 (7 April 2017)	アルバニア	宗教
117.	1502842 (Refugee) [2017] AATA 715 (7 April 2017)	ペルー	政治的
118.	1604230 (Refugee) [2017] AATA 679 (19 April 2017)	アルバニア	特定
119.	1703908 (Refugee) [2017] AATA 682 (21 April 2017)	韓国	事由外
120.	1611134 (Refugee) [2017] AATA 680 (24 April 2017)	インド	特定
121.	1606217 (Refugee) [2017] AATA 809 (3 May 2017)	マレーシア	政治的
122.	1614075 (Refugee) [2017] AATA 831 (4 May 2017)	ベトナム	政治的
123.	1605011 (Refugee) [2017] AATA 833 (4 May 2017)	ケニア	特定
124.	1508583 (Refugee) [2017] AATA 952 (11 May 2017)	ウクライナ	政治的
125.	1511795 (Refugee) [2017] AATA 916 (12 May 2017)	インドネシア	政治的
126.	1504086 (Refugee) [2017] AATA 1008 (12 May 2017)	パキスタン	宗教
127.	1604111 (Refugee) [2017] AATA 915 (18 May 2017)	ナイジェリア	宗教
128.	1415836 (Refugee) [2017] AATA 978 (22 May 2017)	トルコ	特定
129.	1613865 (Refugee) [2017] AATA 991 (24 May 2017)	マレーシア	宗教
130.	1511530 (Refugee) [2017] AATA 1009 (6 June 2017)	バングラデシュ	政治的
131.	1510345 (Refugee) [2017] AATA 1012 (7 June 2017)	台湾	明記せず
132.	1700991 (Refugee) [2017] AATA 1013 (8 June 2017)	中国	政治的
133.	1511454 (Refugee) [2017] AATA 1016 (9 June 2017)	インドネシア	明記せず
134.	1703990 (Refugee) [2017] AATA 1014 (13 June 2017)	ベトナム	特定
135.	1619268 (Refugee) [2017] AATA 1131 (14 June 2017)	ナイジェリア	宗教
136.	1511579 (Refugee) [2017] AATA 1074 (16 June 2017)	バングラデシュ	政治的
137.	1518018 (Refugee) [2017] AATA 1047 (20 June 2017)	インド	特定
138.	1621961 (Refugee) [2017] AATA 1143 (21 June 2017)	フィジー	事由外
139.	1619339 (Refugee) [2017] AATA 1189 (29 June 2017)	インド	政治的
140.	1703997 (Refugee) [2017] AATA 1182 (12 July 2017)	中国	宗教
141.	1604178 (Refugee) [2017] AATA 1173 (14 July 2017)	マレーシア	特定
142.	1621129 (Refugee) [2017] AATA 1152 (18 July 2017)	マレーシア	特定
143.	1613127 (Refugee) [2017] AATA 1264 (19 July 2017)	イラク	政治的
144.	1511319 (Refugee) [2017] AATA 1352 (27 July 2017)	中国	政治的
145.	1705825 (Refugee) [2017] AATA 1983 (7 August 2017)	マレーシア	政治的
146.	1600398 (Refugee) [2017] AATA 1379 (9 August 2017)	アルバニア	補完的
147.	1603678 (Refugee) [2017] AATA 1494 (10 August 2017)	マレーシア	特定
148.	1508203 (Refugee) [2017] AATA 1501 (21 August 2017)	フィリピン	特定
149.	1502530 (Refugee) [2017] AATA 1832 (23 August 2017)	スリランカ	補完的
150.	1513867 (Refugee) [2017] AATA 1525 (29 August 2017)	チェコ共和国	特定
151.	1605499 (Refugee) [2017] AATA 1526 (30 August 2017)	バングラデシュ	政治的
152.	1701120 (Refugee) [2017] AATA 1483 (31 August 2017)	マレーシア	政治的

No.	事件番号	国籍	事由
153.	1513645 (Refugee) [2017] AATA 1523 (4 September 2017)	ベトナム	政治的
154.	1621420 (Refugee) [2017] AATA 1671 (5 September 2017)	ウクライナ	政治的
155.	1606575 (Refugee) [2017] AATA 1968 (7 September 2017)	マレーシア	政治的
156.	1511441 (Refugee) [2017] AATA 1787 (12 September 2017)	南アフリカ	人種
158.	1503733 (Refugee) [2017] AATA 1799 (13 September 2017)	パプアニューギニア	特定
158.	1601794 (Refugee) [2017] AATA 1954 (20 September 2017)	フィジー	政治的
159.	1517188 (Refugee) [2017] AATA 1955 (21 September 2017)	ネパール	政治的
160.	1502368 (Refugee) [2017] AATA 1676 (22 September 2017)	パプアニューギニア	補完的
161.	1708808 (Refugee) [2017] AATA 1999 (22 September 2017)	マレーシア	特定
162.	1502162 (Refugee) [2017] AATA 1959 (2 October 2017)	インド	特定
163.	1700189 (Refugee) [2017] AATA 1960 (5 October 2017)	マレーシア	特定
164.	1601459 (Refugee) [2017] AATA 2005 (5 October 2017)	中国	特定
165.	1704438 (Refugee) [2017] AATA 1688 (6 October 2017)	スーダン	事由外
166.	1512002 (Refugee) [2017] AATA 1823 (9 October 2017)	パレスチナ	補完的
167.	1707101 (Refugee) [2017] AATA 1828 (9 October 2017)	マレーシア	事由外
168.	1515772 (Refugee) [2017] AATA 1974 (10 October 2017)	中国	宗教
169.	1602003 (Refugee) [2017] AATA 1998 (11 October 2017)	インド	事由外
170.	1620681 (Refugee) [2017] AATA 2208 (16 October 2017)	スリランカ	政治的
171.	1509999 (Refugee) [2017] AATA 2139 (17 October 2017)	タイ	事由外
172.	1709872 (Refugee) [2017] AATA 1956 (19 October 2017)	インド	特定
173.	1704321 (Refugee) [2017] AATA 2011 (20 October 2017)	タイ	特定
174.	1612277 (Refugee) [2017] AATA 2085 (24 October 2017)	マレーシア	特定
175.	1600102 (Refugee) [2017] AATA 2665 (30 October 2017)	中国	宗教
176.	1516247 (Refugee) [2017] AATA 2576 (31 October 2017)	マレーシア	特定
177.	1516634 (Refugee) [2017] AATA 2668 (31 October 2017)	ネパール	特定
178.	1616299 (Refugee) [2017] AATA 2142 (1 November 2017)	マレーシア	特定
179.	1703154 (Refugee) [2017] AATA 2144 (1 November 2017)	インド	特定
180.	1617952 (Refugee) [2017] AATA 2389 (1 November 2017)	スリランカ	政治的
181.	1501797 (Refugee) [2017] AATA 2658 (6 November 2017)	ナイジェリア・日本	特定
182.	1619253 (Refugee) [2017] AATA 2200 (7 November 2017)	タイ	政治的
183.	1517161 (Refugee) [2017] AATA 2574 (8 November 2017)	フィジー	特定
184.	1606607 (Refugee) [2017] AATA 2871 (13 November 2017)	タジキスタン	宗教
185.	1606516 (Refugee) [2017] AATA 2936 (15 November 2017)	エジプト	宗教
186.	1514908 (Refugee) [2017] AATA 2962 (22 November 2017)	ボツワナ	特定
187.	1518023 (Refugee) [2017] AATA 2995 (4 December 2017)	フィジー	特定
188.	1516549 (Refugee) [2017] AATA 2940 (6 December 2017)	パキスタン	政治的

● 資料3　保護ビザの取消しをめぐる事案……48件

No.	事件番号	国籍	決定
001.	V97/05632 [1997] RRTA 1745 (7 May 1997)	ガーナ	取消支持
002.	V97/07762 [1998] RRTA 2817 (26 May 1998)	ソマリア	取消支持
003.	N00/34370 [2001] RRTA 137 (14 February 2001)	スリランカ	取消破棄
004.	N02/45490 [2003] RRTA 345 (15 April 2003)	アフガニスタン	取消破棄
005.	N03/45769 [2003] RRTA 433 (13 May 2003)	アフガニスタン	取消破棄
006.	N03/47021 [2003] RRTA 1003 (22 October 2003)	アフガニスタン	取消破棄
007.	N03/47276 [2004] RRTA 93 (30 January 2004)	パキスタン	取消破棄
008.	N03/47484 [2004] RRTA 678 (22 October 2004)	アフガニスタン	取消破棄
009.	0907766 [2009] RRTA 1162 (23 December 2009)	中国	取消破棄
010.	1002528 [2010] RRTA 1090 (1 December 2010)	バングラデシュ	取消破棄
011.	1205759 [2012] RRTA 742 (31 August 2012)	モンゴル	取消支持
012.	1420619 [2015] RRTA 115 (5 March 2015)	ソマリア	取消破棄
013.	1500540 [2015] RRTA 286 (20 May 2015)	ケニア	取消支持
014.	1505552 (Refugee) [2015] AATA 3158 (20 July 2015)	ヨルダン	取消支持
015.	1412533 (Refugee) [2015] AATA 3258 (7 August 2015)	スウェーデン	取消支持
016.	1511806 (Refugee) [2016] AATA 3390 (3 March 2016)	イラク	取消破棄
017.	1506033 (Refugee) [2016] AATA 3608 (14 March 2016)	アフガニスタン	取消破棄
018.	1514049 (Refugee) [2016] AATA 4243 (1 August 2016)	イラク	取消破棄
019.	1609220 (Refugee) [2016] AATA 4423 (16 September 2016)	イラク	取消支持
020.	1605762 (Refugee) [2016] AATA 4499 (20 September 2016)	エジプト	取消支持
021.	1607767 (Refugee) [2016] AATA 4559 (13 October 2016)	パキスタン	取消破棄
022.	1607110 (Refugee) [2016] AATA 4721 (11 November 2016)	パキスタン	取消支持
023.	1617889 (Refugee) [2017] AATA 213 (2 February 2017)	イラク	取消破棄
024.	1621309 (Refugee) [2017] AATA 226 (2 February 2017)	パキスタン	取消破棄
025.	1619674 (Refugee) [2017] AATA 222 (5 February 2017)	エジプト	取消破棄
026.	1616481 (Refugee) [2017] AATA 380 (28 February 2017)	イラク	取消破棄
027.	1621222 (Refugee) [2017] AATA 587 (21 March 2017)	アフガニスタン	取消破棄
028.	1619833 (Refugee) [2017] AATA 717 (6 April 2017)	イラク	取消破棄
029.	1700787 (Refugee) [2017] AATA 771 (6 April 2017)	ナイジェリア	取消破棄
030.	1701668 (Refugee) [2017] AATA 772 (18 April 2017)	エジプト	取消破棄
031.	1621289 (Refugee) [2017] AATA 770 (20 April 2017)	ウズベキスタン	取消支持
032.	1621155 (Refugee) [2017] AATA 1015 (26 May 2017)	イラク	取消破棄
033.	1703271 (Refugee) [2017] AATA 981 (1 June 2017)	無国籍	取消支持
034.	1703405 (Refugee) [2017] AATA 983 (5 June 2017)	パキスタン	取消破棄
035.	1703045 (Refugee) [2017] AATA 1046 (8 June 2017)	パキスタン	取消破棄
036.	1706817 (Refugee) [2017] AATA 1115 (26 June 2017)	イラク	取消破棄
037.	1704773 (Refugee) [2017] AATA 1172 (29 June 2017)	無国籍	取消支持
038.	1705088 (Refugee) [2017] AATA 1288 (21 July 2017)	イラク	取消支持

No.	事件番号	国籍	決定
039.	1702014 (Refugee) [2017] AATA 1609 (5 September 2017)	リビア	取消破棄
040.	1700919 (Refugee) [2017] AATA 1617 (12 September 2017)	アフガニスタン	取消破棄
041.	1517042 (Refugee) [2017] AATA 1686 (13 September 2017)	無国籍	取消破棄
042.	1706997 (Refugee) [2017] AATA 1683 (28 September 2017)	イラク	取消破棄
043.	1706559 (Refugee) [2017] AATA 2010 (28 September 2017)	イラク	取消支持
044.	1708728 (Refugee) [2017] AATA 2463 (1 November 2017)	イラク	取消破棄
045.	1711459 (Refugee) [2017] AATA 2893 (6 November 2017)	アフガニスタン	取消破棄
046.	1703730 (Refugee) [2017] AATA 2818 (23 November 2017)	イラン	取消破棄
047.	1701319 (Refugee) [2017] AATA 2968 (23 November 2017)	無国籍	取消支持
048.	1703474 (Refugee) [2017] AATA 2985 (22 December 2017)	イラク	取消破棄

● 資料4　判例一覧……26件

No.	裁判所	事件名	判決日	判決	論点
001.	連邦裁判所	Re Jeganathan Nagalingam v Minister of Immigration, Local Government and Ethnic Affairs and Noel Barnsley [1992] FCA 470 (22 September 1992)	1992/9/22		条約第1条Eの解釈
002.	連邦裁判所	Velauther Selvadurai v the Minister of Immigration and Ethnic Affairs and J Good (Member of the Refugee Review Tribunal) [1994] FCA 1105 (20 May 1994)	1994/5/20	棄却	信憑性
003.	連邦裁判所 大法廷	Harjit Singh Randhawa v the Minister of Immigration, Local Government and Ethnic Affairs [1994] FCA 1253 (11 August 1994)	1994/8/11	棄却	信憑性
004.	連邦裁判所	Reza Barzideh v Minister of Immigration and Ethnic Affairs [1996] FCA 1719 (21 August 1996)	1996/8/21	認容	条約第1条Eの解釈
005.	最高裁判所	A v Minister for Immigration & Ethnic Affairs [1997] HCA 4 (24 February 1997)	1997/2/24	棄却	特定の社会的集団の解釈（共通の特性）
006.	連邦裁判所	Varatharajah Thiyagarajah v Minister for Immigration & Multicultural Affairs [1997] FCA 136 (3 March 1997)	1997/3/3	審判所決定破棄、差戻し	条約第1条Eの解釈
007.	連邦裁判所 大法廷	Varatharajah Thiyagarajah v Minister for Immigration & Multicultural Affairs [1997] FCA 1494 (19 December 1997)	1997/12/19		送還禁止義務（条約第33条）の解釈
008.	連邦裁判所	Sutharsan Kopalapillai v Minister for Immigration & Multicultural Affairs (includes corrigendum dated 14 September 1998) [1998] FCA 1126 (11 September 1998)	1998/9/11	棄却	信憑性
009.	連邦裁判所 大法廷	Minister for Immigration & Multicultural Affairs v Rajalingam [1999] FCA 719 (3 June 1999)	1999/6/3	認容	信憑性
010.	連邦裁判所 大法廷	Wang v Minister for Immigration & Multicultural Affairs [2000] FCA 1599 (10 November 2000)	2000/11/10	認容	迫害事由・宗教の解釈
011.	連邦裁判所	Applicant C v Minister for Immigration & Multicultural Affairs [2001] FCA 229 (12 March 2001)	2001/3/12	審判所決定破棄、差戻し	安全な第三国条項上の「入国し在留する権利」の解釈
012.	連邦裁判所	V856/00A v Minister for Immigration and Multicultural Affairs [2001] FCA 1018 (3 August 2001)	2001/8/3	棄却	安全な第三国条項上の「入国し在留する権利」の解釈
013.	連邦裁判所 大法廷	Minister for Immigration and Multicultural Affairs v Applicant C [2001] FCA 1332 (18 September 2001)	2001/9/18	棄却	安全な第三国条項上の「入国し在留する権利」の解釈
014.	最高裁判所	Minister for Immigration and Multicultural Affairs v Khawar [2002] HCA14 (11 April 2002)	2002/4/11	棄却	国家による放置を前提とした上での「特定の社会的集団」の解釈

No.	裁判所	事件名	判決日	判決	論点
015.	最高裁判所	Appellant S395/2002 v Minister for Immigration and Multicultural Affairs, Appellant S396/2002 v Minister for Immigration and Multicultural Affairs [2003] HCA 71 (9 December 2003)	2003/12/9	認容	特定の社会的集団としての同性愛者における迫害回避のための行動について、公然性を前提としなければならない
016.	最高裁判所	Applicant S v Minister for Immigration and Multicultural Affairs [2004] HCA 25 (27 May 2004)	2004/5/27	認容	特定の社会的集団の解釈(迫害者の主観)
017.	連邦裁判所	SZBQJ v Minister for Immigration and Multicultural and Indigenous Affairs [2005] FCA 143 (28 February 2005)	2005/2/28	棄却	迫害概念における「生存能力」の解釈
018.	最高裁判所	NAGV and NAGW of 2002 v Minister for Immigration and Multicultural and Indigenous Affairs [2005] HCA 6 (2 March 2005)	2005/3/2	認容	保護義務の解釈
019.	最高裁判所	SZATV v Minister for Immigration and Citizenship [2007] HCA 40 (30 August 2007)	2007/8/30	認容	国内移転の合理性、合理性の検討必要
020.	連邦裁判所	SZIGC v Minister for Immigration & Citizenship [2007] FCA 1725 (8 November 2007)	2007/11/8	棄却	迫害概念における「生存能力」の解釈
021.	連邦治安判事裁判所	MZYPB v Minister for Immigration & Anor [2012] FMCA 226 (30 March 2012)	2012/3/30	棄却	迫害概念における「生存能力」の解釈
022.	連邦裁判所大法廷	SZGIZ v Minister for Immigration and Citizenship [2013] FCAFC 71 (3 July 2013)	2013/7/3	認容	補完的保護に依拠した保護ビザ再申請を認める
023.	連邦裁判所大法廷	Minister for Immigration, Multicultural Affairs and Citizenship v SZRHU [2013] FCAFC 91 (14 August 2013)	2013/8/14	棄却	安全な第三国条項上の「入国し在留する権利」の解釈
024.	連邦裁判所大法廷	SZRTC v Minister for Immigration and Border Protection [2014] FCAFC 43 (11 April 2014)	2014/4/11	棄却	安全な第三国条項上の第三国での在留期間に関する解釈
025.	連邦巡回裁判所	DFE16 v Minister for Immigration & Anor [2017] FCCA 308 (10 March 2017)	2017/3/10	棄却	国内移転の合理性、合理性の検討不要
026.	最高裁判所	SZTAL v Minister for Immigration and Border Protection; SZTGM v Minister for Immigration and Border Protection [2017] HCA 34 (6 September 2017)	2017/9/6	棄却	補完的保護における「意図的」の解釈

あとがき

　本書を締めくくるにあたり、この研究を始める前、じつは筆者は難民条約に対して懐疑的な意見を有していたという事実を告白しなければならない。というのも、本書冒頭に引用したような主張が発生する根拠が難民条約のように思われたこと、これを反映するかのように、オーストラリアも移民法から難民条約への言及を削除したためである。

　しかし、約900頁の条約の全権会議の議事録を通読すると、難民条約の起草者たちが各国の国益を背負いながらも、真剣に激論を交わし、とくに出入国管理への影響を最小化する努力をしたうえで難民条約が誕生したことを知ることができた。これを知り、正しい知識が欠如した上での条約に対する自らの印象論を恥じたのであった。

　この意味で、第二次世界大戦の悲惨な経験から誕生した難民条約そのものには、すばらしい存在意義がある。そして、それが約70年後の現在に至るまで、条約難民の定義についてさまざまな解釈がなされ、世界中で条約難民の定義に当てはめた膨大な行政上・司法上の事案が積み上げられている。ここまでの影響力を持ち続ける国際条約は、ほかにはないのではなかろうか。

　本書では公開されているオーストラリアの審判所決定に依拠したが、筆者自身も法務省入国管理局・難民審査参与員として、これまで日本の難民認定申請の約1600件の事案を検討してきた。すなわち、約1600回、実際の事案に条約難民の定義を当てはめてきたのである。本書の研究を通じて得られた知見は、難民審査参与員として実際の事案を検討する際に、おおいに役立っている。

　難民法の研究は、それが単なる学説にとどまらず実際のさまざまな事案と密接に結びついているという点でも、学術的な分野としては非常に奥が深いものであることを、本書の研究を通じて知ることができた。

しかしながら、出入国管理との関係で、各国において難民認定申請制度の濫用が絶えないこと、そして、条約難民の定義が精緻に検討されることなく、運動と結びついたかたちで不正確な主張が展開されていることは、まことに残念といわざるをえない。こうした状況は、難民条約の成立過程を知った者としては、条約そのものを冒瀆するようなものとさえみえてしまう。本書がこうした状況を是正することに、微力なりとも貢献することができれば、著者としては望外の喜びである。

　また、筆者が難民審査参与員に就任していなければ、おそらくは本書の研究を行わなかったであろう。この意味では、これまで業務を一緒にさせていただいた参与員の各先生方、そして参与員業務を支えていただいている入国管理局の担当職員のみなさまに厚くお礼申し上げたい。参与員業務は、単に実際の事案についての難民該当性を判断する機会を与えてくれるのみならず、他の参与員や入管職員と非常に有意義な意見交換・情報交換をすることができる場となっている。

　オーストラリアの事案に依拠した本書の研究ですら膨大な時間とエネルギーが必要であったところ、本当に安易に「国際基準より厳しい」などと述べてはならないであろう。今後、ヨーロッパやアメリカ、カナダなどにおける難民法の研究を視野に入れつつ、筆を擱くこととしたい。

2018年12月

浅川 晃広

著者略歴

浅川　晃広（あさかわ・あきひろ）

1974 年　神戸市生まれ
1996 年　神戸市外国語大学卒業
1997 年　オーストラリア国立大学留学
1999 年　大阪大学大学院文学研究科修士課程修了
2002 年から 2004 年　在オーストラリア日本国大使館専門調査員
2005 年から現在　名古屋大学大学院国際開発研究科・講師
同年　博士（学術）学位取得
2013 年から現在　法務省入国管理局・難民審査参与員

著書
『在日外国人と帰化制度』（新幹社、2003 年）
『「在日」論の嘘』（PHP 研究所、2006 年）
『オーストラリア移民政策論』（中央公論事業出版、2006 年）
『近代日本と帰化制度』（渓水社、2007 年）
『オーストラリア移民法解説』（日本評論社、2016 年）

難民該当性の実証的研究
オーストラリアを中心に

2019 年 2 月 25 日　第 1 版第 1 刷発行

著　者——浅川晃広
発行所——株式会社 日本評論社
　　　　〒170-8474 東京都豊島区南大塚 3-12-4
　　　　電話 03-3987-8621　FAX 03-3987-8590
　　　　振替 00100-3-16　　https://www.nippyo.co.jp/
印刷所——平文社
製本所——牧製本印刷　　装　幀——レフ・デザイン工房
検印省略　© ASAKAWA Akihiro 2019
ISBN978-4-535-52377-7　　Printed in Japan

JCOPY 〈(社)出版者著作権管理機構 委託出版物〉
本書の無断複写は著作権法上での例外を除き禁じられています。複写される場合は、そのつど事前に、(社)出版者著作権管理機構（電話 03-5244-5088、FAX 03-5244-5089、e-mail: info@jcopy.or.jp）の許諾を得てください。また、本書を代行業者等の第三者に依頼してスキャニング等の行為によりデジタル化することは、個人の家庭内の利用であっても、一切認められておりません。